AF359692

BIBLIOTHÈQUE POUR TOUS

ILLUSTRÉE

ROMANS, HISTOIRE, VOYAGES, LITTÉRATURE, SCIENCES, ETC.

Chaque ouvrage complet : 50 centimes

HISTOIRE COMPLÈTE

DE

LA GUERRE D'ITALIE

EN 1859

DOCUMENTS OFFICIELS, RÉCITS, BULLETINS, CHRONIQUES, ANECDOTES, ETC.,

PAR

J.-B.-J. RAYMOND

Prix : 50 centimes

60 CENTIMES POUR LES DÉPARTEMENTS ET L'ÉTRANGER

LIBRAIRIE MODERNE

19, BOULEVARD DE SÉBASTOPOL (RIVE GAUCHE) ET RUE DE LA HARPE

GUSTAVE HAVARD, ÉDITEUR

PARIS. — GUSTAVE HAVARD, BOULEVARD DE SÉBASTOPOL (RIVE GAUCHE), 19. — 1859.

BIBLIOTHÈQUE POUR TOUS

HISTOIRE DE LA GUERRE D'ITALIE

EN 1859

DEPUIS LES PREMIÈRES COMPLICATIONS JUSQU'A LA CONCLUSION DE LA PAIX

I

L'ambition de L'Autriche. — L'Italie est un artichaut. — Opinion de M. Cousin. — Une grande pensée de Chateaubriand. — Une lettre de Louis-Napoléon Bonaparte. — Opinion de M. Thiers. — La lutte de 1848-1849.

On a pu voir dans l'*Histoire des Interventions françaises en Italie* (1) quels furent les motifs qui attirèrent, à tant de reprises diverses, nos armées au delà des Alpes. Dans aucune de ces circonstances, peut-être, l'intervention de la France ne fut mieux justifiée que dans la guerre soulevée, en 1859, entre l'Autriche d'une part, et d'autre part le Piémont, assisté d'une armée française.

L'Autriche, personne ne l'ignore, possédait la Lombardie et la Vénétie, en vertu des traités de 1814 et 1815. Mais là ne se bornait pas son ambition, c'était l'Italie tout entière qu'elle voulait asservir à sa puissance, pour en faire une des plus larges pièces de cette sorte d'habit d'Arlequin dont se compose la carte de l'empire d'Autriche.

(1) Collection de la *Bibliothèque pour tous*. Paris, Gustave Havard, éditeur. — Prix : 50 centimes.

« L'Italie est un artichaut qu'il faut savoir manger feuille à feuille, » a dit un prince de la maison de Savoie, Victor-Amédée. Dans le passé, la maison d'Autriche a essayé maintes fois d'arracher des feuilles de cet artichaut : jamais, peut-être, elle n'a paru plus près d'atteindre son but que depuis 1815.

Il faut lire, pour s'en faire une idée, les traités détachés et les conventions qu'elle a signés avec les divers États italiens pour s'assurer dans l'avenir soit des droits de réversibilité éventuelle, soit des influences prépondérantes dans les conseils politiques et administratifs de ces États.

Que de fois, depuis cette époque, la presse européenne et la tribune des nations gouvernées parlementairement ont retenti des réclamations suscitées par la conduite de l'Autriche, par ses empiétements et aussi par son système d'oppression.

En 1844, M. Cousin s'élevait, à la chambre des pairs de France, contre la domination autrichienne en Italie, et en faisait ressortir les dangers :

« Ce n'est pas moi qui l'ai faite, disait-il, c'est l'histoire qui la proclame; c'est Dieu qui l'a instituée, cette loi inexorable, qui à l'iniquité rattache les conséquences qui lui ressemblent. Oui, l'iniquité sème et recueille l'iniquité; les siècles la gardent quelque temps dans leur sein, mais elle sort tôt ou tard avec violence, et les conquêtes engendrent les révolutions. Le jour où l'Autriche a mis la main sur le Milanais, ce jour-là elle a attaché elle-même à son flanc un vautour impitoyable, qui la tourmente et qui la ronge, qui lui fait une douleur et une anxiété continuelles de toutes les joies, de toutes les espérances de l'Italie. »

L'orateur ajoutait que le Piémont semblait destiné, par sa situation et par son génie, à être « le bouclier et l'épée » de l'Italie.

Ne dirait-on pas aussi que Chateaubriand a prévu la situation actuelle de l'Autriche, lorsqu'il écrivait de sa plume prophétique cette admirable page :

« Moi, je pense que de ces souffrances méprisées, de ces calamités des humbles et des petits, se forment dans les conseils de la Providence les causes secrètes qui précipitent du faîte le dominateur. Quand les injustices particulières se sont accumulées de manière à l'emporter sur le poids de la fortune, le bassin descend. Il y a du sang muet et du sang qui crie : le sang du champ de bataille est bu en silence par la terre; le sang pacifique répandu jaillit en gémissant vers le ciel : Dieu le reçoit et le venge ! »

Quelques mois après l'époque où M. Cousin élevait la voix à la tribune de la chambre des pairs, le prisonnier de Ham écrivait du fond de sa chambre solitaire une lettre remarquable dans laquelle il réclamait aussi de l'Autriche l'égalité et l'indépendance des nations au nom de la paix universelle.

Voici cette lettre :

« Ham, le 5 novembre 1844.

» Rien ne contribue davantage à envenimer les questions, à aggraver les situations, à fausser les esprits, qu'une politique bâtarde, sans dignité et sans suite, qui ne sait pas ce qu'elle veut, parce qu'elle n'ose jamais vouloir.

» Asseoir la paix, ce n'est pas maintenir pendant quelques années une tranquillité factice, c'est travailler à faire disparaître les haines entre nations, en favorisant les tendances, les intérêts de chaque peuple; c'est créer un équilibre équitable pour les grandes puissances; c'est, en un mot, suivre la politique de Henri IV, et non la marche des Stuarts et de Louis XV.

» Ouvrez les Mémoires de Sully et voyez quelles étaient les grandes pensées de l'homme qui avait pacifié la France et fondé la liberté religieuse. Pour établir solidement l'équilibre européen, Henri IV prévoyait qu'il fallait que toutes les nations fussent égales en puissance et qu'aucune ne dominât l'autre par sa prépondérance. Il prévoyait que pour les peuples, comme pour les individus, l'égalité seule est de toute justice. Henri IV avait amené la plus grande partie de l'Europe à le seconder dans ses vues, et, lorsque le fer d'un assassin vint terminer ses jours si précieux, il rassemblait une puissante armée composée de contingents européens, se proposant pour but, non une conquête stérile, mais la paix universelle. Il fallait forcer l'Espagne (la maison d'Autriche) à reconnaître l'égalité et l'indépendance des nations, et il eût établi une espèce d'aréopage destiné à vider par la raison, et non par la force brutale, les querelles de peuple à peuple. Henri IV, s'il eût vécu, eût pu être surnommé le Héros de la Paix.

» LOUIS-NAPOLÉON BONAPARTE. »

Trois années plus tard, la situation de l'Italie s'était empirée. D'un côté l'Autriche enchérissait sur son système d'oppression; d'un autre, les peuples, poussés à bout, se remuaient : l'espérance venait de renaître en eux; les dispositions sympathiques à la cause italienne manifestées par le nouveau pontife, Pie IX, récemment élu, avaient ranimé le patriotisme italien. L'Europe attentive commençait à s'intéresser aux douleurs des opprimés, et d'ardentes sympathies pour leur cause étaient exprimées chaque jour dans les feuilles libérales des divers pays. Le nom de l'Italie avait déjà retenti plusieurs fois à la tribune de la chambre des députés de France. Dans la séance du 31 janvier 1848, M. Thiers prononça un discours auquel nous empruntons ces phrases remarquables :

« Oh! assurément, dit-il, il n'y a dans le monde aucune contrée qui ait plus de droit à notre intérêt que l'Italie. Sommes-nous chrétiens, chrétiens fervents ? Elle est la métropole de la foi. Sommes-nous des esprits éclairés, aimant tout ce qu'il y a de beau? Elle est la patrie des arts, des lettres; elle est pour nous autres modernes ce que la Grèce antique était pour les Romains, ses oppresseurs et ses élèves. Sommes-nous Français, bons citoyens? Elle est une sœur longtemps associée à nos destinées, une sœur pour laquelle nous avons combattu, qui a combattu pour nous dans la mesure de ses forces; car lorsque nous sortions de Moscou, poursuivis par les frimas et par l'ennemi; lorsque nos alliés nous abandonnaient, dans l'immortelle journée de Malojaroslawer, elle versait des torrents de sang généreux pour couvrir notre retraite. Nous avons donc toutes les raisons religieuses, morales, politiques, de nous intéresser à elle. (Très-bien! très-bien!) Mais le sujet est trop vaste, je me renferme dans les considérations politiques.

» Vous savez que toutes les fois que les ennemis invétérés de notre pays, qu'autrefois l'histoire appelait les *Impériaux*, qu'on appelle aujourd'hui les *Autrichiens*, toutes les fois qu'ils s'avancent vers notre pays, ils ont deux routes, le Danube et le Pô. Aussi, dans tous les temps, tous les cabinets ont porté un regard vigilant sur la Bavière, la Lombardie et le Piémont. Dans tous les temps, une attaque de l'Autriche sur la Bavière, de l'Autriche sur la haute Italie, était un cas politique des plus graves et souvent un cas de guerre. Ce n'est pas là de la politique impériale, de la politique révolutionnaire, c'est la politique que suivaient, sous l'ancien régime, le vieux Maurepas, l'entreprenant duc de Choiseul, comme le pacifique cardinal de Fleury; c'est la politique de tous les temps.

» Quant aux traités de 1814 et 1815, que disent-ils? Voici le texte de l'art. 6 du traité du 14 mai 1814 : « L'Italie, hors » des limites des pays qui reviendront à l'Autriche, sera com- » posée d'États souverains. »

» Cela veut dire que le Piémont, que Parme, Modène, Florence, Naples sont indépendants; ils peuvent se donner des constitutions quand il leur plaît, dans la mesure qu'il leur plaît de choisir, et personne n'a le droit d'intervenir.

» Je reconnais qu'il faut observer les traités, mais alors faites-les observer à votre tour. Et alors je vous demanderai : Pourquoi les Autrichiens sont-ils à Modène? pourquoi sont-ils à Parme? pourquoi entrent-ils, pourquoi sortent-ils de ces États presque sans qu'on le sache, tant leurs habitudes d'aller et de venir sont prises, tant ils se regardent là comme chez eux? pourquoi souffrez-vous que les Autrichiens soient à Modène, au moment où je vous parle? Il ne s'agit pas de changer les limites des traités; il s'agit de faire respecter les traités de 1815.

» Aujourd'hui, à Turin, à Florence, à Rome, quand il s'agit d'accorder quelques concessions nouvelles à ces peuples qui jusqu'ici, heureusement, je le leur dois dire, n'ont pas été trop exigeants; quand il s'agit de leur faire quelques concessions nouvelles, savez-vous le mot qui retentit à l'oreille de tous les souverains, et de tous les peuples : « L'Autriche le » supportera-t-elle? » Et, surtout lorsqu'il ne s'agit plus de réformes administratives, mais de réformes politiques, on dit partout : « Les Autrichiens vont entrer. » C'est la nouvelle de tous les matins en Italie, c'est l'épée de Damoclès toujours suspendue sur la tête des malheureux Italiens. »

M. Thiers adjurait ensuite les Italiens de s'unir entre eux, de renoncer aux prétentions exagérées ou prématurées, et de se présenter tous en armes sous la conduite d'un chef portant l'épée de l'Italie, et commandés par ce duc de Savoie, ce roi de Piémont, le plus sûr représentant de leur noble cause.

« Dans cette attitude, ajoutait-il, vous serez respectés; mais s'il pouvait en être autrement, si on voulait attenter à vos droits, à votre indépendance, croyez-le bien, le cœur de la France n'est point glacé. Oui, la France est vieille de gloire, mais elle est jeune de cœur, et si elle reconnaît clairement quelque part la liberté et l'indépendance de l'Europe menacées, vous ne la trouverez pas dégénérée, car elle n'est dégénérée que dans l'opinion de ceux qui la croient faite à leur image. Et ce jour-là même, la France et l'Angleterre parleraient peut-être en commun; la France et l'Angleterre, oubliant les dissentiments qui n'ont pas toujours pour cause des intérêts nationaux, feraient entendre en commun, non-seulement le langage des traités, mais le langage de l'humanité et de la liberté!... Et ce jour-là, vous seriez sauvés. »

Vingt-quatre jours après, le trône de Louis-Philippe s'écroulait.

Un mois ne s'était pas passé que le contre-coup de la révolution de Paris renversait la puissance autrichienne à Milan, presque en même temps qu'elle était fortement ébranlée à Vienne même.

Le 18 mars, Radetzky et ses soldats étaient chassés de la capitale de la Lombardie. En vain le général Schœnhals, aide de camp du feld-maréchal, dans son *Histoire des Campagnes de 1848-1849*, récemment traduite par M. Théophile Gautier fils, affirme-t-il que les victoires populaires du moment furent le résultat d'un excès de générosité de la part des chefs de l'armée autrichienne, nous devons plutôt croire que, par un effet logique, l'énergie de l'explosion fut la conséquence naturelle de la rigueur de la compression.

L'ivresse des premiers succès fut telle que les Italiens, dans une surexcitation d'orgueil national, crurent devoir refuser le concours d'une armée française, que leur offrait le gouvernement provisoire de la République. Républicains lombards et partisans de la monarchie piémontaise furent d'accord pour répéter le fameux cri : *Italia fara da se !* (L'Italie fera ses affaires par elle-même).

On sait ce qui advint par suite de ce refus : les défaites de Charles-Albert, la capitulation de Milan, le désastre de Novare, la défense héroïque et prolongée de Venise, qui mit en relief un des plus grands courages, un des plus magnifiques caractères de ce siècle, le grand et immortel Daniel Manin, enfin la restauration du pouvoir autrichien en Italie, avec des tendances plus oppressives et plus envahissantes que jamais, la proscription de tous les citoyens qui avaient pris une part active à la lutte.

II

Cependant l'Autriche pesait d'un poids de plus en plus lourd sur la malheureuse Italie, opprimant soit directement par elle-même, soit indirectement par l'intermédiaire des princes et des gouvernements sur lesquels elle agissait, peuplant d'exilés, de réfugiés italiens toutes les contrées de l'Europe. Le nombre des proscrits s'était surtout considérablement accru depuis l'insurrection de Milan du 6 février 1853, et depuis la tentative d'assassinat du Hongrois Libyeni.

On ne voyait de tous côtés, en Piémont, en France, en Angleterre, que proscrits italiens cherchant à appeler sur leur cause les sympathies des peuples et des gouvernements. Tous, il faut bien le reconnaître, ne se montraient pas également dignes d'intérêt. Si l'on peut citer la belle et noble attitude de Manin, l'ex-dictateur de la république de Venise, donnant, pour vivre, des leçons d'italien à Paris et mourant à la peine; les courses aventureuses et héroïques de Garibaldi, mettant son épée au service des causes justes et populaires; bien d'autres encore qui cherchaient dans des travaux obscurs des moyens d'existence, il en est aussi quelques-uns qui abusaient de l'hospitalité pour fomenter des troubles et ourdir des conspirations.

Parmi les souverains qui accueillirent les exilés italiens avec le plus de sympathies, l'Autriche ne vit pas sans ombrage se placer au premier rang un prince italien, le roi de Piémont, Victor-Emmanuel, le fils du vaincu de Novare, le seul qui, dans la Péninsule, eût toujours persisté à se soustraire à toute influence allemande.

Victor-Emmanuel semblait en effet se préparer au rôle que M. Thiers assignait, en 1848, à un prince de la maison de Sa-

voie. Non-seulement il résistait aux tentatives de l'influence autrichienne, non-seulement il donnait par la constitution libérale de ses États et par le bonheur de son peuple, un exemple qui pouvait devenir contagieux pour les Lombards, les Toscans et les Parmesans ses voisins, et que l'Autriche devait tout au moins regarder comme dangereux; non-seulement il témoignait de la faveur aux exilés italiens, mais encore il faisait au gouvernement français des avances amicales et en recevait de nombreux témoignages de sympathie. Déjà une armée piémontaise avait apporté son contingent de force militaire dans la campagne de Crimée; déjà les représentants du Piémont au Congrès de Paris avaient fait entendre des vœux en faveur de l'Italie, et les nobles paroles de M. de Cavour avaient été appuyées non seulement par la France, mais aussi par l'envoyé de la Russie. Depuis cette époque une entente complète n'avait cessé de régner entre les gouvernements français et piémontais, particulièrement en ce qui concernait les intérêts italiens. Un voyage fait par Victor-Emmanuel à Paris, au mois de novembre 1855, à l'issue de l'Exposition universelle, avait achevé de cimenter les rapports d'amitié entre lui et l'empereur Napoléon III.

Enfin un mariage projeté entre le prince Napoléon et la princesse Clotilde, fille de Victor-Emmanuel, devait compléter par des liens de famille l'union des deux souverains.

L'Autriche, sans pouvoir se plaindre de ces symptômes comme d'hostilités déclarées, ne se méprenait point à leur sens, et, de son côté, ne se faisait pas faute de contrarier par ses actes la politique française. Elle l'avait prouvé d'une façon très-notable dans l'affaire de la libre navigation du Danube et dans celle de la révolution de Servie.

Dans les derniers mois de 1858, la diplomatie européenne commença à pressentir que les relations entre les deux grandes puissances continentales pourraient bien avant peu être troublées. Quelques alarmes se manifestèrent dans des polémiques de journaux; mais l'opinion publique y prenait à peine garde, lorsqu'à la réception du corps diplomatique aux Tuileries, le 1er janvier 1859, l'empereur Napoléon III vint donner publiquement une consistance aux bruits, vagues jusqu'alors, qui couraient sur les rapports des deux pays. Il chargea M. de Hubner, ambassadeur d'Autriche à Paris, de transmettre, en quelque sorte à titre d'étrennes, à son souverain, ces paroles qui eurent un immense retentissement :

« Je regrette que nos relations avec votre gouvernement ne soient pas aussi bonnes que par le passé. »

De ce moment, tous les hommes qui connaissent la valeur des mots dans le langage diplomatique purent considérer la guerre comme déclarée.

De ce moment aussi l'empereur François-Joseph dut se préparer à la guerre.

Monté sur le trône le 2 décembre 1848, à peine âgé de dix-huit ans, François-Joseph, fils de l'archiduc François, par conséquent neveu de l'empereur Ferdinand, qui avait abdiqué en sa faveur, annonça au commencement de son règne les dispositions les plus libérales. Une constitution avait été donnée à l'Autriche; des représentants de toutes les parties de l'empire discutaient et votaient les lois. Une seule partie de ce vaste territoire restait encore à dompter, c'était la Hongrie; car on ne doutait pas dès lors de la prochaine reddition de Venise. Peu avare de promesses, comme tous les souverains qui ont encore besoin du concours de leurs sujets pour consolider leur pouvoir, il écrivait dans une proclamation : « Appuyé sur les bases d'une vraie liberté, sur le principe de l'égalité des droits entre tous les peuples qui composent notre empire, sur l'égalité de ses agents devant la loi, sur le droit acquis aux représentants du peuple de s'associer à notre gouvernement, notre pays va retrouver son ancienne gloire. L'édifice que tous ensemble nous allons reconstruire pourra braver les orages de ces temps difficiles et formera comme une vaste tente sous laquelle viendront s'abriter, plus unis que jamais, sous la protection du sceptre que nous tenons de nos ancêtres, les diverses races que nous sommes fier de gouverner. »

Mais à peine Venise fut-elle vaincue, à peine la Hongrie fut-elle reconquise, avec l'aide de la Russie, que le jeune empereur, qui avait déjà modifié la constitution d'après les conseils du prince Félix de Schwartzemberg, abolit la charte nouvelle, et revint purement et simplement aux traditions du despotisme et au système de M. de Metternich.

Environ un an après la tentation de Labyeni, François-Joseph épousa, le 24 avril 1854, la seconde fille du duc Maximilien-Joseph de Bavière.

Le jeune empereur avait, au commencement de la guerre,

environ vingt-neuf ans. Sa taille est de hauteur moyenne, mais mince et élancée. Sa physionomie est empreinte de tristesse. Sur sa tête, un peu forte pour sa corpulence, on remarque comme parties saillantes un nez un peu long et cette lèvre autrichienne épaisse et pendante, qui est un des traits caractéristiques des princes de la famille de Hapsbourg.

Bien que la guerre pût paraître décidée en principe dans les desseins secrets de l'Empereur des Français, l'opinion publique s'émut fortement en France des paroles prononcées le 6 janvier 1859, et resta quelque temps indécise. Des polémiques s'engagèrent dans les diverses feuilles politiques. Les journaux qui passent pour représenter les idées les plus libérales se prononçaient énergiquement pour la guerre. Un comité italien se forma même dans les bureaux du *Siècle*, sous la présidence de M. Havin, directeur politique de ce journal.

Pendant ce temps-là, les organes les plus accrédités du gouvernement français préparaient l'opinion aux éventualités que la situation pouvait faire prévoir.

La diplomatie européenne, naturellement émue par les faits nouveaux qui se produisaient, chercha les moyens de négocier pacifiquement et d'ajourner, sinon d'empêcher définitivement, une guerre qu'un ancien homme d'État qualifiait d'*impossibilité inévitable*.

Pendant que lord Cowley faisait à la cour de Vienne des démarches justifiées et par l'état des esprits, et par les intérêts pacifiques de l'Angleterre, la Russie proposait un congrès des grandes puissances européennes ; le Piémont réclamait son admission à ce congrès ; de son côté, l'Autriche, en lui contestant ce droit, cherchait à entraîner l'Allemagne dans sa querelle et à égarer l'opinion publique dans les divers États de la Confédération.

Rien ne saurait mieux donner une idée des négociations suivies pour la conservation de la paix que le mémoire présenté à la chambre des députés de Berlin à ce sujet. Nous en reproduisons les principaux fragments :

. . . .

« La position et la situation de l'Italie, dit ce mémoire, qui ont formé l'objet des dernières négociations diplomatiques, ainsi que le point de départ de la guerre qui vient d'éclater, ont, à plusieurs reprises, pendant les dernières années, appelé l'attention des cabinets de l'Europe. Il en a été question notamment avec beaucoup de chaleur, il y a peu d'années, au congrès de Paris, et la France et la Sardaigne ont vivement demandé alors qu'elles fussent prises en considération ; mais on s'est borné finalement à constater les diverses manières de voir à ce sujet.

» Des négociations postérieures entre l'Autriche et la France sur la question italienne eurent un caractère purement confidentiel et échappèrent par cela même à la participation des autres puissances. La tension aussi qui existe depuis des années entre le gouvernement autrichien et le gouvernement sarde ne dépassa pas d'abord les limites d'une question purement italienne. Les relations amicales que le gouvernement du roi (de Prusse) fut en position de conserver avec les deux puissances trouvèrent leur expression immédiate dans le fait que, lors de la rupture des relations diplomatiques de la part de la cour de Vienne, la légation du roi à Turin fut chargée des intérêts des sujets autrichiens. Le gouvernement du roi a, de son côté, autant que possible, usé de sa position pour amener, en éclaircissant les malentendus, un rapprochement entre les deux cours, mais malheureusement sans succès.

» La situation prit un caractère nouveau, lorsque les divergences qui subsistaient entre l'Autriche et la France sur les affaires italiennes s'accrurent au point que la France jugea nécessaire de se jeter avec tout le poids du côté de la Sardaigne, que l'Autriche en crut menacée sa position comme puissance en Italie.

» Au même moment où le différend italien menaçait ainsi de prendre les dimensions d'une complication européenne, il passait aussi dans le domaine des questions que, depuis la fondation de l'état de droit qui régit aujourd'hui les relations européennes (1815), les cinq grandes puissances le considèrent, dans l'intérêt de cet état et des rapports de puissances qui en résultent, comme l'objet de leur sollicitude commune. Le gouvernement du roi regardait comme un devoir sacré de maintenir maintenant aussi ce principe traditionnel auquel l'Europe doit d'avoir échappé, pendant près de quarante ans, aux malheurs d'une guerre entre les grandes puissances européennes. C'est dans ce sens qu'il prit part aux négociations des puissances qui avaient pour but de résoudre la tension existante entre la France et la Sardaigne d'un côté, l'Autriche de l'autre, et de terminer convenablement par voie amiable les différends qui s'étaient produits entre ces États.

» Partant de ce point de vue, le gouvernement du roi a non-seulement adhéré volontiers à la proposition par la Russie de la réunion d'un congrès, mais il accepta de même les bases de ce congrès formulées par l'Angleterre (les quatre points), et il croyait d'autant moins pouvoir repousser ces derniers, qu'on désignait expressément comme point de départ le maintien des traités de 1815 et de l'état de possession qui en résultait.

» Aussi, ce n'est pas précisément contre cette base matérielle qu'a échoué la réunion du congrès, car toutes les cinq puissances les avaient acceptées. Si le congrès a échoué, c'est surtout à cause de deux questions de forme, savoir, du moment du désarmement des puissances opposées, et de la participation des États italiens, notamment de la Sardaigne, aux délibérations du congrès.

» Dans les efforts aussi qui ont été faits pour la solution de cette question préliminaire, la position du gouvernement du roi ne pouvait être autre que purement médiatrice.

» Mais plus les tentatives faites de divers côtés pour concilier les prétentions opposées se montraient infructueuses, plus il en résultait pour la Prusse la nécessité de prendre à son tour les mesures qu'exige impérieusement, dans les cas de complications menaçantes et au milieu des armements d'autres États, la considération de sa propre sécurité. Le gouvernement, ayant l'espoir fondé du maintien de la paix, avait ajourné pendant quelque temps ces mesures, dont la nécessité avait été aperçue depuis longtemps.

» Mais la situation devenant de plus en plus grave, il n'était plus permis d'hésiter plus longtemps. En procédant à l'exécution de ses résolutions, le premier objet de sa sollicitude devait être la sûreté de l'Allemagne. C'est dans ce sentiment qu'il ordonna, dans la seconde moitié du mois dernier, la mise sur pied de guerre de la partie de l'armée qui forme le contingent fédéral prussien, et qu'il présenta à la diète germanique la proposition, qui depuis a été convertie à l'unanimité en résolution, de mettre de même sur pied de guerre tous les contingents fédéraux.

» Par cette démarche, la Prusse n'est pas sortie de la position qu'elle avait conservée jusque-là. Le caractère purement défensif de cette démarche, son but de pourvoir uniquement à la sécurité de la Prusse elle-même et de l'Allemagne, était manifeste.

» Mais la résolution de faire cette démarche n'empêche pas non plus le gouvernement de prendre part, avec le plus grand zèle, à la dernière tentative de médiation qui émane de l'Angleterre, consistant à opérer un désarmement général, dont l'exécution serait réglée par des commissaires des cinq grandes puissances et de la Sardaigne, et à inviter tous les États italiens au congrès, suivant les précédents établis au congrès de Laibach.

» L'accord survenu sur cette proposition entre les quatre cabinets de Berlin, de Londres, de Saint-Pétersbourg et de Paris, et l'adhésion de la Sardaigne obtenue par les représentants de l'Angleterre et de la France, éveilla encore à la dernière heure l'espérance de la réunion d'un congrès. Mais cet espoir aussi, et avec lui toute chance du maintien de la paix, ne tarda pas à disparaître. L'Autriche avait déjà, il est vrai, fait connaître peu avant, à Londres aussi bien qu'à Berlin, en confidence intime, qu'elle ne pouvait plus attacher d'espérance aux négociations qui avaient eu lieu jusqu'ici, et qu'elle avait l'intention d'adresser directement à la Sardaigne un ultimatum en vue d'un désarmement immédiat.

» La Prusse et l'Angleterre cependant avaient dissuadé de la manière la plus pressante la cour d'Autriche, dans son intérêt propre et dans celui de l'Autriche, d'une démarche pareille, dont l'unique conséquence, qu'on pouvait prévoir, devait être la guerre. Elles comptaient avec certitude sur le succès des représentations faites à ce sujet, quand la proposition susdite en Angleterre « d'un désarmement général précédant le congrès, et en même temps de l'admission de tous les États de l'Italie, suivant les précédents du congrès de Laibach », avait obtenu l'adhésion de toutes les autres puissances intéressées ; il ne manquait plus que celle de l'Autriche. »

. . . .

À la date du 16 mars, le gouvernement français, ne voulant laisser à l'Allemagne aucun ombrage et dégager les intérêts allemands de toutes les éventualités ultérieures, venait reconnaître les bons offices de la Prusse par la note suivante, placée en tête du *Moniteur universel* :

« Une partie de l'Allemagne présente aujourd'hui un spectacle qui nous afflige et nous étonne.

» Une question vague, indéfinie, qui touche aux problèmes les plus délicats comme aux intérêts les plus élevés, surgit tout à coup dans le monde politique. Le gouvernement français y voit un sujet d'examen et un devoir de vigilance. Il ne se préoccupe de la situation inquiétante de l'Italie que pour la résoudre, de concert avec ses alliés et dans l'intérêt du repos de l'Europe. Est-il possible de montrer un désir plus sincère de dénouer pacifiquement les difficultés et de prévenir les complications qui résultent toujours du manque de prévoyance et de décision?

» Cependant une partie de l'Allemagne répond à cette attitude si calme par les alarmes les plus irréfléchies. Sur une simple présomption que rien ne justifie et que tout repousse, les préjugés s'éveillent, les défiances se propagent, les passions se déchaînent : une sorte de croisade contre la France est entamée dans les chambres et dans la presse de quelques-uns des États de la Confédération. On l'accuse d'entretenir des ambitions qu'elle a désavouées, de préparer des conquêtes dont elle n'a pas besoin, et l'on s'efforce, par des calomnies, d'effrayer l'Europe d'agressions imaginaires dont la pensée n'a même point existé.

» Les hommes qui égarent de cette façon le patriotisme allemand se trompent de date. C'est bien d'eux que l'on peut dire qu'ils n'ont rien oublié ni rien appris. Ils se sont endormis en 1813, et ils se réveillent, après un sommeil d'un demi-siècle, avec des sentiments et des passions ensevelis dans l'histoire et qui sont un contre-sens par rapport au temps actuel ; ce sont des visionnaires qui veulent absolument défendre ce que personne ne songe à attaquer.

» Si le gouvernement français n'était pas convaincu que ses actes, ses principes et le sentiment de la majorité du peuple allemand démentent les suspicions dont on voudrait le rendre l'objet, il aurait le droit d'en être blessé ; il pourrait y voir, non-seulement une injustice, mais encore une atteinte à l'indépendance de sa politique. En effet, tout le mouvement que l'on essaye d'exciter sur le Rhin à propos d'une question qui ne menace pas l'Allemagne, mais où la France est intéressée comme puissance européenne, ne tendrait à rien moins qu'à lui contester le droit de faire sentir son influence en Europe et de défendre ses propres intérêts, même avec la plus extrême modération. C'est là une prétention qui serait blessante si elle pouvait être sérieuse. La vie d'une grande nation comme la France n'est pas enfermée dans ses frontières ; elle se manifeste, dans le monde entier, par l'action salutaire qu'elle exerce au profit de sa puissance nationale en même temps que pour l'avantage de la civilisation. Quand une nation renonce à ce rôle, elle abdique son rang.

» Ainsi donc, contester cette légitime influence qui protége partout le bon droit, ou la confondre avec les ambitions qui le menacent, c'est méconnaître également le rôle qui appartient à la France et la modération dont l'Empereur a donné tant de preuves depuis que le peuple français l'a élevé à la responsabilité du pouvoir suprême.

» L'Empereur, qui a su dominer tous les préjugés, devait s'attendre à ce qu'ils ne fussent pas invoqués contre lui. Que serait-il arrivé si, en montant sur le trône, il avait apporté les sentiments étroits et les souvenirs irrités auxquels on fait appel aujourd'hui pour le rendre suspect ? Au lieu de se faire l'allié le plus intime de l'Angleterre, comme le lui conseillaient les intérêts de la civilisation, il fût devenu son rival, comme semblaient le lui commander les rivalités séculaires des deux peuples. Au lieu d'accueillir les hommes de tous les partis, il eût repoussé avec défiance les serviteurs des anciennes dynasties. Au lieu de raffermir et de calmer l'Europe, il l'eût ébranlée, en rachetant, au prix de sa sécurité et de son indépendance, les souvenirs de 1814 et de 1815.

» Si l'Empereur, cédant à de telles suggestions, avait voulu, sans raison, renouveler, dans une ère de paix et de civilisation, les guerres et les conquêtes du premier Empire, il n'eût pas été de son temps, et il eût ainsi encouru le plus grand blâme qui puisse atteindre un chef de gouvernement. On ne règne pas avec gloire quand on obéit à des rancunes et à des haines. Il n'y a de gloire véritable pour un souverain que celle qui se fonde sur l'appréciation généreuse des besoins de son pays et sur la garantie éclairée des intérêts de la société.

» Nous constatons simplement ici une situation mise en lumière par tant d'actes décisifs de la politique de l'Empereur. Devant cette situation si nette et si franche, l'Europe se sentira affermie dans sa sécurité, et ceux qui veulent l'effrayer et la tromper éprouveront peut-être quelque embarras.

» Quant à la France, elle ne s'est pas émue jusqu'à présent de ces vagues rumeurs et de ces attaques injustes; elle ne rend pas toute l'Allemagne responsable de l'erreur ou de la malveillance de quelques manifestations qui ressemblent plutôt à de mesquins ressentiments qu'à des craintes sérieuses. Le patriotisme allemand, quand il n'est pas obscurci par des préventions, sait très-bien distinguer entre les devoirs qui l'obligent et les préjugés qui l'égarent. L'Allemagne n'a rien à craindre de nous pour son indépendance; nous devons attendre d'elle autant de justice pour nos intentions que nous avons de sympathie pour sa nationalité : c'est en se montrant impartiale qu'elle se montrera prévoyante et qu'elle servira le mieux la cause de la paix.

» La Prusse l'a compris, et elle s'est unie à l'Angleterre pour faire entendre à Vienne de bons conseils, au moment même où quelques agitateurs cherchaient à passionner et à coaliser contre nous la Confédération germanique. Cette attitude réservée du cabinet de Berlin est certainement plus avantageuse à l'Allemagne que l'emportement de ceux qui, en faisant appel aux rancunes et aux préjugés de 1813, s'exposent à irriter en France le sentiment national. Le peuple français a la susceptibilité de son honneur en même temps que la modération de sa force, et si on l'excite par la menace, on le calme par la conciliation. »

Enfin, un dernier document mettra pleinement en lumière l'état de la question austro-italienne, au moment où fut faite la proposition du congrès européen. C'est la dépêche adressée par M. le comte de Cavour au marquis d'Azeglio, ministre sarde à Londres, pour réclamer l'admission de la Sardaigne à ce congrès :

« Turin, 21 mars.

» Monsieur le marquis,

» Le gouvernement russe vient de faire la proposition formelle de soumettre la question italienne à un congrès des grandes puissances.

» Je m'empresse, monsieur le marquis, de vous faire connaître les vues du gouvernement du roi à cet égard.

» La Sardaigne n'a pas d'objection à émettre à la réunion d'un congrès qui, prenant en considération les intérêts et les plaintes légitimes de la Péninsule, chercherait à donner une solution pacifique et satisfaisante aux difficultés qui attirent à juste titre l'attention sérieuse de l'Europe.

» Mais le cabinet de Turin croit en même temps que le Piémont devrait être représenté à ce congrès, et il est persuadé que son intervention serait utile, pour ne pas dire indispensable, si les puissances qui montrent une sympathie réelle envers l'Italie et celles qui désirent obvier au danger de l'état anormal de la Péninsule pensent qu'elles peuvent faire valoir un système plus conforme à la justice en obtenant des concessions et des garanties de nature à calmer l'esprit public.

» La Sardaigne possède la confiance des malheureuses populations dont le sort va être décidé; elle a déjà élevé la voix en leur faveur au congrès de Paris, et cette voix a non-seulement été écoutée par les gouvernements les plus éclairés de l'Europe, mais elle a réussi à calmer des colères et des ressentiments prêts à éclater; elle a désarmé la révolution, en y substituant l'action régulière et légale de la diplomatie.

» La Sardaigne, en se mettant à la tête du mouvement national, s'est toujours servie de l'influence qu'elle avait acquise pour combattre ouvertement les passions révolutionnaires; au lieu d'exciter les esprits d'hommes aigris par les souffrances et les déceptions, elle s'est efforcée de les contenir et de les faire arriver, par la douceur, à une appréciation plus saine des événements et des obstacles qui retardaient l'accomplissement de leurs légitimes désirs.

» Nous pouvons le déclarer à haute voix : si l'Italie n'a pas été récemment le théâtre de nouveaux troubles, si nous n'avons pas à déplorer de frénétiques mouvements populaires, suivis de réaction sanglante, c'est à l'action salutaire et à l'attitude prudente du Piémont qu'il faut en grande partie l'attribuer.

» En ce qui regarde les questions qui doivent faire l'objet des délibérations du congrès, le cabinet de Londres sait la manière de voir du gouvernement du roi à ce sujet.

» Dans le mémorandum du 1er mars, il a exposé franchement ses vues, il a signalé les griefs de la Péninsule il a indiqué les réparations qu'elle réclame. Cette explication a été communiquée à la cour d'Angleterre, et elle y a rencontré un accueil favorable.

» Lord Malmesbury a reconnu la modération de la Sardaigne, et a rendu hommage à sa bonne foi. Ainsi, soit par sa politique en général, depuis que les affaires d'Italie ont pris la première place dans les préoccupations de l'Europe, soit par ses déclarations clairement formulées relativement aux points qui semblent actuellement rendre une solution immédiate... nécessaire, le gouvernement anglais doit être convaincu que la cour de Sardaigne prêtera un appui sincère à toutes les mesures que les grandes puissances, réunies en congrès, pourront proposer dans l'intérêt de l'Italie.

» J'aime donc à me flatter que le cabinet de Londres admettra sans difficulté le droit pour la Sardaigne d'être représentée au congrès proposé par la Russie.

» C'est donc dans cet espoir que je vous prie, monsieur le marquis, de soumettre les observations ci-dessus à lord Malmesbury, en lui lisant cette dépêche et en lui en laissant copie.

» Je suis, etc.

» C. CAVOUR. »

A cette réclamation si juste et si légitime, l'Autriche répondit par une proposition toute nouvelle et qu'elle savait bien ne devoir être admise ni par la Sardaigne ni par la France. Elle demandait que, préalablement à la réunion d'un congrès appelé à statuer sur les conditions d'un désarmement général, la Sardaigne mît son armée sur le pied de paix et licenciât les corps francs de volontaires italiens formés sur le territoire du Piémont.

L'Angleterre tenta d'ouvrir de nouvelles négociations sur cette base, et parla même d'offrir sa garantie à Victor-Emmanuel, contre toute attaque de l'Autriche. Le roi de Sardaigne n'aurait consenti à désarmer que simultanément avec l'Autriche. Il ne pouvait, en congédiant les volontaires italiens, pour entamer des négociations qui avaient quelque chance de n'aboutir à rien de bon pour l'Italie, se jouer pour ainsi dire de leur zèle et de leur dévouement, et renoncer à tout jamais à leur concours, concours qui lui deviendrait si utile dans le cas où la nécessité de la guerre ressortirait des négociations mêmes.

Enfin une solution pacifique put être encore entrevue. L'Angleterre proposa, d'accord avec la Prusse et la Russie, d'admettre immédiatement le principe du désarmement général, en convenant d'en régler l'exécution dès l'ouverture du congrès.

Le gouvernement français promit même d'engager le cabinet de Turin à donner son assentiment au principe du désarmement général, pourvu que tous les États italiens fussent invités à faire partie du congrès.

C'était en effet le meilleur moyen d'éclairer d'une vive lumière toutes les questions politiques relatives aux diverses parties de l'Italie.

Cette lumière, l'Autriche ne se souciait pas apparemment de la voir luire; car elle répondit presque instantanément aux efforts que l'Europe faisait pour conserver la paix par un ultimatum assez brutal, adressé à la Sardaigne, le 19 avril.

Voici le texte cet ultimatum :

Le comte de Buol au comte de Cavour.

« Vienne, le 19 avril 1859.

» Monsieur le comte,

» Le gouvernement impérial, Votre Excellence le sait, s'est empressé d'accéder à la proposition du cabinet de Saint-Pétersbourg, de réunir un congrès des cinq grandes puissances pour chercher à aplanir les complications survenues en Italie.

» Convaincus, toutefois, de l'impossibilité d'entamer, avec des chances de succès, des délibérations pacifiques en présence du bruit des armes et des préparatifs de guerre poursuivis dans un pays limitrophe, nous avons demandé la mise sur pied de paix de l'armée sarde et le licenciement des corps francs ou volontaires italiens, préalablement à la réunion du congrès.

» Le gouvernement de Sa Majesté Britannique trouve cette condition si juste et si conforme aux exigences de la situation, qu'il n'hésite pas à se l'approprier en se déclarant prêt à insister, conjointement avec la France, sur le désarmement immédiat de la Sardaigne et à lui offrir, en retour, contre toute attaque de notre part, une garantie collective à laquelle, cela s'entend, l'Autriche aurait fait honneur.

» Le cabinet de Turin paraît n'avoir répondu que par un refus catégorique à l'invitation de mettre son armée sur pied de paix et d'accepter la garantie collective qui lui était offerte.

» Ce refus nous inspire des regrets d'autant plus profonds, que si le gouvernement sarde avait consenti au témoignage de sentiments pacifiques qui lui était demandé, nous l'aurions accueilli comme un premier symptôme de son intention de concourir de son côté à l'amélioration des rapports malheureusement si tendus entre les deux pays depuis quelques années. En ce cas, il nous aurait été permis de fournir, par la dislocation des troupes impériales italiennes dans le royaume lombardo-vénitien, une preuve de plus qu'elles n'y ont pas été rassemblées dans un but agressif contre la Sardaigne.

» Notre espoir ayant été déçu jusqu'ici, l'empereur, mon auguste maître, a daigné m'ordonner de tenter directement un effort suprême pour faire revenir le gouvernement de Sa Majesté Sarde sur la décision à laquelle il paraît s'être arrêté.

» Tel est, monsieur le comte, le but de cette lettre. J'ai l'honneur de prier Votre Excellence de vouloir bien prendre son contenu en la plus sérieuse considération, et de me faire savoir si le gouvernement royal consent, oui ou non, à mettre sans délai son armée sur pied de paix et à licencier les volontaires italiens.

» Le porteur de la présente, auquel vous voudrez bien, monsieur le comte, faire remettre votre réponse, a l'ordre de se tenir, à cet effet, à votre disposition pendant trois jours.

» Si, à l'expiration de ce terme, il ne recevait pas de réponse, où que celle-ci ne fût pas complètement satisfaisante, la responsabilité des graves conséquences qu'entraînerait ce refus, retomberait tout entière sur le gouvernement de Sa Majesté Sarde. Après avoir épuisé en vain tous les moyens conciliants pour procurer à ses peuples la garantie de paix sur laquelle l'empereur est en droit d'insister, Sa Majesté devra, à son grand regret, recourir à la force des armes pour l'obtenir.

» Dans l'espoir que la réponse que je sollicite de Votre Excellence sera conforme à nos vœux, tendant au maintien de la paix, je saisis cette occasion pour vous réitérer, monsieur le comte, les assurances de ma considération la plus distinguée.

» DE BUOL. »

La Sardaigne répondit aussitôt ainsi qu'il suit :

Le comte de Cavour au comte de Buol.

« Turin, le 26 avril 1859.

» Monsieur le comte,

» Le baron de Kellersperg m'a remis, le 23 courant, à cinq heures et demie du soir, la lettre que Votre Excellence m'a fait l'honneur de m'adresser, le 19 de ce mois, pour me mander, au nom du gouvernement impérial, de répondre par un oui ou par un non à l'invitation qui nous est faite de réduire l'armée sur le pied de paix et de licencier les corps formés de volontaires italiens, en ajoutant que si, au bout de trois jours, Votre Excellence ne recevait pas de réponse, ou si la réponse qui lui était faite n'était pas complètement satisfaisante, S. M. l'empereur d'Autriche était décidé à avoir recours aux armes pour nous imposer par la force les mesures qui forment l'objet de la communication.

» La question du désarmement de la Sardaigne, qui constitue le fond de la demande que Votre Excellence m'adresse, a été l'objet de nombreuses négociations entre les grandes puissances et le gouvernement de Sa Majesté. Ces négociations ont abouti à une proposition formulée par l'Angleterre, à laquelle ont adhéré la France, la Prusse et la Russie. La Sardaigne, dans un esprit de conciliation, l'a acceptée sans réserve ni arrière-pensée. Comme Votre Excellence ne peut ignorer ni la proposition de l'Angleterre ni la réponse de la Sardaigne, je ne saurais rien lui faire connaître les intentions du gouvernement du roi à l'égard des difficultés qui s'opposaient à la réunion du congrès.

» La conduite de la Sardaigne, dans cette circonstance, a été appréciée par l'Europe. Quelles que puissent être les conséquences qu'elle amène, le roi, mon auguste maître, est convaincu que la responsabilité en retombera sur ceux qui ont armé les premiers, qui ont refusé les propositions formulées par une grande puissance, et reconnues comme justes et raisonnables par les autres, et qui maintenant y substituent une sommation menaçante.

» Je saisis cette occasion pour vous réitérer, monsieur le comte, les assurances de ma considération la plus distinguée.

» CAVOUR. »

III

Pendant que la diplomatie européenne s'épuisait en vaines
tentatives pour faire entendre à l'empereur d'Autriche la
voix de l'humanité et le rappeler aux sentiments de ses véritables intérêts, pendant que François-Joseph, après avoir fait
d'inutiles appels d'argent à son peuple et à tous les financiers de l'Europe, oubliant que le refus de crédit des peuples
et des banquiers doit être la leçon des souverains, se décidait
à entreprendre une guerre dont l'opinion générale augurait si
mal, le gouvernement français se préparait activement, de son
côté, à prêter à son allié, le roi de Piémont, un concours
efficace.

L'Empereur avait enjoint au ministre des affaires étrangères de France, M. le comte Walewski, de préparer un
exposé des faits auxquels il convenait de rattacher les complications qui avaient amené la crise. Cet exposé fut commu-
niqué au Sénat et au Corps législatif et publié le 25 avril.
En voici les termes :

« L'état de l'Italie, aggravé par les mesures administratives adoptées dans le royaume lombard-vénitien, avait déterminé le gouvernement autrichien à faire, dès le mois de
décembre dernier, des armements qui n'ont pas tardé à
présenter un caractère assez menaçant pour éveiller en Piémont les plus sérieuses inquiétudes.

» Le gouvernement de l'Empereur n'a pu voir surgir ces
difficultés sans se montrer vivement préoccupé des conséquences qu'elles pouvaient avoir pour la paix de l'Europe.
N'étant pas dans le cas d'intervenir directement pour proposer lui-même les moyens de les prévenir, il s'est toutefois
empressé d'accueillir les ouvertures qui lui ont été faites.
Plein de confiance dans les sentiments du gouvernement de
Sa Majesté Britannique, aussi bien que dans les lumières de
son ambassadeur à Paris, le gouvernement de l'Empereur
a sincèrement applaudi à la mission que M. le comte Cowley
est allé remplir à Vienne, comme à une première tentative
propre à préparer un rapprochement; et il s'est félicité avec
une satisfaction non moins réelle d'apprendre que les idées
échangées entre M. l'ambassadeur d'Angleterre et le gouvernement autrichien étaient de nature à fournir des éléments
de négociations.

» La proposition de se réunir en congrès, présentée dans le
même moment par la Russie, répondait à cette situation de
la manière la plus heureuse, en appelant les cinq puissances
à participer également à la discussion d'une question d'intérêt européen; le gouvernement de l'Empereur n'a pas hésité à faire connaître qu'il adhérait à cette proposition.

» En y adhérant de même, le gouvernement anglais a jugé
utile de préciser les bases des délibérations éventuelles du
congrès. Ces bases sont les suivantes :

» 1° Déterminer les moyens par lesquels la paix peut être
maintenue entre l'Autriche et la Sardaigne;

» 2° Établir comment l'évacuation des États romains par
les troupes françaises et autrichiennes peut être le mieux
effectuée;

» 3° Examiner s'il convient d'introduire des réformes dans
l'administration intérieure de ces États et des autres États de
l'Italie dont l'administration offrirait des défauts qui ten-
draient évidemment à créer un état permanent et dangereux
de trouble et de mécontentement, et quelles seraient ces
réformes;

» 4° Substituer aux traités entre l'Autriche et les duchés
une confédération des États de l'Italie entre eux, pour leur
protection mutuelle tant intérieure qu'extérieure.

» Le gouvernement de l'Empereur a mis à acquiescer sans
réserve à ces bases de la négociation le même empressement
qu'il avait montré à accepter la proposition d'un congrès.

» Le gouvernement autrichien avait, de son côté, donné
son assentiment à la réunion d'un congrès, en l'accompagnant
de quelques observations, mais sans y mettre des conditions
formelles et absolues, et tout devait faire espérer que les négociations pourraient s'ouvrir dans un délai rapproché.

» Le cabinet de Vienne avait parlé du désarmement préalable de la Sardaigne comme d'une mesure indispensable pour
assurer le calme des délibérations, et il en fit plus tard une
condition absolue de sa participation au congrès. Cette demande ayant soulevé des objections unanimes, le cabinet de
Vienne y substitua la proposition d'un désarmement général
et immédiat, en l'ajoutant comme un cinquième point aux
bases des négociations.

» Ainsi, messieurs, tandis que la France avait successivement accepté, sans hésitation, toutes les propositions qui lui
avaient été présentées, l'Autriche, après avoir paru disposée à
se prêter aux négociations, soulevait des difficultés inat-
tendues.

» Le gouvernement de l'Empereur n'en a pas moins persé-
véré dans les sentiments de conciliation qu'il avait pris pour
règle de sa conduite. Le cabinet anglais, continuant de s'occuper avec la plus loyale sollicitude des moyens de faire disparaître les retards que la question du désarmement apportait à la réunion du congrès, avait pensé que l'on satisferait
au cinquième point mis en avant par l'Autriche si l'on
admettait immédiatement le principe du désarmement général, en convenant d'en régler l'exécution à l'ouverture même
des délibérations des plénipotentiaires.

» Le gouvernement de Sa Majesté a consenti à accepter
cette combinaison. Il restait toutefois à déterminer si, dans cet
état de choses, il était nécessaire que la Sardaigne elle-même
souscrivît préalablement au principe du désarmement général. Il ne paraît pas qu'une pareille condition pût être impo-
sée au gouvernement sarde s'il était laissé en dehors des délibérations du congrès; mais cette considération même offrait
les éléments d'une combinaison nouvelle qui, entièrement
conforme aux principes de l'équité, ne semblait pas soulever
d'objections. Le gouvernement de l'Empereur déclara au gouvernement anglais qu'il était disposé à engager le cabinet de
Turin à donner lui-même son assentiment au principe du
désarmement général, pourvu que tous les États italiens fussent invités à faire partie du congrès.

» Vous savez déjà, messieurs, que, modifiant cette suggestion de manière à concilier toutes les susceptibilités, le gouvernement de Sa Majesté Britannique a présenté une dernière
proposition basée sur le principe du désarmement général simultané et immédiat. L'exécution devait en être réglée par
une commission dans laquelle le Piémont serait représenté.
Les plénipotentiaires se réuniraient aussitôt que cette commission serait elle-même rassemblée, et les États italiens seraient invités par le congrès à siéger avec les représentants des
cinq grandes puissances de la même manière qu'au congrès
de Laybach en 1821.

» Le gouvernement de l'Empereur a voulu manifester de
nouveau ses dispositions conciliantes en adhérant à cette proposition, qui a été de même acceptée sans délai par les cours
de Prusse et de Russie, et à laquelle le gouvernement piémontais s'est également déclaré prêt à se conformer.

» Toutefois, au moment même où le gouvernement de l'Empereur croyait pouvoir nourrir l'espoir d'une entente définitive, nous avons appris que la cour d'Autriche refusait
d'accepter la proposition du gouvernement de Sa Majesté
Britannique et adressait une sommation directe au gouvernement sarde. Pendant que d'un côté le cabinet de Vienne per-
siste à ne pas consentir à l'admission des États italiens au
congrès, dont il rend ainsi la réunion impossible, de l'autre
il demande au Piémont de s'engager à mettre son armée sur
le pied de paix et à licencier les volontaires, c'est-à-dire à
concéder sans délai et isolément à l'Autriche ce qu'il a déjà
accordé aux puissances, sous la seule réserve de s'en entendre
avec elles.

» Je n'ai pas besoin de faire ressortir le caractère de cette
démarche, ni d'insister plus longuement pour mettre en lumière les sentiments de modération dont le gouvernement
de l'Empereur n'a cessé au contraire de se montrer animé. Si
les efforts réitérés des quatre puissances pour sauvegarder la
paix ont rencontré des obstacles, notre conduite l'atteste hautement, ces obstacles ne sont point venus de la France. Enfin,
messieurs, si la guerre doit sortir des complications présen-
tes, le gouvernement de Sa Majesté aura la ferme conviction
d'avoir fait tout ce que sa dignité lui permettait pour prévenir cette extrémité, et ce n'est point sur lui qu'on pourra en
faire peser la responsabilité. Les protestations que les gouvernements de la Grande-Bretagne, de la Russie et de la
Prusse ont adressées à la cour d'Autriche attestent qu'on nous
rend déjà à cet égard une entière justice.

» En présence de cet état de choses, si la Sardaigne est menacée, si, comme tout le fait présumer, son territoire est envahi, la France ne peut pas hésiter à répondre à l'appel d'une
nation alliée à laquelle l'unissent des intérêts communs et

des sympathies traditionnelles, rajeunies par une récente confraternité d'armes et par l'union contractée entre les deux maisons régnantes.

» Aussi, messieurs, le gouvernement de l'Empereur, fort de la constante modération et de l'esprit de conciliation dont il n'a jamais cessé de s'inspirer, attend avec calme le cours des événements, ayant la confiance que sa conduite, dans les différentes péripéties qui viennent de se succéder, rencontrera l'assentiment unanime de la France et de l'Europe. »

La lecture de cet exposé fut faite au Corps législatif par M. le comte Walewski. Après cette lecture, M. le comte de Morny, président, prit la parole en ces termes :

« Messieurs,

» L'exposé que vous venez d'entendre établit de la manière la plus claire que l'Empereur, sans abandonner le but généreux et élevé qu'il s'est proposé dès l'origine, n'a pas manqué un seul jour aux principes de modération qui caractérisent sa politique. A chaque phase des négociations, il s'est empressé d'accepter toutes les combinaisons dont les conséquences ne pouvaient être que d'éviter la guerre, et qui lui étaient offertes par ses alliés médiateurs. Le retard même apporté à la présentation de la loi actuelle est la preuve la plus éclatante de l'espoir et du désir qu'avait toujours conservés l'Empereur d'obtenir pacifiquement la solution de ces difficultés. Cette conduite a eu d'abord pour effet de rassurer les grandes puissances de l'Europe, et si, malgré tous leurs efforts, la guerre est inévitable, au moins a-t-on lieu d'être certain qu'elle sera localisée et limitée, surtout si les autres puissances allemandes ont la sagesse de comprendre qu'il n'y a là qu'une question purement italienne, qui ne cache aucun projet de conquête et ne peut enfanter aucunes révolutions.

» Quant à vous, messieurs, au début de cette question, vous avez montré un esprit pacifique, que vous inspirait votre sollicitude pour les grands intérêts du pays; c'était votre droit et votre rôle. Cela ne fait que donner plus de valeur et de force au concours que vous prêterez à l'Empereur.

» Faisons voir aujourd'hui, afin que personne ne s'y méprenne, ni au dedans ni au dehors, qu'en face de l'étranger nous sommes tous unis dans une seule pensée : le succès et la gloire de nos armes. Une fois la lutte engagée, tous les intérêts matériels se rangent pour faire place au patriotisme; toutes les inquiétudes se taisent pour mieux nous laisser entendre la voix de l'honneur national. Ne regardons plus en arrière, c'est devant nous qu'est le drapeau de la France! »

Le président du conseil d'Etat, M. Baroche, exposa ainsi les motifs d'un projet de loi tendant à porter à 140,000 hommes l'appel de 100,000 hommes sur la classe de 1858, autorisé par la loi du 24 mars :

« Messieurs,

» La loi du 24 mars 1858 avait fixé à 100,000 hommes le contingent à appeler sur la classe de 1858. La force de ce contingent, déterminée en pleine paix, n'était que la reproduction de celle des contingents des classes précédentes, et rien n'autorisait alors à penser qu'une telle fixation dût être modifiée plus tard.

» Les événements en ont décidé autrement, et c'est pour assurer à notre armée un effectif en rapport avec l'étendue des devoirs qui lui sont imposés par l'honneur et les intérêts du pays, que le gouvernement vous propose de porter à 140,000 hommes le contingent de la classe de 1858.

» Une disposition analogue avait été prise à la veille de la guerre d'Orient, et l'appel déjà autorisé par la loi du 23 avril 1853, sur la classe de 1853, était porté, en 1854, de 80,000 hommes à 140,000. La mesure actuelle se justifie par des motifs identiques.

» Trois contingents, ceux des classes de 1853, 1854 et 1855, ont été, comme celui dont il s'agit aujourd'hui, fixés à 140,000 hommes, et l'expérience a démontré que cette fixation, n'excédant pas les limites du possible, pouvait être réalisée sans enlever aux familles aucun des droits à l'exemption ouverts aux jeunes gens par la loi du 21 mars 1832, et sans déroger à aucune des dispositions bienveillantes de cette loi, ou de celle du 26 avril 1855, en ce qui touche l'exonération du service militaire.

» Déjà les opérations du recensement et du tirage de la classe de 1858 sont effectuées, mais aucune de ces deux opérations n'impliquait la force du contingent, et ce n'est, en réalité, que dans la troisième opération qui reste à faire, celle des conseils de révision, que le contingent est formé dans la proportion qui a été déterminée par la loi.

» En résumé, messieurs, le projet de loi est une mesure de prudence commandée par les circonstances, et que votre patriotisme saura apprécier à sa juste valeur. »

M. le comte de Morny, au nom de la commission chargée immédiatement d'examiner le projet de loi, présente dans la même séance le rapport suivant :

« Messieurs,

» Le gouvernement vous demande de porter à 140,000 hommes le contingent de la classe de 1858, qui avait été fixé à 100,000 hommes par la loi du 24 mars de la même année.

» L'exposé des motifs nous rappelle qu'une mesure semblable a été votée en 1854 pour le contingent de 1853, qui a été élevé de 80,000 à 140,000 hommes, et que les deux contingents suivants, ceux des classes de 1854 et de 1855, ont été, comme celui dont il s'agit aujourd'hui, fixés à 140,000 hommes. Cette expérience du passé, comme l'indique l'exposé des motifs, a démontré que ce chiffre de 140,000 hommes est en rapport avec les ressources de la population de la France, sans priver les familles des droits d'exemption que leur attribue la loi du 21 mars 1832, ni des avantages d'exonération résultant de la loi du 26 avril 1855. Ces considérations ont vivement touché votre commission.

» Le projet de loi est suffisamment justifié par la gravité des circonstances qui nous sont connues; il a de plus un caractère d'urgence, à raison de la réunion si prochaine des conseils de révision.

» Enfin, si cette loi doit être de notre part un vote de confiance politique, nous aimons à proclamer que le Corps législatif, fidèle aux sentiments qui l'ont sans cesse dirigé, votera toujours avec empressement et résolution tout ce qui lui sera demandé pour la défense de notre drapeau, que l'Empereur tient d'une main si ferme et si sûre. (*Applaudissements.*)

» Le message qui vient de vous être lu, et qui prouve combien la conduite de l'Empereur a été constamment conciliante et digne, est de nature à fortifier encore ces sentiments. (*Nouvelle approbation.*) Votre commission désire que je redise en son nom qu'autant que le Corps législatif s'est montré désireux du maintien de la paix, autant il sera unanime et énergique dans les efforts que les circonstances exigeront de lui. (*Vive adhésion.*) Votre commission vous propose, en conséquence, l'adoption du projet de loi. »

Le projet de loi fut adopté aussitôt à l'unanimité.

Peu de jours après, le commissaire du gouvernement exposait ainsi au Corps législatif les motifs d'un projet de loi tendant à autoriser le ministre des finances à emprunter une somme de 500 millions de francs.

« Messieurs,

» Vous connaissez les efforts inutilement tentés par la sagesse et la modération de l'Empereur pour maintenir la paix en Europe, et le refus inattendu de l'Autriche d'adhérer aux dernières propositions faites par l'Angleterre, acceptées par la Russie, par la Prusse et par la France.

» Bien que la guerre ne soit pas encore déclarée, il est urgent de pourvoir à ce qu'exigent l'honneur et la dignité du pays; et la sollicitude du gouvernement a dû songer immédiatement aux ressources financières destinées à seconder le patriotisme et la valeur de nos soldats.

» La situation du trésor est excellente, et suffirait pour faire face aux premiers besoins de l'armée. L'encaisse, à Paris seulement, était hier de 88 millions. Le capital de 100 millions, que la Banque doit fournir à l'Etat en 1859, peut être mis, sans aucun délai, à la disposition du trésor, et 25 millions peuvent, en outre, être demandés par lui, à titre d'avances, en exécution du traité annexé à la loi du 9 juin 1857.

» Les bons du trésor s'élèvent à 180 millions environ; ils sont de 70 millions au-dessous de la limite légale fixée par la loi de finances, et sont inférieurs de 100 millions à la somme qu'ils ont atteinte il y a un an à peine. Par de simples moyens de trésorerie, plus de 300 millions peuvent donc être facilement obtenus. Jamais un grand pays n'a pu mettre au service d'une cause généreuse une puissance financière plus solidement établie.

» Aussi, en vous demandant de réaliser, par voie d'emprunt, les ressources extraordinaires que la guerre peut rendre nécessaires, le gouvernement croit qu'il est convenable de laisser à son appréciation la détermination de l'époque à laquelle cet emprunt devra être contracté. Les services de la guerre sont dès à présent assurés, et le projet de loi que nous vous soumettons est un acte de sage prévoyance.

» Nous vous proposons de fixer à 500 millions la somme que le gouvernement pourra se procurer par émission de rentes, et d'ajouter au capital de l'emprunt, ainsi qu'il a été fait en 1855, la somme nécessaire pour faciliter, s'il y a lieu, la liquidation de l'emprunt et couvrir les frais d'escompte qui pourront résulter des anticipations de payement.

» Espérons que la guerre, si elle éclate, sera assez énergique et assez prompte pour que cette somme soit supérieure aux dépenses qu'elle occasionnera, et que, la paix étant bientôt rétablie, ce qui restera disponible pourra être affecté, soit à l'extinction des anciens découverts, soit aux grands travaux publics dont la France, calme au dedans et confiante dans sa force comme dans sa modération, doit poursuivre le développement, afin de ne pas interrompre les progrès du travail et de la richesse nationale.

» Plus les circonstances sont graves, plus l'Empereur compte sur votre dévouement.

» Vous répondrez avec un patriotique empressement, nous n'en doutons pas, à l'appel qui vous est adressé, et l'Europe attentive verra dans l'intime union du souverain, des grands pouvoirs publics et de la nation tout entière, le signe assuré de la force de la France et le présage du succès. »

Voici en quels termes M. Schneider présenta son rapport au nom de la commission nommée pour l'examen de ce projet de loi :

« Messieurs,

» En présence d'une guerre devenue malheureusement imminente, le gouvernement vous a demandé de porter de 100,000 hommes à 140,000 le contingent à appeler sur la classe de 1858. Il vous a demandé, en même temps, d'autoriser un emprunt de 500 millions de francs applicable aux dépenses éventuelles de la guerre.

» Déjà vous avez sanctionné la première de ces deux mesures importantes. Votre commission doit vous proposer aujourd'hui de voter la demande de subsides qui en est la conséquence naturelle.

» Vous aurez ainsi, une fois de plus, montré l'union qui existe entre le chef de l'État et les représentants du pays, et prouvé qu'en face de l'étranger la France ne recule devant aucun sacrifice, ni en hommes, ni en argent. (*Très-bien ! très-bien !*)

» Votre commission n'a pas cru cependant devoir se livrer uniquement à un élan patriotique; elle a voulu procéder à un examen réfléchi qui ne pouvait que donner plus de force à son adhésion.

» Vous savez déjà, messieurs, qu'en présence des difficultés graves soulevées dans ces derniers temps, l'Empereur n'a cessé de donner à l'Europe de nouveaux gages de sa modération et d'une politique aussi conciliante que ferme. (*C'est vrai ! Très-bien !*) Vous savez comment il a successivement accueilli toutes les combinaisons offertes par des puissances amies, en vue de résoudre pacifiquement les complications menaçantes résultant de l'attitude de l'Autriche et du Piémont. L'accord de la France, de l'Angleterre, de la Russie, de la Prusse et de la Sardaigne, semblait faire présager une solution si désirable et si désirée.

» C'est à cet état que l'Autriche, par un de ces actes qui déjouent toutes les prévisions, a rompu les négociations en repoussant les propositions consacrées par l'Europe réunie, et sommé le Piémont, sous le coup de la menace, de désarmer en présence d'une armée formidable, ne craignant pas d'encourir ainsi la triste responsabilité de sacrifier la paix du monde. (*Mouvement prolongé.*)

» L'Autriche, comme l'Europe, n'ignorait pas le traité d'alliance purement défensive conclu entre la France et le Piémont, puissance amie, dont l'intégrité nous importe si essentiellement. Elle devait donc mesurer les conséquences d'une agression qui posait le seul cas de guerre prévu par notre gouvernement. En effet, toute idée de conquête et d'immixtion isolée a toujours été repoussée par lui; et c'est vainement que l'Autriche a cherché à agrandir le débat en prêtant à l'Empereur des intentions démenties par tous ses actes, et à susciter au cœur des populations allemandes de vieilles passions qui ne seraient plus qu'un anachronisme. (*Approbation.*) La modération même de l'Empereur, dans tout le cours de ces négociations, comme son empressement à arrêter, au milieu même du succès, notre lutte glorieuse de Crimée, ne sont-ils pas désormais, pour tous, une garantie suffisante qu'à ses yeux, comme à ceux de la France entière, la paix, avec ses grandeurs et ses prospérités, doit donner à son règne la gloire la plus solide comme la plus mémorable? (*Vive adhésion.*)

» Vous avez, messieurs, appuyé de tous vos vœux et autant

qu'il était en vous cette politique généreuse et rationnelle de la paix. Mais aujourd'hui que l'agression de l'Autriche semble rendre la lutte inévitable, nous ne devons plus nous montrer soucieux que de l'honneur, de la dignité du pays et du sort de nos armées si glorieuses et si dévouées.

» Bien que la situation du Trésor se présente dans des conditions exceptionnellement bonnes, et qu'il puisse, ainsi que l'a établi l'exposé des motifs, disposer, par de simples moyens de trésorerie, de plus de 300 millions pour les appliquer aux dépenses de la guerre, votre commission n'a pas hésité à considérer, avec le gouvernement, comme un acte de sage et prévoyante politique, de s'assurer, par un emprunt, de ressources assez étendues pour parer largement à toutes les éventualités.

» Votre commission a donc admis la proposition qui fixe à 500 millions l'importance de l'emprunt.

» Elle vous propose également, en conformité du projet de loi et des précédents établis dans les circonstances semblables, de donner au ministre des finances toute latitude en ce qui touche l'époque, le mode et les conditions de l'emprunt.

» L'article 2 du projet de loi, conforme dans son texte à l'article correspondant des lois d'emprunt votées en 1854 et 1855, était ainsi conçu : « Les produits de l'emprunt seront » affectés, à titre de ressources extraordinaires, aux besoins » des exercices 1859 et 1860. »

» Votre commission a pensé qu'il serait plus régulièrement conforme aux principes de notre comptabilité financière que les produits résultant d'un emprunt fait en vue d'une destination spéciale ne fussent pas confondus, même à titre de ressources extraordinaires, avec les autres ressources des exercices et que les produits de l'emprunt fussent exclusivement affectés aux dépenses extraordinaires de la guerre (*Adhésion.*); elle a pensé aussi qu'il devait être rendu au Corps législatif un compte spécial de ces dépenses et des ressources qui y auraient été attribuées, afin qu'il pût être statué par une loi sur l'emploi des fonds qui resteraient disponibles.

» Nous sommes heureux de pouvoir dire que le gouvernement a accueilli avec empressement la proposition que nous faisions ainsi en vue de principes financiers. (*Vive approbation.*)

» L'article 2 du projet a été en conséquence modifié d'un commun accord entre le conseil d'État et votre commission, et nous vous en soumettons le texte ainsi conçu :

» Les produits de l'emprunt seront exclusivement affectés » aux dépenses extraordinaires occasionnées par la guerre.

» Un compte spécial de ces dépenses et des ressources qui y » auront été attribuées sera annexé à la loi de règlement de » chaque exercice. »

» Le vote que vous émettrez, messieurs, et la réalisation de l'emprunt, démontreront de nouveau que la puissance financière de la France égale le patriotisme et la valeur de ses soldats. (*Très-bien ! très-bien !*)

» Si la guerre éclate fatalement, espérons du moins qu'elle sera de notre part assez énergique et assez efficace pour atteindre dans une courte durée le but qu'elle se propose. (*Nouvelle approbation.*)

» Marchons donc, messieurs, vers l'avenir avec résolution, pleins de confiance dans cette main puissante et modérée qui a su, depuis dix années, donner à la France tant de splendeurs et de prospérités. (*Marques très-vives d'assentiment.*)

» Votre commission vous propose à l'unanimité l'adoption du projet de loi. »

Avec quel empressement, quelle rapidité cet emprunt fut souscrit, nous avons à peine besoin de le rappeler. L'élan dont la population de Paris et des départements fit preuve dans cette circonstance témoigne hautement de la sympathie qu'inspirait la cause italienne, de la confiance que le public avait dans cette guerre. Les inscriptions de dix francs de rente donnèrent à elles seules plus de 80 millions. La totalité du capital souscrit s'élève presque à cinq fois la valeur de la somme demandée. Enfin la nouvelle rente fut classée dès l'abord pour la spéculation à un taux supérieur à celui de l'émision.

Pendant que toutes les bourses des familles françaises se préparaient à fournir ce qu'on appelle le nerf de la guerre, les chancelleries de toutes les nations étaient informées de la situation par la circulaire suivante, que le ministre des affaires étrangères adressait à tous les agents diplomatiques de la France, à la date du 27 avril :

« Monsieur, la communication qui a été faite, par ordre de Sa Majesté Impériale, au Sénat et au Corps législatif, me dispense de revenir sur les incidents dont l'opinion publique s'était préoccupée depuis quelques semaines et qui ont fait l'objet de mes dernières dépêches. La gravité de la situation est devenue extrême, et le dénoûment qui s'annonce ne serait malheureusement pas celui que de loyaux et persévérants efforts s'étaient appliqués à préparer. Dans des conjonctures aussi sérieuses, c'est un grand soulagement pour le gouvernement de l'Empereur de pouvoir soumettre sans crainte à l'appréciation de l'Europe la question de savoir à quelle puissance incombe la responsabilité des événements.

» Que l'état des choses en Italie fût anormal, que le malaise et la sourde agitation qui en résultaient constituassent un danger pour tout le monde, que la raison conseillât de conjurer, par une saine prévoyance, une crise inévitable, voilà ce que l'Angleterre a pensé en même temps que la France. L'unanimité des appréhensions a aussitôt créé la conformité des sentiments et des démarches. La mission du comte Cowley à Vienne, la proposition d'un congrès, émanée de Saint-Pétersbourg, l'appui prêté par la Prusse à ces tentatives d'accommodement, l'empressement de la France à adhérer aux combinaisons qui se sont succédé jusqu'à la dernière heure; tous ces actes, en un mot, ont été inspirés par un même mobile, par le vif et sincère désir de consolider la paix en ne fermant plus les yeux sur une difficulté qui menaçait si évidemment de la troubler.

» Dans cette phase de l'affaire, monsieur, le gouvernement de l'Empereur a eu sa part d'initiative et d'action; mais cette part, je tiens à le constater, s'est toujours confondue dans une œuvre collective. La France a simplement offert son concours, en qualité de grande puissance européenne, pour régler, dans un esprit d'entente et de confiance avec les autres cabinets, une question qui excitait ses sympathies, je ne le dissimule pas, mais où elle n'apercevait encore ni des devoirs particuliers à remplir, ni des intérêts pressants à défendre. Le jour où le cabinet de Vienne avait promis, par des déclarations solennelles, de ne pas commencer les hostilités, il avait lui-même paru pressentir l'attitude que commanderait infailliblement au gouvernement de l'Empereur toute agression dirigée contre le Piémont.

» Une semblable assurance, en donnant à la médiation des puissances le temps de s'exercer, permettait d'espérer la prochaine convocation du congrès. En effet, l'Angleterre venait de déterminer, avec l'assentiment de la France, de la Prusse et de la Russie, les dernières conditions de la réunion de cette assemblée, où la place que la justice et la raison assignaient aux États italiens leur était accordée. La Sardaigne, de son côté, adhérait au principe du désarmement simultané et préalable de toutes les puissances qui, depuis quelque temps, avaient augmenté leur effectif militaire. A ces présages de paix, le cabinet de Vienne oppose tout à coup un acte qui, pour le caractériser comme il doit l'être, est l'équivalent d'une déclaration de guerre.

» Ainsi l'Autriche détruit isolément, et de parti pris, le travail suivi avec tant de patience par l'Angleterre, secondé avec tant de loyauté par la Russie et la Prusse, facilité avec tant de modération par la France. Non-seulement elle ferme à la Sardaigne la porte du congrès, elle la somme, sous peine de s'y voir contraindre par la force, de mettre bas les armes sans condition aucune et dans le délai de trois jours.

» Un formidable appareil de guerre se déploie en même temps sur les rives du Tessin, et c'est, à vrai dire, au milieu d'une armée en marche que le général en chef autrichien attend la réponse du cabinet de Turin.

» Vous connaissez, monsieur, l'impression causée à Londres, à Berlin et à Saint-Pétersbourg par la résolution si inopportune et si fatale du cabinet de Vienne. L'étonnement et le déplaisir des trois puissances se sont traduits par une protestation dont l'opinion publique s'est aujourd'hui rendue l'écho dans toutes les parties de l'Europe.

» Si l'Angleterre, la Prusse et la Russie, par la démarche qu'elles se sont hâtées d'accomplir, ont pu dégager pleinement leur responsabilité morale et satisfaire aux exigences de leur dignité offensée, le gouvernement de l'Empereur, mû d'ailleurs par des considérations analogues, avait à marquer davantage son attitude, et d'autres obligations lui étaient imposées. Rien ne modifie la solidarité qui s'était établie au début entre nous et les puissances médiatrices; la question demeure au fond la même, mais nous avons une trop grande confiance dans les dispositions dont ces puissances nous ont fourni d'éclatants témoignages, pour douter un seul instant qu'elles se méprennent sur le sens de la politique que d'anciennes traditions et des nécessités impérieuses de position géographique nous indiquent si naturellement.

» La France, depuis un demi-siècle, n'a jamais prétendu exercer en Italie une influence intéressée, et ce n'est pas elle assurément que l'on peut accuser d'avoir tenté de réveiller les souvenirs de luttes anciennes et de rivalités historiques. Tout ce qu'elle a demandé jusqu'ici, et les traités sont d'accord avec ses vœux, c'était que les États de la Péninsule vécussent de leur vie propre et n'eussent dans leurs affaires intérieures, comme dans leurs rapports avec l'étranger, qu'à compter avec eux-mêmes. Je ne sache pas qu'à cet égard on pense à Londres, à Berlin et à Saint-Pétersbourg d'une autre façon qu'à Paris; quoi qu'il en soit, les circonstances ont investi l'Autriche, vis-à-vis les diverses puissances de l'Italie, d'une situation jugée unanimement prépondérante.

» La Sardaigne seule a échappé jusqu'à présent à une action qui a altéré, de l'aveu général, dans une partie importante de l'Europe, le système d'équilibre qu'on avait voulu y établir. Partout ailleurs ce fait était fort grave; mais, quels que fussent nos sentiments intimes, il pouvait nous suffire, avec les opinions que nous connaissons aux autres cabinets, de leur signaler le mal à corriger.

» Une telle réserve, monsieur, lorsqu'il s'agit de la Sardaigne, deviendrait un oubli de nos intérêts les plus essentiels. Ce n'est pas la configuration du sol qui couvre, de ce côté, une des frontières de la France : les passages des Alpes ne sont pas entre nos mains, et il nous importe au plus haut point que la clef en reste à Turin, uniquement à Turin. Des considérations françaises, mais des considérations également européennes, tant que le respect des droits et des intérêts légitimes des puissances continuera à servir de règle à leurs rapports réciproques, ces considérations, dis-je, ne permettent pas au gouvernement de l'Empereur d'hésiter sur la conduite qu'il a à tenir quand un État aussi considérable que l'Autriche prend envers le Piémont le ton de la menace et se prépare à lui dicter des lois. Cette obligation emprunte une gravité nouvelle au refus de l'Autriche de discuter avant d'agir. Nous ne voulons, à aucun prix, nous trouver en face d'un fait accompli, et c'est ce fait que le gouvernement de l'Empereur est résolu à empêcher. Ce n'est donc pas une attitude offensive, c'est une mesure de défense que nous adoptons en ce moment.

» De vieux souvenirs, la communauté des origines, une récente alliance des maisons souveraines nous unissent à la Sardaigne. Ce sont là des raisons sérieuses de sympathie et que nous apprécions à toute leur valeur, mais qui ne suffiraient peut-être pas à nous décider. Ce qui nous trace sûrement notre voie, c'est l'intérêt permanent et héréditaire de la France, c'est l'impossibilité absolue, pour le gouvernement de l'Empereur, d'admettre qu'un coup de force établisse au pied des Alpes, contrairement aux vœux d'une nation amie et à la volonté d'un souverain, un état de choses qui livrerait l'Italie tout entière à une influence étrangère.

» Sa Majesté Impériale, strictement fidèle aux paroles qu'elle a prononcées lorsque le peuple français l'a rappelée au trône du chef de sa dynastie, n'est animée d'aucune ambition personnelle, d'aucun désir de conquête. Le temps n'est pas éloigné où l'Empereur a prouvé, dans une crise européenne, que la modération était l'âme de sa politique. Cette modération, à l'heure qu'il est, préside avec la même force à ses desseins, et, tout en sauvegardant les intérêts que la Providence lui a confiés, Sa Majesté ne songe pas, vous pouvez en donner autour de vous l'assurance la plus positive, à séparer ses vues de celles de ses alliés. Loin de là, son gouvernement, en se référant aux incidents qui ont marqué les négociations des semaines précédentes, nourrit le ferme espoir que le gouvernement de Sa Majesté Britannique continuera à persévérer dans une attitude qui, en unissant par un lien moral la politique des deux pays, permet aux cabinets de Paris et de Londres de s'expliquer sans réserve et de combiner, selon les éventualités, une entente destinée à préserver le continent des effets de la lutte qui peut surgir à l'une de ses extrémités. La Russie, nous en avons la profonde conviction, sera toujours prête à diriger ses efforts vers le même but. Quant à la Prusse, l'esprit tout à la fois impartial et conciliant dont elle a fait preuve dès l'origine de la crise est un sûr garant de ses dispositions à ne rien négliger pour en circonscrire l'explosion.

» Nous souhaitons, d'une façon toute particulière, que les autres puissances qui composent la Confédération germanique ne se laissent pas égarer par les souvenirs d'une époque différente. La France ne peut voir qu'avec peine l'agitation qui s'est emparée de quelques États de l'Allemagne. Elle ne comprend pas que ce grand pays, d'ordinaire si calme et si patriotiquement imbu du sentiment de sa force, puisse croire sa sécurité menacée par des événements dont le théâtre doit rester éloigné de son territoire. Le gouvernement de l'Empereur veut donc penser que les hommes d'État de l'Allemagne reconnaîtront bientôt qu'il dépend en grande partie d'eux-mêmes de contribuer à limiter l'étendue et la durée d'une guerre que la France, s'il lui faut la soutenir, aura du moins la conscience de n'avoir pas provoquée.

» Je vous invite, monsieur, à vous inspirer des considérations développées dans cette dépêche dans votre plus prochain entretien avec M... et à lui en laisser copie. Devant la netteté du langage que je vous tiens ici par ordre de l'Empereur, et qui implique, dans la pensée de Sa Majesté, le désir d'offrir aux autres cabinets toutes les garanties possibles pour les amener à une appréciation vraie de la situation et les rassurer, en ce qui les concerne, sur ses conséquences, il m'est difficile de supposer que le gouvernement de... n'accueille pas nos explications avec une confiance égale à celle qui me les a dictées.

» Recevez, etc.

» WALEWSKI. »

La situation militaire des grandes puissances continentales présentait, à ce moment, des chiffres déjà assez imposants. Bien qu'en état de paix, la France était parfaitement à même de commencer la guerre immédiatement; on peut en juger en comparant le résumé numérique des forces des principales nations :

FRANCE : Armée (effectif au 1er janvier 1859), 672,400 hommes, 168 batteries de campagne. — Marine, 417 bâtiments de guerre, dont 300 à voiles, 117 à vapeur, 27,009 marins.

AUTRICHE : Armée, 670,477 hommes, dont 320,400 d'infanterie, 70,500 de cavalerie, 59,292 d'artillerie, 11,116 du génie et état-major, 9,217 poutonniers. — Marine, 104 bâtiments de guerre.

PRUSSE : Armée, 526,000 hommes, dont 410,000 d'armée active et de landwehr du 1er ban, 115.000 de landwehr du 2e ban. — Marine, 50 bâtiments de guerre, 3,500 marins.

ANGLETERRE : Armée, 223,000 hommes, y compris les corps disséminés dans les colonies. — Marine, 600 bâtiments de guerre, dont 300 à voiles, 251 à vapeur, 40 vaisseaux de ligne, portant 17,201 canons et 69,500 marins.

RUSSIE : Armée, 1,067,600 hommes, y compris la réserve, plus 226,000 irréguliers. — Marine, 177 bâtiments, 62,000 marins et artilleurs.

Aussitôt que le gouvernement français fut décidé à intervenir, c'est-à-dire dès le 22 avril, l'ordre fut donné de concentrer plusieurs divisions de l'armée française sur la frontière du Piémont.

L'effectif fut divisé en quatre armées distinctes :

L'armée de Paris, sous le commandement du maréchal Magnan ;

L'armée d'observation du Rhin, commandée par le maréchal Pélissier, duc de Malakoff ;

L'armée de Lyon, sous les ordres du maréchal Castellane ;

Quant à l'armée des Alpes, l'Empereur des Français s'en étant réservé, dans sa pensée, le commandement, elle fut placée sous les ordres d'un major général, le maréchal Randon.

Plus tard, le maréchal Randon fut appelé à diriger le ministère de la guerre, et remplacé dans ses fonctions de major général de l'armée des Alpes par le maréchal Vaillant.

Un décret fixa la composition de l'armée des Alpes, laquelle reçut plus tard le nom d'armée d'Italie.

Voici comment furent compris les divers corps :

1er CORPS.

1re *division.* — 1re brigade, 17e chasseurs à pied, 74e et 84e de ligne. 2e brigade, 91e et 98e.

2e *division.* — 1re brigade, 6e chasseurs à pied, 52e et 73e. 2e brigade, 85e et 86e.

3e *division.* — 1re brigade, 1er zouaves, 33e, 34e. 2e brigade, 37e, 78e.

Cavalerie. — 1re brigade, 5e hussards, 1er chasseurs d'Afrique. 2e brigade, 2e et 3e chasseurs d'Afrique.

État-major. — Le maréchal comte Baraguey-d'Hilliers, commandant en chef. Chef d'état-major, général Foltz.

1re division, Forey; généraux de brigade, Beuret et Blanchard; 2e division, Ladmirault; généraux de brigade, de Marimprey et Ladreytt de la Charrière; 3e division, Bazaine; généraux de brigade, Gose et N. Division de cavalerie.

2e CORPS.

1re *division.* — 1re brigade, tirailleurs algériens, 45e et 65e de ligne. 2e brigade, 70e et 71e de ligne.

2e *division.* — 1re brigade, 11e chasseurs à pied, 2e zouaves et 72e de ligne. 2e brigade, 1er et 2e régiments étrangers.

Cavalerie. — 4e et 7e chasseurs de France.

État-major. — Le général de division comte de Mac-Mahon, commandant en chef. Chef d'état-major, général Lebrun.

1re division, de la Motterouge; généraux de brigade, Lefebvre et de Bonnet-Maureylhan de Pobles; 2e division, Espinasse; généraux de brigade, N. N.

3e CORPS.

1re *division.* — 1re brigade, 18e chasseurs à pied, 11e et 14e de ligne. 2e brigade, 46e et 59e de ligne.

2e *division.* — 1re brigade, 19e chasseurs à pied, 43e et 44e de ligne. 2e brigade, 64e et 88e de ligne.

3e *division.* — 1re brigade, 8e chasseurs à pied, 23e et 41e de ligne. 2e brigade, 86e et 90e.

Cavalerie. — 1re brigade, 2e et 6e hussards. 2e brigade, 7e et 8e hussards.

État-major. — Le maréchal Canrobert, commandant en chef. Chef d'état-major, de Senneville.

1re division, Bourbaki; généraux de brigade, Trochu et Ducroi; 2e division, Bouat; généraux de brigade, Bataille et Collineau; 3e division, Renault; généraux de brigade, Picard et Jannin.

Cavalerie. — Montauban; généraux de brigade, N. et N.

4e CORPS.

1re *division.* — 1re brigade, 10e chasseurs à pied, 15e et 21e de ligne. 2e brigade, 61e et 100e de ligne.

2e *division.* — 1re brigade, 15e chasseurs à pied, 2e et 53e de ligne. 2e brigade, 55e et 76e de ligne.

Cavalerie. — Brigade, 2e et 10e chasseurs.

État-major. — Le général de division Niel, aide de camp de l'Empereur, commandant en chef. Chef d'état-major, Espuivent de la Ville-Boisnet.

1re division, Vinoy; généraux de brigade, Niol et de Leyritz; 2e division, de Failly; généraux de brigade, O. Farrel et Saurin.

Le service de la trésorerie et des postes fut réglé ainsi qu'il suit :

M. Audin, trésorier-payeur général de l'armée d'Italie.

M. Budor, payeur principal du grand quartier général.

MM. Dubar, Fourtier, de Gonzens et deux payeurs de l'armée d'Afrique remplissaient les fonctions de payeurs principaux à chacun des corps d'armée.

M. de Rangouze, inspecteur des postes à Paris, fut spécialement chargé du service des postes de l'armée.

Par décret du 23 avril, le cadre du corps de santé de l'armée de terre fut fixé ainsi qu'il suit :

Médecins.		*Pharmaciens.*	
Inspecteurs	7	Inspecteur	1
Principaux de 1re classe .	40	Principaux de 1re classe.	5
Principaux de 2e classe .	40	Principaux de 2e classe.	5
Majors de 1re classe . .	260	Majors de 1re classe . .	36
Majors de 2e classe. . .	300	Majors de 2e classe . .	42
Aides-majors de 1re classe.	400	Aides-majors de 1re classe.	55
Aides-majors de 2e classe.	100	Aides-majors de 2e classe.	45
	1,147		159

« Les médecins et pharmaciens, dit le décret, aides-majors de 2e classe passeront à la 1re classe après deux années de service effectif.

» Il y aura, à l'avenir, dans chaque régiment à trois bataillons et dans les corps d'un effectif équivalent :

1 médecin-major de 1re classe;

1 médecin-major de 2e classe;

1 médecin aide-major.

Un cinquième corps d'armée, dit *corps détaché*, destiné à opérer dans l'intérieur de la Péninsule italienne, fut placé sous le commandement du prince Napoléon.

La garde impériale, commandée par le général Regnaud de Saint-Jean-d'Angély, complétait l'armée d'Italie.

Un dépôt de chacun des corps de la garde fut seulement laissé à Paris.

Quant à l'armée piémontaise, son effectif, qui est en temps de paix de 50,000 hommes environ, peut être élevé en temps de guerre à 90 ou 100,000 hommes. En 1849, on assure qu'elle compta 120,000 hommes, parmi lesquels se trouvaient à peu près 15,000 Toscans, Lombards, Modénais, Parmesans et autres proscrits des diverses parties de l'Italie. Au commencement de la guerre de 1859, on évaluait les forces mobilisables du Piémont à 100,000 hommes, répartis, savoir : 55,000 hommes en cinq divisions d'infanterie et une de cavalerie, le reste en corps de garnison et en dépôts réservés.

Dix brigades composent les cadres de l'infanterie. Chacune de ces brigades comprend deux régiments. En voici les noms :

1° La brigade des *grenadiers de Sardaigne*, autrefois brigade des gardes, comprenant le 1er et le 2e régiment de grenadiers;

2° La brigade de *Savoie*, exclusivement recrutée dans la province dont elle porte le nom, et formant les 1er et 2e régiments d'infanterie de ligne;

3°	Brigade de Piémont	3e et	4e	régiments de ligne;
4°	— d'Aoste . .	5e et	6e	id.;
5°	— de Coni . .	7e et	8e	id.;
6°	— la Reine. .	9e et	10e	id.;
7°	— de Casale .	11e et	12e	id.;
8°	— de Pignerol	13e et	14e	id.;
9°	— de Savone.	15e et	16e	id.;
10°	— d'Acqui . .	17e et	18e	id.

Il faut ajouter à ces brigades le corps des *bersaglieri*, formé d'après l'exemple des chasseurs tyroliens de l'Autriche, par Alexandre de La Marmora, général mort en Crimée. Ce corps a servi, dit-on, de modèle pour l'organisation de nos tirailleurs de Vincennes. Ce fut en voyant manœuvrer le bataillon de *bersaglieri* que La Marmora formait à Turin que le duc d'Orléans eut l'idée d'appliquer le même système à un corps de notre armée. Les anciens tirailleurs de Vincennes sont devenus nos chasseurs à pied.

Les services que le bataillon de *bersaglieri* rendit au Piémont dans la guerre de 1848 et 1849 firent comprendre tout le parti qu'on pouvait tirer d'un pareil corps d'armée, en le développant proportionnellement aux autres troupes. Le nombre des bataillons fut en conséquence porté à dix.

La cavalerie sarde a aussi été réorganisée depuis la dernière guerre. Elle se composait, au commencement de 1859, de neuf régiments.

Cinq de chevau-légers, armés de sabres et de carabines;

Quatre de dragons, armés de lances et de mousquetons (*pistolone*).

L'artillerie piémontaise, signalée par la précision de sa manœuvre et par la justesse de son tir, se compose de trois régiments : l'un est divisé en trente batteries, dix-huit de bataille et douze de position; le second comprend l'artillerie de place; et le troisième est un régiment d'ouvriers. Chaque batterie est formée de six pièces.

L'état-major de l'armée sarde est ainsi composé :

Le roi Victor-Emmanuel, commandant en chef.

Le général La Marmora, commandant sous ses ordres, et ayant pour chef d'état-major le colonel Petiti.

Premier chef d'état-major et aide de camp du roi, le général de la Rocca.

Sous-chefs, le colonel Righetti et le lieutenant-colonel Govoni.

Aides de camp du roi : les généraux d'Angrona, Garderina, Solaroli; les colonels Saufront, Cigala, Morazzo, en même temps chargé des fonctions d'intendant militaire en campagne.

Généraux de division :

Giovanni Durando, Espagnol; Janti et Cialdini, réfugiés modénais; Cucchiari, de Carrare, autres réfugiés; Castelborgo.

Le général Lambrey commande la cavalerie, et le général Menabrea le génie.

Parmi les généraux de brigade, les plus notables étaient les généraux de Sonnaz, Mollard, Arnoldi et Villamarina.

On citait encore dans l'armée sarde le jeune duc de Chartres, deuxième fils du duc d'Orléans et petit-fils de Louis-Philippe, faisant la campagne avec le grade de sous-lieutenant dans le régiment des dragons de Nice, grade acquis par un examen brillant.

Une des individualités les plus remarquables parmi les généraux de l'armée sarde, c'est celle de Giuseppe Garibaldi, commandant un corps de volontaires adjoint à l'armée.

La vie du célèbre chef est trop intéressante et trop accidentée, son rôle dans la lutte entreprise pour l'indépendance italienne a été trop actif et trop important, pour que nous n'esquissions pas en quelques pages les principaux faits de son existence. Nous ne saurions mieux faire, du reste, que de suivre et de copier souvent le récit très-exact publié dernièrement par madame Juliette La Messine (1), sous le titre de

GARIBALDI

SA VIE, D'APRÈS DES DOCUMENTS INÉDITS.

« Giuseppe Garibaldi est né le 4 juillet 1807, dit madame La Messine, en pleine mer, au milieu d'une tempête, sur les côtes de Nice, où habitait sa famille.

» Son père était pêcheur et comptait, parmi ses ancêtres, bon nombre de marins cités pour leur bravoure. »

Tout enfant, Garibaldi annonça pour les grands spectacles de la mer, pour les profondes émotions de la tempête une passion instinctive.

Il aimait le danger avec frénésie. Aussi voulut-il être marin. Il s'engagea dans la marine sarde, et il y conquit rapidement ses grades jusqu'en 1834, époque où il fut obligé de s'expatrier pour se soustraire aux persécutions de la police, qui avait constaté sa présence dans une *vente de carbonari*, réunis en société secrète pour conspirer l'affranchissement de l'Italie.

Après avoir passé quelque temps à Marseille, il rentra dans la haute Italie pour y tenter une nouvelle entreprise contre l'Autriche. Traqué dans les *Montagnes noires*, il prend aux yeux de ses ennemis les proportions d'un personnage surnaturel, en raison de l'adresse qu'il déploie pour leur échapper. Aimé d'une jeune fille noble qui avait voulu partager les périls et les fatigues de sa vie aventureuse, c'est là qu'il voit mourir l'objet de son premier amour et qu'il ensevelit les restes de son héroïque compagne, au pied d'un rocher qui porte aujourd'hui le nom de celle à qui il sert de tombeau : *Margarita*.

Tourmenté par un incessant besoin d'agitation et d'oubli, il s'engage bientôt comme officier dans la flotte du bey de Tunis; mais la vie qu'il mène sur la côte d'Afrique lui paraissant trop calme, il va chercher le mouvement et la guerre dans l'Amérique méridionale et combattre pour la défense de la république de l'Uruguay.

On était en 1838. Rosas faisait attaquer Montevideo par cinq mille hommes. Garibaldi, à la tête de cinq cents jeunes gens, marche à la rencontre des assaillants. Repoussé par la puissance irrésistible du nombre, il est obligé de se réfugier à Gualaguay, dans la province d'Entrerios, où on l'expose en place publique aux injures des habitants, après quoi il est mis en prison. Après huit mois de captivité, il réussit à s'évader, revient à Montevideo, y rallie ses compagnons et se fait donner par le président de la république le commandement de trois vaisseaux. C'est avec cette flottille qu'il engage contre la flotte de Buenos-Ayres une lutte qui dure deux ans.

Mais cette lutte portant un trop grand préjudice aux intérêts commerciaux engagés sur la rivière de l'Uruguay, une escadre anglo-française intervient pour faire cesser la guerre. Ce n'est pas sans combattre que Garibaldi cède aux forces imposantes de l'amiral anglais; mais il trouve moyen d'éviter à ses compagnons la honte d'être faits prisonniers en les embarquant sur des canots et en mettant le feu à ses trois navires.

La population de Montevideo le reçoit avec enthousiasme.

Quelque temps après il épouse une Brésilienne au cœur héroïque, Annita, celle qui devait le seconder, lui servir de lieutenant dans les guerres qui suivirent.

Rosas déclare encore la guerre à la république en 1843. C'est encore Garibaldi qu'on lui oppose avec sa légion, composée en grande partie d'Italiens qui attaquent et battent à maintes reprises au cri de Vive l'Italie ! des troupes dix fois supérieures en nombre. A Salta, cerné avec ses trois cents légionnaires, par Rosas à la tête de trois mille hommes, il enfonça les lignes ennemies et mit l'armée en déroute par quatre côtés différents.

En récompense de cette victoire héroïque, la république de l'Uruguay vota des dons en argent et en terre à chacun des soldats de la légion. Tous, d'un commun accord, refusèrent l'argent, mais consentirent à accepter les terres pour les cul-

(1) Paris, Dentu, libraire-éditeur, 1859.

tiver. Ils demeurèrent ainsi à la fois laboureurs et soldats jusqu'au moment où ils crurent que l'heure de l'indépendance italienne allait sonner. En avril 1848, Garibaldi s'embarqua pour l'Italie avec sa femme et deux cents légionnaires. Les regrets et les vœux de toutes les populations de Montevideo les suivirent dans leur expédition.

Raconterons-nous toutes les péripéties, tous les incidents de cette guerre de 1848 et de 1849, dont le souvenir est encore dans toutes les mémoires? Raconterons-nous le rôle héroïque qu'y joua Garibaldi? ses luttes dans le Tyrol? son arrivée à Milan, où le comité de salut public le nomme général et le charge de marcher sur Brescia avec un corps de trois cents hommes, qu'il porte en moins de quatre jours à trois mille, grâce à la fascination persuasive qu'il exerce sur les populations? son retour à Milan au moment de la capitulation, sa résistance de vingt et un jours à Oseppo, où la vaillante Annita remplace le chef retenu sur son lit par ses blessures; sa retraite désespérée à la tête de cinq cents hommes qui se frayèrent un passage au milieu de deux régiments autrichiens? la victoire qu'il remporta, avec de simples canots, sur deux bateaux à vapeur? son passage, enfin, à Varèse, à Côme, à Olgiata, où il échappa, à force de courage, aux poursuites de l'armée ennemie, pour se retirer, avec ses compagnons, dans les montagnes hospitalières de la Suisse?

Quelques mois à peine écoulés, Garibaldi est appelé à siéger à la chambre des députés de Piémont. Il s'y fait remarquer par l'âpreté et l'énergie de son éloquence, et prouve que sa parole peut être une arme aussi. Il refuse de concourir à la dernière tentative armée que Charles-Albert va faire contre l'Autriche, tentative qui doit aboutir à la funeste journée de Novare. Mais, instruit que les forces de la révolution italienne se concentrent à Rome, il y court aussitôt et arrive dans la ville éternelle avec deux mille volontaires.

On sait quel rôle il joua comme membre de l'assemblée constituante de Rome, quelle défense il organisa comme général de l'armée lombardo-romaine; la brillante sortie qu'il fit à la tête de huit mille hommes contre le roi de Naples, dont il faillit s'emparer à Bocca d'Acre; sa résistance désespérée pendant le siége fait par l'armée française; enfin sa retraite après que la constituante eut rejeté la proposition de faire sauter la ville.

Cette retraite fut en partie dirigée par la femme de Garibaldi, laquelle commandait une centurie.

Avant de quitter Rome, le général révolutionnaire avait adressé à ses légionnaires la proclamation suivante :

« Soldats,

« Voici ce qui vous attend : la chaleur et la soif pendant le jour, la faim pendant la nuit, point de solde, point de repos, point d'abri; mais en revanche, une misère extrême, des alertes et des marches continuelles, des combats à chaque pas. Que ceux qui aiment l'Italie me suivent! »

Et presque tous le suivirent!

Voici, du reste, ce que le général Vaillant disait du chef et des soldats, dans son rapport sur le siége de Rome :

« Il était partout, et de ses volontaires il avait fait de vieux soldats. »

Avec ses cinq mille compagnons, Garibaldi veut tenter de gagner Venise, dernier boulevard de l'indépendance italienne; il marche d'abord sur Lodi. Atteint par une division française qui le poursuit, il engage le combat et réussit à faire une retraite honorable; bat près de Fuligno une division autrichienne; cherche vainement à réveiller sur son chemin le patriotisme endormi des populations; gagne la Toscane, où il trouve des sympathies pour sa personne, mais aucun élan pour la cause de la liberté, et arrive à la frontière de la république de Saint-Marin. Mais la terreur qu'inspire l'Autriche est telle, que la petite république refuse l'hospitalité aux derniers soldats de la cause italienne.

Chef et soldats, Annita elle-même, la femme de Garibaldi, enceinte de six mois, tous souffrent les tortures de la faim. Attaqués dans ce moment par un corps autrichien, la petite armée se disperse; poursuivis jusque dans les montagnes, la plupart des volontaires se réfugient en désordre sur le territoire de Saint-Marin. Ils atteignent la capitale de ce petit État, Garibaldi rallie autour de lui environ quinze cents hommes, parlemente avec le général autrichien; mais, ne pouvant accepter les conditions qui lui sont faites, il s'échappe pendant la nuit avec cent cinquante compagnons pour ne pas compromettre les San-Marinois, parvient à gagner la mer au milieu des plus grands périls, se jette avec sa suite dans des barques de pêcheurs, et fait voile pour Venise. Mais l'approche d'un vaisseau autrichien le force de débarquer sur la plage de Mezola; sept barques tombent au pouvoir des ennemis, qui font fusiller tous les prisonniers; les derniers amis restés avec Garibaldi sont forcés de se disséminer pour échapper aux poursuites. Quant au chef, il trouve l'hospitalité près de Ravenne, chez le marquis Guiccioli. C'est là qu'il vit mourir dans ses bras sa vaillante compagne, la Brésilienne Annita.

Peu de jours après, grâce à l'assistance que tous les habitants lui prêtent malgré les menaces de l'Autriche, l'héroïque proscrit parvient à rentrer dans les États sardes, et retrouve à Turin ses enfants, qu'il y avait envoyés pendant le siége de Rome.

Tandis que le chef affrontait ainsi les dangers, les soldats restés à Saint-Marin étaient désarmés et faits prisonniers ou fusillés.

Garibaldi, comme nous le disions plus haut, était un de ces esprits actifs, un de ces tempéraments vifs auxquels l'inertie est impossible. Turin ne lui offrant ni les moyens d'employer son activité, ni les ressources nécessaires pour assurer son existence et celle de ses enfants, il partit de nouveau pour l'Amérique.

Il commença par s'occuper d'industrie; mais bientôt la fièvre des voyages le reprit. Il s'embarqua pour San-Francisco, et, de là, passa en Chine. En 1852, il remettait le pied dans l'Amérique méridionale et était nommé commandant en chef de l'armée péruvienne. Tant que la guerre dura, il vécut au Pérou dans son élément militaire; mais la paix faite, il sentit renaître ses aspirations pour la patrie absente, prit le commandement d'un navire marchand, revint à Gênes et navigua quelque temps pour le commerce. Enfin il s'était retiré dans la petite île de Caprera, près de Nice, et s'occupait en grand et avec succès d'industrie agricole et de défrichements depuis cinq années, lorsque le signal de la régénération italienne fut donné par le gouvernement sarde. Aussitôt il alla mettre son épée et son influence au service de Victor-Emmanuel, qui l'autorisa à former une division de volontaires, et lui conféra le grade de général dans l'armée piémontaise.

Tel était l'homme qui servait en quelque sorte d'auxiliaire aux généraux sardes.

Quant à l'armée autrichienne, elle avait à sa tête les princes allemands : le landgrave Ferdinand de Hesse-Hombourg; Alexandre, prince de Wurtemberg; Alexandre, prince de Hesse; le prince de Schleswig-Holstein; les princes Gustave et Guillaume de Hohenlohe-Lauzenbourg; le prince Nicolas de Nassau; le prince Guillaume de Schauenbourg-Lippe; à ces princes se joignit un peu plus tard le grand-duc de Toscane, renvoyé de ses États.

Les autres généraux étaient : le général Giulay, gouverneur militaire des provinces italiennes de l'Autriche et commandant en chef des troupes dans le Lombardo-Vénitien; le général Hebel; le général baron de Hess, qui devint plus tard général en chef; le général Benedeck.

Nous ne saurions dire au juste quel fut l'effectif des forces engagées par l'Autriche dans la campagne de 1859. Mais on a lieu de supposer que sur les 680,000 hommes dont se composait son armée générale, 250 à 300,000 environ furent affectés au service des provinces italiennes.

Voici comment était organisée cette armée générale :

1° Les gardes.

2° Le corps des généraux.

3° Le corps des adjudants.

4° Les commandants des forts, des villes et des places.

5° L'infanterie, composée de 513,612 hommes, dont : infanterie de ligne, 425,878 hommes, en 62 régiments; — infanterie de frontière, 55,200 hommes, en 15 régiments; — chasseurs, 32,534 hommes, en 26 régiments, dont 1 de chasseurs tyroliens.

6° La cavalerie, consistant en 70,376 hommes et 68,874 chevaux ainsi répartis : grosse cavalerie, 21,498 hommes (8 régiments de cuirassiers et 8 régiments de dragons); cavalerie légère, 48,888 hommes (12 régiments de hussards et 12 de uhlans).

7° L'artillerie, 59,486 hommes (52,813 hommes en temps ordinaire). Dans ce nombre, l'artillerie de campagne figure pour 42 régiments, 47,454 hommes et 27,372 chevaux; — 1 régiment d'artillerie côtière, 3,410 hommes; 1 régiment d'artificiers, 3,865 hommes.

8° Les troupes du génie, 11,645 hommes (7,336 hommes en temps de paix).

9° L'état-major du quartier-général (133 officiers), avec le corps des ingénieurs-géographes (43 officiers), et celui des pionniers, 9,217 hommes et 3,880 chevaux.

10° Enfin les corps de l'extraordinaire : les 19 régiments

de gendarmerie, 19,000 hommes, à pied ou à cheval; — le
corps de police militaire; — l'infanterie et les dragons d'état-
major pour chaque corps; — les compagnies de discipline,
celles pour la remonte; — les 7 divisions de cavalerie légère
des frontières, 5,276 hommes et 2,821 chevaux, etc.

IV

Manifeste de l'empereur d'Autriche à ses peuples, et circulaire aux
agents diplomatiques. — Proclamations du général Giulay à l'armée
autrichienne, aux populations de la Lombardie et de la Vénétie, aux
peuples de la Sardaigne. — Les Autrichiens franchissent le Tessin. —
Le Piémont envahi. — Combat de Frassinetto.

Aussitôt que la réponse de M. de Cavour à l'ultimatum de
M. de Buol fut connue, l'Autriche se mit en mesure d'exécuter sa menace. Le 28 avril, la *Gazette de Vienne* publia le
manifeste de l'empereur d'Autriche.

MANIFESTE IMPÉRIAL.

A MES PEUPLES.

« J'ai donné l'ordre à ma vaillante et fidèle armée de mettre un terme aux attaques, récemment arrivées au plus haut
point, que dirige depuis une série d'années l'État voisin de
Sardaigne contre les droits incontestables de ma couronne et
l'inviolabilité de l'empire que Dieu m'a confié.

» J'ai accompli ainsi mon devoir pénible, mais inévitable,
de chef de l'État.

» La conscience en paix, je puis élever mes regards vers le
Dieu tout puissant et me soumettre à son arrêt.

» Je livre avec confiance ma résolution au jugement impartial des contemporains et de la postérité. Quant à mes
peuples, je suis sûr de leur assentiment.

» Lorsque, il n'y a pas plus de dix ans, le même ennemi,
violant les règles du droit des gens et tous les usages de la
guerre, vint se jeter en armes sur le royaume lombard-vénitien, sans qu'on lui en eût donné aucun motif, et dans le seul
but de s'en emparer; lorsque, dans deux combats glorieux,
il eut été battu par mon armée, je n'écoutai que la voix de
la générosité, je lui tendis la main et lui offris la réconciliation.

» Je ne me suis pas approprié un seul pouce de son territoire, je n'ai porté atteinte à aucun des droits qui apparties-
nent à la couronne de Sardaigne dans la famille des peuples
européens, je n'ai exigé aucune garantie contre le retour de
semblables événements; dans la main qui vint presser, en
signe de réconciliation, celle que j'avais sincèrement offerte
et qui fut acceptée, j'avais cru ne trouver que la réconciliation seule.

» J'ai sacrifié à la paix le sang qu'avait versé mon armée
pour défendre l'honneur et les droits de l'Autriche.

» Comment répondit-on à cette générosité, peut-être unique dans l'histoire? On recommença de suite à faire preuve
d'une inimitié qui, croissant d'année en année, provoqua,
par tous les moyens les plus déloyaux, une agitation dangereuse pour le repos et le bien-être de mon royaume lombard-
vénitien.

» Sachant bien ce que je dois à la paix, ce bien précieux
pour mes peuples et pour l'Europe, je supportai patiemment
ces nouvelles attaques. Ma patience n'était pas encore épuisée
lorsque les mesures de sûreté plus étendues que m'a forcé de
prendre en ces derniers temps l'excès des provocations sour-
des qui se produisaient aux frontières et à l'intérieur même
de mes provinces italiennes, furent de nouveau exploitées par
la Sardaigne pour tenir une conduite plus hostile encore.

» Tout disposé à tenir compte de la médiation bienveillante
des grandes puissances amies pour le maintien de la paix, je
consentis à prendre part à un congrès des cinq grandes puissances.

» Quant aux quatre points proposés par le gouvernement
anglais et transmis au mien comme base des délibérations du
congrès, je les ai acceptés à la condition qu'ils pourraient
faciliter l'œuvre d'une paix vraie, sincère et durable.

» Mais étant convaincu que mon gouvernement n'a fait
aucune démarche capable de conduire, même de très-loin, à
la rupture de la paix, j'exigeai en même temps le désarmement préalable qui est cause de tout le désordre et du danger
qui menace la paix.

» Enfin, sur les instances des puissances amies, je donnai
mon adhésion à la proposition d'un désarmement général.

» La médiation vint échouer contre les conditions inaccep-
tables que mettait la Sardaigne à son consentement.

» Il ne restait plus alors qu'un seul moyen de maintenir la
paix. Je fis immédiatement adresser au gouvernement du roi
de Sardaigne une sommation d'avoir à mettre son armée sur
le pied de paix et de licencier ses volontaires.

» La Sardaigne n'ayant pas obtempéré à cette demande,
le moment est venu où le droit ne peut plus être maintenu
que par la force des armes.

» J'ai donné à mon armée l'ordre d'entrer en Sardaigne.

» Je connais la portée de cette démarche, et, si jamais les
soucis du pouvoir ont pesé lourdement sur moi, c'est en ce
moment. La guerre est un des fléaux de l'humanité; mon
cœur s'émeut en pensant à tant de milliers de mes fidèles sujets dont ce fléau menace et la vie et les biens; je sens profondément combien sont douloureuses pour mon empire les
épreuves de la guerre au moment même où il poursuit avec
ordre son développement intérieur et où il aurait besoin pour
l'accomplir que la paix fût maintenue.

» Mais le cœur du monarque doit se taire lorsque l'honneur et le devoir seuls commandent.

» L'ennemi se tient en armes sur nos frontières; il est allié
au parti du bouleversement général, avec le parti hautement
avoué de s'emparer des possessions de l'Autriche en Italie. Il
est soutenu par le souverain de la France, lequel, sous des
prétextes qui n'existent pas, s'immisce dans les affaires de la
Péninsule, qui sont réglées par des traités, et fait marcher
son armée au secours du Piémont. Déjà des divisions de cette
armée ont franchi la frontière sarde.

» La couronne que mes aïeux m'ont transmise sans tache
a eu déjà de bien mauvais jours à traverser, mais la glorieuse
histoire de notre patrie prouve que souvent, lorsque les ombres d'une révolution qui met en péril les biens les plus précieux de l'humanité menaçaient de s'étendre sur l'Europe, la
Providence s'est servie de l'épée de l'Autriche, dont les éclairs
ont dissipé ces ombres.

» Nous sommes de nouveau à la veille d'une de ces épo-
ques où des doctrines subversives de tout ordre existant ne
sont plus prêchées seulement par des sectes, mais lancées sur
le monde du haut même des trônes.

» Si je suis contraint de tirer l'épée, cette épée est consa-
crée à défendre l'honneur et le bon droit de l'Autriche, les
droits de tous les peuples et de tous les États, et les biens les
plus sacrés de l'humanité.

» Mais c'est à vous, mes peuples, qui par votre fidélité pour
vos souverains légitimes, êtes le modèle des peuples de la
terre, c'est à vous que s'adresse mon appel. Apportez-moi,
dans la lutte qui s'engage, votre fidélité dès longtemps éprouvée, votre abnégation, votre dévouement.

» A vos fils, que j'ai appelés dans les rangs de mon armée,
j'envoie, moi leur capitaine, mon salut de guerre; vous devez les contempler avec fierté; entre leurs mains l'aigle
d'Autriche portera bien haut son vol glorieux.

» La lutte que nous soutenons est juste. Nous l'acceptons
avec courage et confiance.

» Nous espérons n'être pas seuls dans cette lutte.

» Le terrain sur lequel nous combattons est aussi arrosé
du sang des peuples de l'Allemagne, il a été conquis et con-
servé jusqu'à ce jour comme un de leurs remparts; c'est par
là que presque toujours les ennemis les plus astucieux de
l'Allemagne ont commencé lorsqu'ils voulaient briser sa
puissance à l'intérieur. Le sentiment de ce danger est répandu aujourd'hui dans l'Allemagne entière, de la cabane au
trône, d'une frontière à l'autre.

» C'est comme prince de la Confédération germanique
que je vous signale le danger commun, que je vous rappelle
ces jours glorieux où l'Europe dut sa délivrance à l'ardeur et
l'unanimité de notre enthousiasme.

» Avec Dieu pour la patrie!

» Donné à Vienne, ma résidence et capitale de mon empire.

» Ce 28 avril 1859.

» FRANÇOIS-JOSEPH. »

Le lendemain, 29, M. de Buol adressait ce manifeste aux
agents diplomatiques de l'Autriche, et l'accompagnait de la
circulaire suivante :

« Je vous envoie ci-joint une copie du manifeste adressé
aujourd'hui à ses peuples par l'empereur notre maître.

» Sa Majesté annonce à l'empire qu'elle a résolu de faire
passer le Tessin à l'armée impériale. Le cabinet impérial avait

encore accepté la dernière proposition de médiation de la
Grande-Bretagne ; mais nos adversaires n'ont pas suivi cet
exemple, et c'est maintenant aux armes que nous avons remis
la défense de notre cause. Dans ce moment solennel, il est de
mon devoir d'exposer encore une fois à nos représentants à
l'étranger les faits contre la funeste puissance desquels sont
venues échouer toutes les tentatives faites pour maintenir la
paix européenne si longtemps et si heureusement conservée.

» La cour de Turin, en donnant une réponse évasive à
notre sommation de désarmement, n'a fait par là que témoigner une fois de plus de cette même hostilité qui, depuis trop
longtemps déjà, a le triple et malheureux privilège de combattre les droits sacrés de l'Autriche, d'inquiéter l'Europe et
d'encourager les espérances de la révolution. Comme cette
hostilité ne s'est pas brisée contre la longanimité de l'Autriche, l'empire devait se trouver enfin dans la nécessité de recourir aux armes.

» L'Autriche a supporté tranquillement une longue suite
d'offenses de la part d'un ennemi plus faible, parce qu'elle a
conscience de sa haute mission, qui est de conserver aussi
longtemps que possible la paix du monde, parce que l'empereur et ses peuples connaissent et aiment les travaux d'un
développement pacifiquement progressif, qui conduit à un
plus haut degré de bien-être. Mais aucun esprit juste, aucun
cœur honnête de ce temps-ci ne peut douter du droit qu'a
l'Autriche de faire la guerre au Piémont.

» Jamais le Piémont n'a accepté sincèrement le traité par
lequel, il y a dix ans, il promettait à Milan de vivre en paix
et bonne amitié avec l'Autriche. Deux fois battu dans la
guerre qu'avaient provoquée ses folles prétentions, cet État
les maintint, quoiqu'il en eût été cruellement puni, avec une
déplorable ténacité. Le fils de Charles-Albert semblait désirer
passionnément le jour où l'héritage de sa maison, que lui
avaient rendu dans son intégrité la modération et la magna-
nimité de l'Autriche, serait pour la troisième fois l'enjeu
d'une partie funeste pour les peuples.

» L'ambition d'une dynastie, dont les vaines prétentions
touchant l'avenir de l'Italie ne sont justifiées ni par la nature,
ni par l'histoire de ce pays, ni par son propre passé, ni par
son présent, n'a pas craint de faire avec les forces de la révolution une alliance contre nature. Sourde à tous les avertis-
sements, elle s'est entourée des mécontents de tous les États
de l'Italie ; les espérances de tous les ennemis des gouvernements légitimes de la Péninsule ont cherché et ont trouvé
leur foyer à Turin. On y a fait un criminel abus du sentiment
national des populations italiennes. On y a cherché à entretenir soigneusement tous les germes de troubles en Italie,
afin qu'en recueillant ce qu'on avait semé, le Piémont eût un
prétexte de plus de déplorer hypocritement l'état de l'Italie,
et de prendre aux yeux des gens à courte vue et des insensés
le rôle de libérateur.

» Pour servir cette téméraire entreprise, on avait une
presse effrénée qui s'efforçait chaque jour de porter au delà
des frontières des États voisins l'insurrection morale contre
l'ordre de choses légitime ; or, c'est là ce qu'aucun pays de
l'Europe ne pourrait supporter sans s'exposer à la longue à
une profonde et dangereuse excitation. Par amour de ces
songe-creux d'avenir, et afin de s'assurer des appuis au dehors pour une attitude qui contraste si vivement avec sa
propre force, on a vu le Piémont se joindre à une guerre qui
ne le touchait en rien contre une grande puissance européenne, sacrifier ses soldats pour un but étranger. Mais, en
revanche, on l'a vu aussi aux conférences de Paris, avec une
présomption nouvelle dans les annales de la diplomatie, cri-
tiquer effrontément les gouvernements de l'Italie, sa propre
patrie, gouvernements qui ne l'avaient offensé en rien.

» Mais, afin que personne ne pût croire qu'il se mêlait à
ces vœux et à ces efforts déréglés le moindre sentiment sincère en faveur de la prospérité pacifique de l'Italie, les passions de la Sardaigne redoublaient chaque fois qu'un des souverains de l'Italie suivait les inspirations de l'indulgence et
de la conciliation, chaque fois que l'empereur François-
Joseph donnait des preuves éclatantes de son amour pour ses
sujets italiens, de sa sollicitude pour le bonheur et le progrès
des pays les plus riches et les plus favorisés de l'Italie.

» Lorsque Leurs Majestés Impériales allèrent visiter les
provinces italiennes, recevant les hommages de leurs sujets
fidèles, et marquant chacun de leurs pas par une foule de
bienfaits, alors il fut permis aux journaux de Turin de prê-
cher librement le régicide.

» Lorsque l'empereur confia l'administration de la Lombardie et de Venise à S. A. I. l'archiduc Ferdinand-Maximi-
lien, son frère, prince doué d'une haute intelligence, animé

d'intentions libérales et bienveillantes, et profondément sym-
pathique au véritable esprit du peuple italien, on mit tout en
œuvre à Turin pour que les nobles intentions du prince fussent payées d'autant d'ingratitude que peuvent en produire,
même au milieu d'une population bien pensante, des excitations odieuses renouvelées chaque jour.

» La cour de Turin, une fois entraînée sur la voie, où il ne
lui restait qu'à choisir entre suivre la révolution ou marcher
à sa tête, devait perdre de plus en plus le pouvoir et la volonté
d'observer les lois qui règlent les rapports entre États indépendants, ou même de reconnaître aucune des limites qu'impose le droit des gens à la conduite de toutes les nations
civilisées. Sous les prétextes les plus frivoles, la Sardaigne se
déclara dégagée des obligations que lui imposaient clairement
les traités, comme le prouvent ses conventions avec l'Autriche et les États italiens, pour l'extradition des criminels et
des déserteurs. Ses émissaires parcoururent les États voisins
pour provoquer les soldats à désobéir à leurs chefs ; foulant
aux pieds toutes les règles de la discipline militaire, le Piémont
fit entrer les déserteurs dans les rangs de sa propre armée.

» Tels étaient les actes d'un gouvernement qui aime à se
vanter de sa mission civilisatrice, et dans les États duquel il
y a des journalistes, dont les journaux trouvent des lecteurs,
et qui, ne se contentant plus de faire simplement l'apologie
de l'assassinat, comptent avec une joie vraiment scélérate ses
sanglantes victimes.

» Qui peut s'étonner encore après cela que ce gouvernement
considérât comme le plus puissant obstacle les droits que
l'Autriche tient des traités, et qu'il ait dû chercher à s'en
débarrasser par tous les moyens d'une politique déloyale ?

» Les véritables intentions du Piémont, qui n'étaient depuis longtemps un secret pour personne, ont été hautement
avouées dès que cet État fut suffisamment assuré d'une assistance étrangère, et qu'il n'eut plus besoin de masquer ses
projets de guerre et de révolution. L'Europe, qui voit dans
le respect des traités existants le palladium de son repos, a
accueilli avec un juste mécontentement la déclaration où
il était dit que la Sardaigne se croyait attaquée par l'Autriche,
parce que l'Autriche ne renonçait pas à l'exercice des droits
et des devoirs qui découlent pour elle des traités ; parce
qu'elle maintenait son droit de tenir garnison à Plaisance,
droit qui lui est garanti par les grandes puissances de l'Europe ; parce qu'elle a osé s'allier avec d'autres souverains de
la Péninsule pour défendre en commun de légitimes intérêts.
Il ne restait qu'une seule prétention à élever et l'on n'y a pas
manqué. Le cabinet de Turin déclare qu'il n'y avait que des
palliatifs pour l'état de l'Italie tant que la domination autrichienne s'étendrait sur des terres italiennes. Par là on portait
ouvertement atteinte aux possessions territoriales de l'Autriche, on franchissait la limite extrême jusqu'à laquelle une
puissance comme l'Autriche peut accueillir les provocations
d'un État moins puissant sans y répondre par les armes.

» Telle est, dépouillée du tissu de mensonges dont on l'a
couverte, la vérité sur la manière d'agir à laquelle, depuis
dix ans, s'est laissé entraîner la maison de Savoie par des
conseillers sans conscience. Disons aussi que les accusations
et les reproches par lequel le cabinet sarde cherche à présenter sous un faux jour ses attaques contre l'Autriche ne sont
que de méchantes calomnies.

» L'Autriche est une puissance conservatrice, pour laquelle la religion, la morale et le droit historique sont sacrés.
Elle sait estimer, protéger et peser à la balance de l'égalité
de droit ce qu'il y a de noble et de légitime dans l'esprit national des peuples. Dans ses vastes domaines habitent des
nations de différentes races et de langues différentes ; l'empereur les embrasse toutes dans un même amour, et leur union
sous le sceptre de notre auguste dynastie est profitable à
l'ensemble de la grande famille des peuples européens ;
mais la prétention de former de nouveaux États d'après les
limites de la nationalité est la plus dangereuse des utopies.

» Exposer cette prétention, c'est rompre avec l'histoire ;
vouloir la mettre à exécution sur un point quelconque de
l'Europe, c'est ébranler dans ses fondements l'ordre solidement organisé des États, c'est menacer le continent du bouleversement et du chaos. L'Europe le sent, et elle se rattache
d'autant plus fermement à la division territoriale qu'a fixée
le congrès de Vienne à l'issue d'une époque de guerres continuelles, en tenant compte, autant que possible, des conditions historiques. Il n'est pas de puissance dont les possessions soient plus légitimes que les possessions en Italie
rendues à la maison de Habsbourg par ce congrès, qui a rétabli le royaume de Sardaigne et lui a fait le brillant cadeau de
Gênes.

» La Lombardie a été pendant des siècles un fief de l'empire d'Allemagne ; Venise fut donnée à l'Autriche en échange de sa renonciation à ses provinces belges. Ainsi donc ce que le cabinet de Turin, montrant lui-même par là le néant de ses autres plaintes, nomme la *vraie* raison du mécontentement des habitants du Lombard-Vénitien, savoir, la domination de l'Autriche sur le Pô et l'Adriatique, est un droit solide et inattaquable sous tous les rapports, un droit que les aigles autrichiennes préserveront de toute atteinte.

» Mais ce n'est pas seulement un gouvernement légitime, c'est encore un gouvernement juste et bienveillant qui administre les provinces lombardo-vénitiennes. Ces beaux pays ont prospéré plus vite qu'on ne pouvait l'espérer après de longues et douloureuses années de révolution : Milan et tant d'autres villes célèbres déploient une richesse digne de leur histoire ; Venise se relève de sa profonde décadence et reprend une vie nouvelle ; l'administration et la justice sont réglées ; l'industrie et le commerce prospèrent, les sciences et les arts sont cultivés avec ardeur.

» Les charges publiques ne sont pas plus lourdes que dans les autres parties de la monarchie ; elles seraient même plus légères, si les effets funestes de la politique sarde n'exigeaient que l'État augmente ses forces et se crée, par conséquent, de nouveaux revenus. La grande majorité du peuple de la Lombardie et de Venise est contente ; le nombre des mécontents qui ont oublié les leçons de 1848 est peu de chose en comparaison ; il serait moindre encore sans les excitations du Piémont.

» Le Piémont ne s'inquiète donc pas des populations qui pourraient être souffrantes et opprimées ; il empêche et interrompt plutôt un état d'essor régulier et de développement plein d'avenir. La prudence humaine ne saurait prévoir pour combien de temps cette déplorable entreprise troublera la paix de l'Italie ; mais une responsabilité terrible pèse sur ceux qui ont méchamment, et de propos délibéré, exposé leur patrie et l'Europe à de nouvelles catastrophes.

» La révolution, si soigneusement entretenue dans toute la Péninsule, a suivi promptement l'impulsion qu'on lui donnait. Un soulèvement militaire a éclaté à Florence ; il a poussé S. A. I. le grand-duc de Toscane à abandonner ses États. L'insurrection règne à Massa et à Carrare sous la protection de la Sardaigne.

» Mais la France, qui, depuis longtemps, nous le répétons, partageait cette terrible responsabilité morale, la France s'est hâtée, par des faits, de l'assumer tout entière.

» Le gouvernement de l'empereur des Français a fait déclarer, le 26 de ce mois, par son chargé d'affaires à Vienne, qu'il considérerait le passage du Tessin par les troupes autrichiennes comme une déclaration de guerre à la France. Tandis qu'on attendait encore à Vienne la réponse du Piémont à la sommation de désarmement, la France faisait franchir à ses troupes les frontières de terre et de mer de la Sardaigne, sachant bien qu'elle mettait par là dans la balance le poids qui devait emporter les dernières résolutions de la cour de Turin.

» Et pourquoi, nous le demandons, devait-on ainsi anéantir d'un seul coup les espérances légitimes des amis de la paix en Europe? Parce que le temps est venu où les projets, longtemps couvés en silence, sont arrivés à maturité, où le second empire français veut donner un corps à ses *idées*, où l'état politique de l'Europe, basé sur le droit, doit être sacrifié à ses illégitimes prétentions, où les traités qui forment la base du droit public européen doivent être remplacés par la *sagesse politique* que la puissance qui trône à Paris a annoncée au monde étonné.

» On reprend les traditions du premier Napoléon.

» Telle est la signification de la lutte à la veille de laquelle se trouve l'Europe.

» Puisse le monde désabusé se pénétrer de cette conviction qu'aujourd'hui, comme il y a un demi-siècle, il s'agit de défendre l'indépendance des États, et de protéger les biens les plus précieux des peuples contre l'ambition et l'esprit de domination.

» Mais l'empereur François-Joseph, le chef de notre empire, bien qu'il déplore les maux de la guerre imminente, a remis avec calme sa juste cause aux mains de la divine Providence. Il a tiré l'épée parce que des mains coupables ont porté atteinte à la dignité et à l'honneur de sa couronne ; il combattra avec le profond sentiment de son droit, fort de l'enthousiasme et du courage de son peuple, accompagné par les vœux de tous ceux dont la conscience distingue le vrai du faux, le droit de l'injustice.

» Veuillez communiquer au gouvernement près lequel vous avez l'honneur d'être accrédité aussi bien le manifeste impérial que la présente dépêche.

« Agréez, etc. »

En même temps, l'ordre du jour qui suit était adressé aux troupes de la deuxième armée placées sous le commandement du feldzeugmestre comte Giulay :

« Après de vains efforts pour conserver la paix à mon empire sans mettre en question sa dignité, je suis forcé de prendre les armes.

» C'est avec assurance que je confie le bon droit de l'Autriche aux meilleures mains, aux mains éprouvées de ma brave armée.

» Sa fidélité et sa bravoure, sa discipline exemplaire, la justice de la cause qu'elle défend et un glorieux passé me garantissent le succès.

» Soldats de la deuxième armée, c'est à vous d'enchaîner la victoire aux drapeaux immaculés de l'Autriche. Allez au combat avec Dieu et avec la confiance dans votre empereur !

» François-Joseph. »

Le même jour, le général Giulay établissait son quartier général à Pavie et publiait les trois pièces que voici :

ORDRE DU JOUR A L'ARMÉE.

« Du quartier-général de l'armée, à Pavie, le 29 avril 1859.

» Soldats !

» Sa Majesté, notre très-gracieux empereur et souverain, vous appelle aux armes, et vous saluez avec joie la parole impériale, parce que vous êtes habitués et fiers d'entendre ainsi un appel à la victoire. Vous combattrez pour des droits sacrés, pour l'ordre et la légalité, pour la gloire et la prospérité de l'Autriche.

» Serrez-vous donc autour de nos glorieux drapeaux ! Dans peu d'heures, vous les porterez au delà des confins de l'empire, contre un ennemi qui se souvient encore de Volta et de Mortara, et que vous terrasserez de nouveau comme à Custozza et à Novare ! Le Piémont a oublié la générosité dont le monarque de l'Autriche a déjà usé deux fois vis-à-vis de lui. Il a toujours admiré votre discipline, il doit encore une fois connaître votre bravoure ! Sur vous sont tournés les regards de votre empereur ; avec vous est l'âme du vieux héros Radetzki ! Aux armes donc, camarades ; à la victoire, en proférant ce cri de joie : Vive l'empereur ! »

« AUX POPULATIONS DE LA LOMBARDIE ET DE LA VÉNÉTIE.

» Les provocations adressées au gouvernement impérial par une téméraire faction dans l'État sarde, ennemie de tout ordre et de tout droit, et l'obstination à repousser toute parole de paix et de modération, ont lassé la généreuse longanimité de notre auguste empereur et maître, et l'ont déterminé à protéger et à faire triompher par la force des armes la cause du bon droit et de la justice.

» Appelé par la volonté souveraine au commandement en chef de l'armée, dès l'instant où les aigles impériales et notre glorieux drapeau toucheront les frontières piémontaises, les pouvoirs du gouvernement civil et militaire du royaume lombardo-vénitien demeureront, par ordre souverain, pendant la guerre, concentrés en mes mains.

» L'empressement avec lequel, de vos florissantes campagnes, votre jeunesse est accourue sous les armes impériales, la bonne volonté avec laquelle vous avez pourvu aux besoins de notre brave armée, le sentiment universel du devoir personnel, tout m'est garant du maintien de la tranquillité et de l'ordre public, en dépit de toute perfide suggestion du parti subversif.

» Pour sauvegarder votre sûreté dans le cas où elle serait troublée par quelque insensé, une force suffisante restera au milieu de vous, protectrice de votre tranquillité : et malheur à qui tenterait, de quelque manière que ce soit, de la troubler et d'aggraver les maux de son pays !

» Justice, respect aux lois, obéissance aux autorités, fut toujours ma première devise. »

« AUX PEUPLES DE LA SARDAIGNE !

» Peuples de Sardaigne ! en passant vos frontières, ce n'est pas contre vous que nous dirigeons nos armes.

» Nos armes sont dirigées contre un parti révolutionnaire qui, faible par le nombre, mais puissant par l'audace, vous fait subir à vous-mêmes une oppression violente, qui se soulève contre toute parole de paix et porte atteinte aux droits des autres Etats italiens et à ceux de l'Autriche.

» Si les aigles impériales sont accueillies par vous sans haine et sans résistance, elles apporteront avec elles l'ordre, la tranquillité, la modération; les citoyens paisibles peuvent être bien assurés que la liberté, l'honneur, la loi et les propriétés seront considérés et protégés par nous comme inviolables et sacrés. Ma parole vous garantit la discipline éprouvée qui, chez les troupes impériales, accompagne la vaillance.

» Comme organe des sentiments magnanimes de mon illustre empereur et maître, je vous proclame et vous répète une seule chose au moment où je foule votre sol : c'est que nous ne faisons pas la guerre aux peuples et aux nations, mais à un parti arrogant, qui, sous le couvert hypocrite de la liberté, finirait par ravir la liberté à tous, si le Dieu de notre armée n'était pas aussi le Dieu de la justice.

» Une fois que nous aurons subjugué vos adversaires, qui sont aussi les nôtres, dès que nous aurons rétabli l'ordre et la paix, vous qui pourriez maintenant nous croire des ennemis, vous nous appellerez sous peu des libérateurs et des amis.

» Comte François Giulay,

» Feldzeugmestre de Sa Majesté Apostolique, commandant de la 2e armée, gouverneur militaire général du royaume Lombard-Vénitien. »

En même temps, trois colonnes autrichiennes passaient le Tessin, entraient en Piémont et marchaient sur Mortara, Vigevano et Novare. L'armée piémontaise se retirait devant ces corps d'invasion, évalués à peu près à cent mille hommes. En se retirant, les Piémontais inondaient le pays en ouvrant toutes les écluses qui maintiennent les rivières.

Retardés par les inondations, les Autrichiens s'avancent peu à peu sur la Sesia par les routes de Verceil et de Candia, pendant qu'un quatrième corps, sous les ordres du général Benedeck, se dirige vers Stradella. Des escarmouches, des engagements d'avant-postes ont lieu entre l'armée autrichienne et l'armée piémontaise. Enfin, le 3 mai, une reconnaissance, faite sur la rive gauche du Pô en face de Frassinetto, amène un combat sérieux dans lequel les ennemis repoussés ont deux mille hommes et deux généraux mis hors de combat. Le 4 mai, ils réussissent à passer sur la rive droite du Pô dans les environs de Sale et marchent du côté d'Alexandrie. Le 7, les Piémontais enlèvent les travaux commencés par les Autrichiens pour jeter un pont sur la Sesia entre Candia et Terra-Nuova. — Le 9, l'aile gauche autrichienne cesse d'avancer dans la direction de Voghera, Tortone et Alexandrie, mais l'aile droite continue sa marche; elle est à Buronzo, à Salussola, sur la route de Verceil, à San-Germano, où elle se fortifie. — Le 11, la plupart des positions prises par l'aile droite, qui paraissait vouloir menacer Turin, sont abandonnées; le plan de campagne des corps d'invasion semble changé; au lieu de disséminer les troupes, on les concentre sur des points rapprochés les uns des autres, comme pour se préparer à livrer une grande bataille.

On a fait grand bruit, dans les correspondances de certains journaux et dans quelques relations prétendues historiques, de violences et d'exactions commises par l'armée autrichienne lors de son entrée en Piémont. Depuis, on est beaucoup revenu sur le compte de ces terribles Croates et de ces abominables uhlans, qui, après tout, sont des soldats comme d'autres, obéissant aux ordres qu'ils reçoivent, se conformant à une discipline sévère et se battant avec autant de courage que s'ils étaient animés d'une puissante conviction.

Le général Giulay a levé sur les villes et les villages dont il s'est emparé en Piémont de fortes réquisitions de guerre. Les habitants ont pu en être indignés, d'accord; mais n'est-ce pas ainsi qu'agissent la plupart des armées en pays ennemi ?

Qu'on ne croie pas que ce soit un sentiment de bienveillance particulier pour la puissance autrichienne qui inspire ici l'auteur. C'est pour lui simplement une affaire de justice, d'équité. Il a la plus profonde horreur du despotisme militaire qui opprime les âmes et déprime les intelligences ; d'un despotisme surtout tel que l'Autriche l'exerçait sur l'Italie ; mais il garde ses imprécations pour les politiques et les hommes d'état qui ordonnent, et n'a que de la pitié pour le malheureux soldat, enrôlé le plus souvent malgré lui, qui obéit à une loi inflexible. S'il réprouve toute violence et toute exaction, il sait faire la part des nécessités et des excitations de la guerre.

Pendant que l'Autriche envoyait ses troupes en Piémont, la France dirigeait ses soldats du même côté, non-seulement pour soutenir et défendre son allié contre une agression injuste et violente, mais encore pour rendre à tout jamais impossibles de pareilles tentatives en délivrant définitivement l'Italie de l'oppression de l'Autriche.

Le 3 mai, l'Empereur des Français déterminait, en effet, le but de la guerre dans la proclamation suivante :

« Français !

» L'Autriche, en faisant entrer son armée sur le territoire du roi de Sardaigne, notre allié, nous déclare la guerre. Elle viole ainsi les traités, la justice et menace nos frontières. Toutes les grandes puissances ont protesté contre cette agression. Le Piémont ayant accepté les conditions qui devaient assurer la paix, on se demande quelle peut être la raison de cette invasion soudaine : c'est que l'Autriche a amené les choses à cette extrémité, qu'il faut qu'elle domine jusqu'aux Alpes ou que l'Italie soit libre jusqu'à l'Adriatique ; car, dans ce pays, tout coin de terre demeuré indépendant est un danger pour son pouvoir.

» Jusqu'ici la modération a été la règle de ma conduite ; maintenant l'énergie est mon premier devoir.

» Que la France s'arme et dise résolûment à l'Europe : Je ne veux pas de conquête, mais je veux maintenir sans faiblesse ma politique nationale et traditionnelle ; j'observe les traités, à condition qu'on ne les violera pas contre moi ; je respecte le territoire et les droits des puissances neutres, mais j'avoue hautement ma sympathie pour un peuple dont l'histoire se confond avec la nôtre, et qui gémit sous l'oppression étrangère.

» La France a montré sa haine contre l'anarchie ; elle a voulu me donner un pouvoir assez fort pour réduire à l'impuissance les fauteurs de désordre et les hommes incorrigibles de ces anciens partis qu'on voit sans cesse pactiser avec nos ennemis ; mais elle n'a pas pour cela abdiqué son rôle civilisateur. Ses alliés naturels ont toujours été ceux qui veulent l'amélioration de l'humanité, et quand elle tire l'épée, ce n'est point pour dominer, mais pour affranchir.

» Le but de cette guerre est donc de rendre l'Italie à elle-même et non de la faire changer de maître, et nous aurons à nos frontières un peuple ami, qui nous devra son indépendance.

» Nous n'allons pas en Italie fomenter le désordre ni ébranler le pouvoir du saint-père, que nous avons replacé sur son trône, mais le soustraire à cette pression étrangère qui s'appesantit sur toute la Péninsule, contribuer à y fonder l'ordre sur des intérêts légitimes satisfaits.

» Nous allons enfin sur cette terre classique, illustrée par tant de victoires, retrouver les traces de nos pères ; Dieu fasse que nous soyons dignes d'eux !

» Je vais bientôt me mettre à la tête de l'armée. Je laisse en France l'Impératrice et mon fils. Secondée par l'expérience et les lumières du dernier frère de l'Empereur, elle saura se montrer à la hauteur de sa mission.

» Je confie à la valeur de l'armée qui reste en France pour veiller sur nos frontières, comme pour protéger le foyer domestique; je les confie au patriotisme de la garde nationale; je les confie enfin au peuple tout entier, qui les entourera de cet amour et de ce dévouement dont je reçois chaque jour tant de preuves.

» Courage donc, et union! Notre pays va encore montrer au monde qu'il n'a pas dégénéré. La Providence bénira nos efforts; car elle est sainte aux yeux de Dieu la cause qui s'appuie sur la justice, l'humanité, l'amour de la patrie et de l'indépendance.

» Palais des Tuileries, le 3 mai 1859.

» Napoléon. »

Le même jour, M. le comte de Walewski, ministre des affaires étrangères, donnait lecture au Corps législatif et au Sénat d'un message conçu en ces termes :

2

« Messieurs,

» J'ai eu l'honneur de présenter au Corps législatif l'exposé des négociations suivies par les puissances jusqu'au moment où l'Autriche, séparant son action de celle des autres cabinets, a pris la résolution d'adresser à la Sardaigne un ultimatum, énonçant, s'il n'y était satisfait, l'intention de recourir à l'emploi des armes.

» Le gouvernement de l'Empereur n'a pas voulu laisser ignorer à la cour d'Autriche comment il envisageait cette éventualité, et le chargé d'affaires de Sa Majesté à Vienne a prévenu, dès le 26 du mois dernier, le gouvernement autrichien que, si ses troupes franchissaient la frontière du Piémont, la France serait obligée de regarder cette invasion d'un pays allié comme une déclaration de guerre.

» La cour d'Autriche ayant persisté à employer la force et ses troupes étant entrées, le 29, sur le territoire sarde, l'Empereur m'a ordonné de porter à la connaissance du Corps législatif ce fait qui constitue l'Autriche en état de guerre avec la France. »

Au Corps législatif, ce message fut accueilli avec enthousiasme; au Sénat, après la lecture du message, M. Troplong, président, prononça le discours suivant :

« Je donne acte à M. le ministre de sa communication. S'il m'est permis d'ajouter quelques mots pour produire le sens des acclamations qui viennent de se faire entendre, je dirai que, tandis que nos illustres collègues, les maréchaux et les généraux chargés de commandements, soutiendront en face de l'ennemi la gloire du nom français, les sénateurs qui restent ici ne reculeront devant aucun acte de courage civil et de dévouement à l'Empereur. (*Nouvelles acclamations.*) Il y aura entre eux et nous rivalité de patriotisme. (*Assentiment et cris de Vive l'Empereur! vive l'armée!*) Car cette guerre est juste; elle ne fait que répondre à un défi et à une agression. Elle est la conséquence d'une politique séculaire, qui toujours s'est émue des crises de l'Italie comme si ce fussent des événements français. (*Oui! oui! Marques d'approbation.*) L'Empereur ne peut pas permettre que Turin, qui est la clef des Alpes, pas plus que Rome, qui tient les clefs de l'Eglise par les mains d'un saint et vénéré pontife (*Sensation générale et profonde*), tombe sous le joug usurpateur d'une influence hostile à la France. (*Adhésion unanime et très-chaleureuse.*)

» L'Italie sera rendue à sa nationalité. Elle sera non pas révolutionnée (*Très-bien! très-bien!*), mais affranchie (*Mouvement général de satisfaction. Nouvelles et très-vives acclamations*); et ce beau pays, menacé d'avoir un maître, va trouver un libérateur.

» *Vive l'Empereur!* »

Le lendemain, des décrets insérés au *Moniteur* annonçaient l'intention de l'Empereur des Français d'aller se mettre à la tête de l'armée d'Italie, conféraient à l'Impératrice le titre et les fonctions de régente, ainsi que la présidence du conseil privé et du conseil des ministres pendant l'absence de l'Empereur, et décidaient que l'Impératrice prendrait, dans ses résolutions et décrets, l'avis du prince Jérôme Napoléon, à qui serait délégué le droit de présider le conseil privé et le conseil des ministres en l'absence de l'Impératrice.

Depuis plusieurs semaines, Paris et la France avaient eu le temps de se familiariser avec la perspective de la guerre d'Italie. Chaque jour on voyait partir ou passer des régiments que la population escortait en leur donnant les témoignages des plus vives sympathies; en leur exprimant ses vœux par des chants et des cris d'enthousiasme.

A partir du 3 mai, Paris prit une attitude tout à fait guerrière. Un article d'un des princes de la critique, inséré sous un pseudonyme dans l'*Indépendance belge*, donne une idée assez saisissante de la physionomie de la grande ville durant ces premiers jours de crise. Nous le reproduisons comme un modèle du genre :

Paris guerrier.

« En moins de huit jours la ville a changé de physionomie; évidemment, il y a le Paris de la paix et le Paris de la guerre; or, c'est le Paris de la guerre que nous avons sous les yeux. La rue est plus animée et plus bruyante; on va moins vite; on regarde, on écoute, on interroge; il y a des groupes qui semblent attendre une révélation; un dragon qui passe à cheval est un événement. Jugez donc si le régiment qui part au bruit de sa musique, aux battements de ses tambours, est

suivi d'un regard attentif et curieux. Déjà le gamin surgit de toutes parts; il en vient des imprimeries où les gamins jouent le rôle d'apprentis; il en vient des études de notaires et d'avoués, où ils remplissent les graves fonctions de saute-ruisseau; il en vient des Batignolles, de la Villette et de tous les endroits où l'on fabrique, où l'on bâtit quelque chose. Aussitôt qu'il a senti l'odeur de la poudre, et qu'il pressent le bruit du canon, il est impossible de retenir le gamin de Paris. Il comprend qu'il est en vacances; il faut qu'il voie et qu'il écoute; il faut surtout qu'il suive au pas, le bonnet sur l'oreille et le feu dans les yeux, le régiment qui s'en va; trop heureux le gamin de Paris, lorsqu'un soldat lui confie un instant sa giberne ou son sac! Il lui semble alors qu'il est un héros. En ce moment, il a dix coudées, la taille d'Ajax Télamon, et quand le gamin a conduit son soldat jusqu'à la gare, où la vapeur infatigable attend ses colis armés, alors il se met à crier : « Vive la ligne! » et même, on vous le dit tout bas, il se met à chanter la *Marseillaise!* Ah! cette *Marseillaise*, elle revient toujours; elle est dans la mémoire et dans les moelles de ce peuple. Il peut cesser de la chanter, il ne l'oubliera jamais; à la moindre occasion la chanson se réveille, et sauve qui peut!

» C'était vraiment un ravageur de nations, ce Rouget de l'Isle, l'auteur de *la Marseillaise*. Il trouvait des cris suprêmes, et même il n'était bon et vraiment poète que lorsqu'il disait des injures aux rois de l'Europe. J'ai sous les yeux une ode inédite de Rouget de l'Isle, elle est écrite de sa main, et si elle était prononcée aujourd'hui dans quelques réunions pour l'Italie, elle produirait un effet irrésistible.

. . . .

En vain la crainte et la bassesse
D'un culte adorateur avivent leur orgueil :
Les rois meurent, le charme cesse,
La vérité s'arrête au pied de leur cercueil.
Debout dans l'avenir, la justice implacable,
Evoque leur gloire coupable,
Veuve de ses illusions ;
Les cris des opprimés tonnent sur leur poussière,
Et leurs noms sont voués par la nature entière
A la haine des nations.

» A ces violences qui n'ont pas d'excuse, il ne manque guère, pour couvrir le monde de mille incendies, qu'une musique violente, qui les rende à l'instant populaires, et l'on verrait que ce n'est pas la parole qui fait les *Marseillaises*, mais bien l'air sur lequel on les chante.

» De tous les soldats qui s'en vont pleins d'espoir et d'un noble orgueil, celui qui plaît le mieux au gamin de Paris, sans contredit, c'est le zouave. Il n'est rien qu'il préfère à ce teint cuivré, à cet habit oriental, à ce visage heureux et goguenard. Il faut dire aussi, pour expliquer ces intimes préférences de gamin, que le zouave allant en guerre emporte un tas de bêtes dont il fait sa joie et sa tête, en chemin, sous la tente, à la bataille, à l'assaut. Tel régiment se félicite d'un chien caniche, et le caniche, en piéton prudent qui déjà se doute des longueurs du chemin, marche, en vrai soldat chevronné, d'un pas calme et mesuré, sans se livrer à des gambades inutiles. Telle autre compagnie de zouaves emporte un écureuil très-éveillé, très-curieux, qui va d'un sac à l'autre, et qui ne se doute pas, l'imprudent, des grands dangers qui le menacent, car monsieur l'écureuil est un Jean-Jean à sa première campagne. Tout au rebours, ce vieux chat, ce matou (il a perdu sa queue à la dernière bataille), ne voulait pas partir, tant il se trouvait bien sous le toit de la caserne. Le zouave avait beau l'appeler : *Minet! Minet!* de sa plus douce voix, notre homme de chat gagnait la gouttière; il avait, pensait-il, assez de gloire, il s'était vaillamment conduit sous les murs de Sébastopol; même, une fois, il avait évité l'insigne honneur que les Russes voulaient lui faire de le manger en civet. Bref, notre héros tournait autour des Invalides... Vaine ambition, inutile espoir! « Il faut partir, Agnès l'ordonne! » Agnès est le caporal Moustachu, qui prudemment attache au sac le matou récalcitrant et déserteur. Dans deux ou trois jours, quand nous serons en pleine campagne, et que maître chat ne pourra pas faire autrement que de se battre avec nous, nous lui rendrons sa liberté.

» Voyez-vous cependant, gravement perché sur le turban d'un jeune clairon, monsieur du Corbeau, criant et battant des ailes, comme s'il appelait la victoire, et qu'il sentît déjà la chair fraîche des champs de bataille? Monsieur du Corbeau a déjà fait bien des campagnes : il avait deux ans à peine qu'il assistait à la bataille d'Isly, et le maréchal Bugeaud, en passant devant le front de bandière, l'a salué de son épée! Il a eu quatre ou cinq maîtres tués sous lui, et chaque fois que son maître est mort, il a choisi pour le remplacer le plus brave du régiment, et tant mieux s'il était décoré. Il a passé par tous les grades; il fut d'abord le soldat Corbeau, puis le sergent Corbeau, le capitaine et le major Corbeau; il est maintenant le général Corbeau, sans être ou moins brave ou plus fier.

» Le jour de sa mort au champ d'honneur serait un deuil véritable pour son régiment adoptif. J'ai donc vu passer le général Corbeau, il était plein d'enthousiasme; à coup sûr il comprend qu'on le mène à la bataille; il en a tous les instincts guerriers, il en sait même les chansons, et quand son clairon se mit à sonner *la casquette au général Bugeaud*, le corbeau chanta, de sa voix de basse : *As-tu vu, as-tu vu la casquette, la casquette, as-tu vu la casquette au père Bugeaud?* A ce cri de guerre et d'ironie, on eût vu le peuple applaudir et chanter en chœur la chanson du maréchal Bugeaud, du général Corbeau.

» J'ai vu passer aussi, sur le chemin de l'Italie, et non pas sans une émotion très-vive au fond de l'âme, un superbe régiment de la garde, avec armes et bagages. C'est un sévère, un imposant spectacle. Ils allaient, calmes et silencieux, sans forfanterie et sans morgue, chacun d'eux portant légèrement le lourd fardeau que porte avec soi un soldat en campagne. Ils n'avaient ni chien, ni corbeau, aucun des enfantillages de la guerre, et les gens lettrés, voyant passer ces grenadiers, se disaient : Malheur à ceux qui vont rencontrer ces régiments, *semblables à autant de tours, mais à des tours qui sauraient réparer leurs brèches.* Je l'avoue, en ce moment j'ai senti se serrer mon vieux cœur, et j'ai été pris d'une immense envie, en voyant ces jeunes gens, le printemps de l'armée, arriver d'un pas si calme et si fier au-devant de tant de hasards. Ne sont-ils pas, en effet, dignes d'envie? Ils ont vingt ans; ils sont puissants et forts; ils savent manier, en soldats, une arme imposante et terrible; ils combattent sous un drapeau, glorieux entre tous les drapeaux de ce monde; ils vont à la gloire, ils y vont sans haine et sans peur. O les heureux! Ils ont à jouer un grand rôle, à l'heure où nous autres, les écrivains, les poëtes, les artistes, les artisans, les bourgeois, les avocats, les rêveurs, nous ne sommes plus bons qu'à garder la ville, et à suivre au loin, dans la poussière éclatante, ces gens heureux, qui emportent à leur suite toute la curiosité, toute l'émotion, toutes les passions de la France. Ils sont les rois, ils sont les dieux de l'heure présente; il n'y a que pour eux de l'espace et du soleil; la renommée et le bruit leur appartiennent; le vieillard les salue en disant : Au revoir. Le petit enfant, se haussant sur ses pieds charmants, agite, dans sa main ingénue, un petit drapeau qui les salue; ils s'en vont, contents de mourir, mais chacun d'eux est sûr de vivre et de revenir couvert de gloire.

» Ah Dieu! s'ils sont dignes d'envie! Ils n'entendront pas les commérages de Paris, les fausses nouvelles, les sottes conjectures, les regrets de ceux-ci, les remords de ceux-là. Va, va, poëte, et travaille! Il n'y a plus personne ici pour entendre tes poëmes, on n'est occupé que des bruits de là-bas. En vain tu écriras *les Orientales* ou *les Feuilles d'automne*, on leur préfère, à bon droit, le *Chant du départ*. Et toi, peintre, en vain tu représentes, sur une toile éloquente, les doux paysages, les fiers aspects, les océans troublés, les plaines ravagées, Ovide en exil, les drames de l'histoire, le vaincu suppliant le vainqueur, Alexandre relevant la femme de Darius : que veux-tu que nous fassions de ton chef-d'œuvre?... Il y a là-bas de vrais soldats qui se battent, de grandes plaines où la moisson mûrit, et qui attendent, frémissantes, deux armées qui vont venir. Il y a des villes qui tremblent, des villages qui pleurent, des pères qui se désolent, des mères ennemies de la guerre : *Bellaque matribus detestata...* disait le poëte, et tant de palais sans sommeil, et tant de consciences sans repos! En vain le musicien, patient génie, enfante une partition solennelle, où tout chante, où tout pleure; en vain il appelle à ses concerts mystérieux tous les cœurs et toutes les âmes, agitant la nature entière, invoquant l'inconnu, terrible et charmant à la fois, plein de délire et de douleur; tant pis pour toi, génie, on n'est plus à tes chansons. Ainsi Meyerbeer lui-même, les sylphes et les trilbys de *Ploërmel*, le pâtre et le sorcier, l'amoureux et l'amoureuse, le chasseur qui passe et le faucheur aiguisant sa faux... soudain le moindre bruit de la trompette et le galop d'un escadron à cheval feront disparaître les fantômes, les chœurs, les tressaillements, les terreurs infernales et les aspirations divines de Meyerbeer. Ceci est un fait; déjà la guerre a tout pris; elle emplit tous les cœurs; elle envahit toutes les âmes; elle est le discours unique et l'unique intérêt.

» La guerre impose à l'argent un silence absolu. Argent, tais-toi; faites silence, actions du Nord; courbez-vous, actions du Midi; crédit mobilier, laissez en repos toutes ces têtes que vous agitiez naguère; vous reviendrez plus tard, fameuses valeurs, qui n'avez rien de commun avec la valeur guerrière! Ah! vraiment, c'est ainsi; les écrivains les plus fêtés peuvent raboter leur papier tout à leur aise; arrangez vos fictions, mes amis; sculptez avec soin vos périodes élégantes; disposez votre fable amoureuse, et contez, chaque matin, vos histoires à la foule... elle ne sait plus qui vous êtes, elle ne vous entend pas. Toi-même, ô miracle de nos jours, qui reviens du Caucase, et qui rapportes à grandes enjambées un récit flamboyant d'événements incroyables, auras-tu grand'peine à le faire entendre au bruit des mitrailles, des obus, des feux liquides, des canons rayés et des fusées volantes, dont chaque amorce est un incendie.

» Il est passé, le beau temps des braves gens qui savaient bien parler et bien écrire; il est passé, le temps des conteurs, des romanciers, du Frédéric Soulié, du Balzac, de la *Comédie humaine*, de la comédie élégante et du vers tragique, habilement ressuscité. Avons-nous ri, quand nous étions jeunes, de cette parole de Baour-Lormian : « On n'a pas plutôt fait un chef-d'œuvre, disait-il, arrive une fichue victoire qui tire à soi toute l'attention publique. » Eh! le bonhomme, il ne croyait pas si bien dire, il disait vrai. La bataille est comme Saturne qui dévore ses enfants, et surtout les enfants d'autrui.

» Telles étaient les réflexions d'un humble historien, très-sincèrement revenu de toutes espérances de gloire ou de fortune, et qui n'a pas une seule récompense à attendre ici-bas, en voyant passer, superbes et résolus, les plus beaux hommes de notre armée. Il eût voulu les suivre en ce moment, pour raconter ces grandes actions, parmi lesquelles il y en a tant d'oubliées, faute d'un historien qui les redise ou d'un poëte qui les fasse immortelles.

» Cependant, tant il est vrai que le drame est partout, un petit drame amoureux, naïf et plein d'intérêt, vint m'arracher à ma contemplation; le voici, tel qu'il est, et vous pouvez m'en croire, j'en parle en témoin oculaire. Au milieu de la foule qui se pressait sous les arcades de la rue de Rivoli pour voir passer nos grenadiers, il y avait une toute jeune fille, une jeune servante de bonne maison, qui tenait dans ses bras un bel enfant enrubanné de bleu et couvert de dentelles. Évidemment la petite bonne, au coin de l'arcade, attendait quelqu'un qui devait venir. Elle était très-jolie et pâle, inquiète, impatiente, elle berçait le petit enfant dans ses bras. A la fin, il y eut un moment où ce beau visage se colora doucement, et nous vîmes sortir des rangs militaires un jeune soldat qui vint prendre congé de sa fiancée. Elle n'était que cela, sans nul doute, à voir sa douce et honnête figure, à voir le respect attendri du jeune homme. Ah! quels adieux, s'ils avaient été seuls! que de larmes elle eût versées, que de serments il eût répétés! Mais quoi, les pauvres amoureux, ils étaient devenus, à l'instant même, un point de mire, et tous les regards avides et curieux les enveloppèrent si cruellement, qu'à peine elle osa tendre à ce bel amoureux une main timide; à peine il osa presser cette main dans la sienne! Il y eut un moment où il s'approcha pour la baiser au front; elle-même, elle tendait son front au baiser, mais, se voyant impitoyablement regardée, elle n'osa pas; lui-même, intimidé par ces curieux impertinents, lui, ce guerrier qui, dans huit jours peut-être aura pris un drapeau à l'ennemi, il rougit, il eut honte, et disons tout, il eut peur. Il quitta donc la petite main qu'il tenait encore, et il se mit à courir pour regagner sa place et son rang. Alors seulement il jeta un dernier regard sur tout ce bonheur qu'il abandonnait. Restée seule, livrée à sa douleur muette, la pauvre enfant, aussitôt qu'elle imagina qu'on ne la regardait plus, elle se prit à pleurer, et, pour cacher ses larmes, elle embrassa le bel enfant qui lui souriait. Je ne sais pas si les chastes et timides adieux de cette charmante fille et de ce beau soldat, racontés par un vrai poëte, ne seraient pas aussi touchants que les adieux d'Andromaque et d'Hector. »

Presque en même temps paraissait à la *Librairie nouvelle*, sous ce titre : LA GUERRE! une éloquente brochure de George Sand, dont nous sommes heureux de reproduire les premières pages, qui sont à la fois un monument littéraire et historique :

« Ce matin, j'étais un poëte, un rêveur. Hier, je n'étais rien du tout, j'étais malade, abattu par la fièvre du beau et perfide mois de mai. Mon lourd sommeil s'était rempli d'un rêve monotone, obstiné. Je croyais marcher dans une foule

armée, sous un ciel noir, par une nuit de rafales et de nuées. Des hommes noirs se pressaient à mes côtés, j'étais un homme noir moi-même. Nous avancions, parlant tous ensemble sans tumulte, mais avec feu, et nous nous disions tous, à chaque instant, les uns aux autres : « Avançons, ser-
» rons-nous, que personne ne s'arrête, que personne ne se
» retourne, si ce n'est pour appeler, presser et encourager
» ceux que le vent et la nuit retardent. »

» Et cette route sans fin était pleine, pleine à n'y pas mettre un piéton de plus. Pourtant des chariots, des canons, des chevaux sillonnaient à chaque instant la vague humaine, et on les aidait à traverser, et tout avançait comme par miracle, la multitude augmentant toujours et touchant, comme un fleuve sombre, aux deux bouts du sombre horizon.

» J'étais fatigué, mais la pensée de me reposer ne pouvait pas me venir. Tout marchait, il fallait marcher, et dans cette foule sérieuse à l'œuvre, il y ayait de la gaieté française, des rires et des mots. L'un disait : « Ce n'est pas nous qui pei-
» nons le plus, c'est la terre forcée de porter tant de monde,
» et pourtant elle ne dit rien. » — Un autre s'adressant à moi : « Tu vois bien que tant de jambes en mouvement ont
» la force de porter une armée. » Et, dans le rêve, je trouvais un sens clair et juste à ces vagues plaisanteries. Je sentais que la force active s'impose fièrement à la force inerte, et que beaucoup de jambes portant beaucoup de cœurs, une légion marchait en effet plus vite et mieux qu'un seul homme.

» A plusieurs reprises je m'éveillai et me demandai pourquoi, pour qui, avec qui j'avais fait tant de chemin. Le dormir et le rêver me répondaient, un instant après : « Va tou-
» jours, tu es un soldat. La nuit est longue et noire, la route
» se perd dans les ténèbres, mais là-bas, au pointer du jour,
» tu verras l'Italie. »

» Ce mot magique nous conduisait tous. « Ne vous inquié-
» tez pas de moi, leur disais-je, j'ai la fièvre et ne sens plus
» mes mouvements; mais vos jambes me portent et mon fu-
» sil tient tout seul sur mon épaule. Le vent qui passe étour-
» dit mes oreilles, mais quelque chose parle dans ma tête et
» je suis une ombre, une âme qui va où vous allez. »

» Quand vint le jour, je ne vis pas l'Italie, mais les horizons bleus de ma tranquille vallée. La fièvre était dissipée, le rêve évanoui, presque oublié ; j'allais respirer les parfums de l'aubépine et marcher dans les muguets humides. Je n'étais plus un soldat, j'étais un rêveur, un poëte.

» Qu'ai-je à faire, disais-je, de m'imaginer que ma pensée doit suivre cette armée ? que m'importe, à moi qui ne peux rien pour elle et à qui les actes de la force sont à jamais interdits ? Enfants et femmes, poëtes et vieillards, goûtons le repos que le destin nous donne, oublions les grandes énergies de ce monde ; saluons le mois de mai, le rossignol et les primevères. Ce monde, il est fait pour nous, les faibles, des dons éternellement beaux de l'éternellement jeune nature. Et que nous font à nous, artistes, les rois et les nations, les traités et les guerres, le bruit des armes et le canon des forteresses ? Tout cela n'empêchera pas ce brin d'herbe de se baigner en paix dans ce filet d'eau ; et je rêvai tout éveillé que j'étais le brin d'herbe, et que les armées passaient si loin, si loin de mon rivage, que je pouvais me dessécher là, aussi sourd, aussi tranquille, aussi indifférent que je l'étais le jour qui m'y vit naître. Pourtant, quelque chose battait dans mon cœur malgré moi, et c'est en vain que je me conseillais d'être heureux et d'accepter les doux loisirs de la vie. Tout à coup retentit une voix claire qui me criait : « Ecoute, écoute
» vite, je passe ! Je passe et je ris de ton monde de poëte en-
» dormi. Le vrai monde que je conduis, c'est la pensée. Le
» tien n'est qu'un rêve. Ton Eden est vide, et la vie des cho-
» ses sans celle des êtres pensants, n'est qu'un néant paré
» pour quelques fêtes de spectres. Ecoute et crois, je suis la
» voix de l'humanité qui s'éveille, je suis la fête et le chant,
» le cri et le cantique de la vie. » Alors, sans comprendre quelle était cette voix qui remplissait de sons éclatants la terre et les airs, je me sentis ému et je lui demandai : « Toi
» qui passes si vite, dis-moi qui tu es, où tu vas, et de quel
» droit tu me dis d'ouvrir mon âme à tes paroles. »

» Je suis la Guerre, répondit-elle, et je vais franchir les
» Alpes. Tu me connais. Je t'ai bercé sur des champs de ba-
» taille, au bruit de mes tonnerres et de mes fanfares. En-
» fant de ce siècle, tu es né au son du canon, et les premiers
» morts que tu as vus, avaient des balles ennemies dans le
» cœur ou dans la tête. Dans ce temps-là, on m'appelait la
» Gloire et tu bégayas ce mot sans l'entendre. Aujourd'hui
» que tes cheveux blanchissent et que ton pas se ralentit, tu
» veux quelque chose de plus qu'un mot sonore pour me

» comprendre et me saluer : comprends et salue, je suis la
» fraternité sublime !

» Les peuples sont frères, les hommes doivent vivre en
» paix, la gloire sans l'équité n'est qu'une chimère : je le sais
» mieux que toi, moi qui ai tant sacrifié de victimes hu-
» maines. Eh bien, c'est pour cela qu'aujourd'hui je suis de-
» bout ; c'est pour cela que je vais embraser le monde et ar-
» mer encore les hommes contre les hommes, arroser de
» sang les fleurs des Alpes et les riches guérets de la Lombar-
» die. C'est que le fort a voulu écraser le faible, et moi, l'es-
» prit de lutte et de fierté, l'ange des rémunérations, j'ai se-
» coué le sommeil de l'égoïste, j'ai suscité le vouloir des
» puissants, j'ai armé la France, j'ai parlé à l'intelligence des
» riches, à l'héroïsme du soldat, au cœur du peuple : et je
» vais défendre le faible, je vais délivrer l'opprimé, je vais
» rendre une terre volée à ses légitimes possesseurs, je vais
» secourir un peuple qui veut redevenir lui-même. Adieu, je
» suis pressée, rapide comme l'éclair, résolue comme la foi.
» Toi, pauvre poëte, regarde fleurir les bluets et courir les
» nuages, puisque tu ne peux marcher dans mon chemin
» terrible ; mais que ton cœur me suive, ou qu'il se flétrisse
» comme le figuier de l'Evangile. »

» La voix se perdit dans le lointain, et je sortis comme d'un nouveau rêve. Qui donc avait ainsi traversé ma paix intérieure, et emporté mon âme loin de son doux sanctuaire ? L'ange des armées. Je m'éveillai tout à fait. Cette voix qui m'avait fait entendre tant de choses, c'était celle d'un clairon qui passait le long d'un mur de jardin. Rien de plus.

» Rien de plus! mais que fallait-il de plus pour comprendre ? »

» G. Sand. »

Le 10 mai, l'Empereur quittait Paris, accompagné des vœux de la population, pour qui cette guerre était devenue une œuvre de patriotisme et d'humanité tout à la fois. Il allait rejoindre l'armée qui, depuis quinze jours, arrivait sur le territoire du Piémont tant par le mont Cenis que par Gênes.

A peine touchait-elle le sol de la nation alliée que l'armée française payait déjà un premier tribut; le général de division Bouat, officier distingué, qui avait conquis tous ses grades à la pointe de son épée, mourait à Suse d'une attaque d'apoplexie.

Tandis que les soldats de toutes armes se groupaient pour la défense du Piémont et le triomphe de la cause italienne, les journaux français et étrangers, pressentant l'avidité que montreraient leurs lecteurs pour les nouvelles particulières, les correspondances spéciales relatives à la guerre d'Italie, envoyaient à grands frais des correspondants chargés de leur adresser des chroniques de l'armée.

Laissons parler un de ces correspondants, M. Edmond Texier, dont les lettres ont été publiées par le Siècle. Rien ne saurait mieux que ses premières lettres donner une idée de la réception faite aux soldats français par la population génoise :

« Gênes, le 28 avril.

. . . .

» J'arrivai à Gênes le premier jour du débarquement, et je n'ai pas besoin de vous dire que Gênes était en fête. Ce débarquement, attendu depuis quelques jours, avait attiré une foule énorme, accourue de tous les points du Piémont, et même des Etats limitrophes. On voulait être certain que les Français avaient débarqué. Les quais de cette grande ville de Gênes qui s'étend au fond du golfe en forme de fer à cheval, avec ses étages de maisons et de palais, présentaient un spectacle grandiose. Ces quais étaient encombrés. Sur toutes les terrasses des palais qui bordent la mer, des femmes, la tête couverte de ce grand voile blanc qu'on appelle le pezzotto, et qui, attaché à la nuque, les enveloppe en tombant jusqu'aux pieds, agitaient leurs mouchoirs et jetaient des bouquets. Des centaines de barques s'élançaient du port pour aller au-devant des frégates, et chaque barque, en passant près de nos vaisseaux, faisait pleuvoir sur nos soldats des tourbillons de fleurs. C'était de la joie, de l'enthousiasme, du délire. A chaque cri parti des barques ou des quais, les soldats répondaient par le cri : Vive l'Italie ! et femmes, enfants, hommes faits, vieillards, applaudissaient ou levaient les mains au ciel, comme des naufragés qui, se croyant perdus, voient venir l'embarcation qui va les sauver de la mort. Quand la première frégate entra dans le port, ce fut une explosion immense, un vivat universel : l'Italie se sentait délivrée!

» Si jamais enthousiasme fut vrai, palpitant, pathétique,

c'est celui-là; la population tout entière versait des larmes. « Ah! sainte Vierge! disait une vieille femme placée auprès » de moi, les voilà donc arrivés! » et elle pleurait abondamment, et tous les gens que je voyais autour de moi, hommes ou femmes, pleuraient aussi en poussant le cri : « Vive la » France! vivent les soldats français! » Pendant tout le temps que dura le débarquement, les hurras continuèrent, et les premiers soldats qui touchèrent le rivage furent littéralement étouffés dans des embrassements. Quand le premier drapeau passa de *l'Algésiras* sur l'embarcation, tous les chapeaux se levèrent, et Gênes entière, par un mouvement spontané, s'inclina devant le drapeau français comme devant le *labarum* de l'Italie.

» Aujourd'hui Gênes a plutôt l'air d'une ville française que d'une ville italienne. L'uniforme français est dans toutes les rues, sur toutes les places. Quinze régiments de ligne sont déjà arrivés, sans compter les zouaves et les turcos. Ceux-ci, avec leur teint basané, leur allure étrange, sont les lions du moment. Ils ne sont pas logés en ville comme les autres troupes, mais dans un camp aux portes de Gênes, dans la vallée de Polcevera. Là ils reçoivent la visite de tout le monde, et les belles dames elles-mêmes ne dédaignent pas de diriger leur promenade vers le camp des turcos, qui dorment au pied des oliviers ou dans des bois de citronniers et d'orangers.

» Mais c'est le soir surtout que Gênes a un aspect singulier. A voir ces militaires se promenant bras dessus, bras dessous avec les citoyens, on ne dirait guère que l'on est dans une ville essentiellement commerçante. A huit heures, cinquante tambours et cinquante clairons se réunissent sur la place du Palais-Ducal et la retraite résonne. Toute la population génoise emboîte le pas derrière nos tambours, qui, voyant leur succès, battent la retraite avec une verve entraînante. Les chants italiens se mêlent aux refrains français; les cris de : Vive l'Italie! à ceux de Vive la France! et de cette cacophonie d'airs et de dialectes il résulte une harmonie guerrière, enthousiaste, une harmonie de cœurs qui exhale la poudre et présage la victoire. »

« Gênes, 30 avril.

» Nous avons vu arriver hier les premiers détachements de la garde impériale. Le 1er régiment de zouaves de la garde a fait, vers sept heures du soir, son entrée, musique en tête, baïonnette au bout du fusil, au pas accéléré, avec accompagnement de clairons et de tambours; il ne manquait que les canons et la mèche allumée. Ce matin, à dix heures, débarquait aussi un régiment de grenadiers de la garde, et la population génoise, blasée sur le turban blanc des zouaves et des turcos, témoignait par des vivats prolongés et par une pantomime expressive l'admiration que lui causaient l'aspect des hauts bonnets à poil et la tenue martiale des vétérans, qui portent presque tous, suspendue sur la poitrine, la médaille de Crimée. Les turcos, pour fêter la venue de leurs camarades, s'étaient mis en frais : ils avaient littéralement acheté toutes les oranges que vendent sur les quais les marchands ambulants, puis ils les avaient artistement placées en tas, comme on fait des boulets de canon dans les arsenaux. Quand le débarquement commença, la première barque qui toucha terre fut aussitôt criblée de ces projectiles jaunes, qui tombaient de ci, de là, dans l'eau et sur les soldats arrivants. Ceux-ci, un peu étonnés au premier moment de ce bombardement, virent bientôt de quoi il s'agissait, et pêchant les pommes d'or ballottées par les flots, ils ne tardèrent pas à dévorer ces obus rafraîchissants.

» Il faut vous dire que la vente des oranges s'est élevée ici à la hauteur d'une question. Les premières troupes qui débarquèrent, voyant dans toutes les rues, et sur toutes les places, des oranges énormes, demandèrent par curiosité combien on les faisait payer. Les marchands et les marchandes, alléchés par l'appât du gain, spéculèrent sur l'ignorance naïve de nos soldats, et leur répondirent que chaque orange valait un sou. Les soldats, ravis du bon marché, en achetèrent des masses, et, non contents d'en acheter, proclamèrent partout que Gênes était une ville bénie du ciel, un pays de cocagne, puisqu'on donnait pour un sou une orange qui coûte 50 centimes à Paris. Cependant, le syndic de Gênes (le maire) ayant eu connaissance du goût prononcé de nos troupiers pour les oranges, et des bénédictions qu'ils répandaient sur la tête des marchands, se hâta de rédiger une proclamation dans laquelle, faisant appel au patriotisme des débitants, il les engageait à ne plus spéculer désormais sur l'inexpérience de nos soldats. Le fait est que ceux-ci avaient été indignement volés, et qu'on leur avait donné pour un sou ce qui vaut à peine un centime à Gênes et sur presque tout le littoral méditerranéen. Les soldats, apprenant qu'ils avaient été *refaits*, prirent leur revanche, et ils exigèrent six oranges pour un sou, au lieu de cinq qu'on donne habituellement.

» A part les marchandes d'oranges, en qui la spéculation a un peu étouffé le patriotisme, toute la population génoise a accueilli les Français comme des frères. Les dames de l'aristocratie ont mis leurs loges à la disposition de nos officiers; et avant-hier, le premier et le second rang du théâtre Carlo-Felice étaient occupés par des uniformes. Tous les palais de Gênes, et vous savez s'ils sont nombreux, se sont ouverts devant nos généraux et nos officiers supérieurs. Le maréchal Baraguey-d'Hilliers est logé au palais royal, le général Bazaine au palais Doria, le général Forey au palais Durazzo, et c'est un curieux spectacle, ce spectacle des soldats assis dans ces vestibules de marbre, aux colonnes de marbre, ou accoudés sur des balcons de marbre. La strada Balbi et la via Nuova présentent un assemblage unique des plus somptueuses maisses de palais, aussi recommandables par la beauté de l'art que par la beauté de la matière. Là, tout est en marbre : les cariatides, les mascarons, les balcons, les colonnes, les soubassements, les corniches; et, à l'intérieur, les escaliers et les murailles. Tous ces palais semblent avoir été taillés dans un gigantesque bloc de marbre, et ils sont en si grand nombre, non-seulement dans la via Balbi, la via Nuova et la via Nuovissima, mais dans toutes les rues; que quiconque passe à Gênes est bien déshérité du ciel s'il ne trouve pas un pauvre petit palais de marbre pour abriter sa tête; moi, qui vous écris, je suis logé dans l'ancien palais Grimaldi, que les nécessités de la vie moderne ont transformé en un hôtel meublé. Ma chambre est pavée en marbre blanc, et j'y arrive par un escalier de marbre noir, après avoir traversé un vestibule soutenu par huit colonnes de marbre d'un seul bloc; et n'allez pas croire que je sois privilégié : pour deux francs cinquante centimes dans les temps ordinaires, et pour cinq francs par jour, à cette heure où Gênes est encombrée d'étrangers, tout le monde peut se donner les élégances de ce luxe marmoréen. A la guerre comme à la guerre, *e viva la guerra!* »

Le 12 mai, Napoléon III arrive à Gênes. En débarquant, il adresse à l'armée d'Italie l'ordre du jour suivant :

« Soldats,

» Je viens me mettre à votre tête pour vous conduire au combat. Nous allons seconder la lutte d'un peuple revendiquant son indépendance et le soustraire à l'oppression étrangère.

» Je n'ai pas besoin de stimuler votre ardeur : chaque étape vous rappellera une victoire. Dans la voie Sacrée de l'ancienne Rome, les inscriptions se pressaient sur le marbre pour rappeler au peuple ses hauts faits : de même aujourd'hui, en passant par Mondovi, Marengo, Lodi, Castiglione, Arcole, Rivoli, vous marcherez dans une voie Sacrée, au milieu de ces glorieux souvenirs.

» Conservez cette discipline sévère qui est l'honneur de l'armée. Ici, ne l'oubliez pas, il n'y a d'ennemis que ceux qui se battent contre vous. Dans la bataille, demeurez compacts et n'abandonnez pas vos rangs pour courir en avant. Défiez-vous d'un trop grand élan : c'est la seule chose que je redoute.

» Les nouvelles armes de précision ne sont dangereuses que de loin; elles n'empêcheront pas la baïonnette d'être, comme autrefois, l'arme terrible de l'infanterie française.

» Soldats! faisons tous notre devoir et mettons en Dieu notre confiance. La patrie attend beaucoup de vous. Déjà d'un bout de la France à l'autre retentissent ces paroles d'un heureux augure : La nouvelle armée d'Italie sera digne de sa sœur aînée.

» NAPOLÉON.

» Gênes, le 12 mai 1859. »

Laissons maintenant la parole à un autre chroniqueur, M. Amédée Achard, correspondant du *Journal des Débats*; il va nous raconter les détails de l'entrée à Gênes, du séjour et du départ de l'Empereur, ainsi que de son entrée à Alexandrie :

« C'est aujourd'hui jeudi, à une heure et demie, que l'Empereur a fait son entrée solennelle dans l'orgueilleuse et vieille cité des doges. On dirait que la ville, avec sa rade immense que couronne un amphithéâtre de collines, a été tout exprès creusée par la main complaisante de la nature pour ces sortes de fêtes. Toutes ces hautes maisons qui semblent grimper au-dessus de leurs voisines pour voir plus au loin, tous ces palais superbes qui baignent leurs terrasses dans la lumière et cachent leurs pieds dans l'ombre des ruelles, n'avaient plus un habitant ; toute la population s'était groupée dans le port, comme au temps où la ville de marbre régnait sur la mer, assujettie par les galères du grand Doria.

» Je peindrais mal ce spectacle de la rade, dont l'immensité semblait effacée sous une flottille de bateaux ornés de banderoles ; les navires, séparés en deux masses régulières, laissaient libre une avenue profonde que le cortège impérial a parcourue depuis le môle jusqu'à l'arsenal de la marine militaire. Tous les vaisseaux étaient pavoisés ; les drapeaux flottaient dans les hunes et sur les mâts, les voiles blanches (*pezzetti*) des Génoises sur le pont. Toute constellée de bouquets jetés à pleines mains, la rade entière était comme une prairie mouvante.

» Malgré tout ce qu'on raconte, les Italiens ne crient pas beaucoup ; ils font pleuvoir des fleurs : c'est leur manière d'applaudir. Si c'est moins bruyant, c'est plus poétique.

» Les logements de l'Empereur sont préparés au palais Doria, où le premier consul s'est arrêté. Reçu à son entrée dans les eaux de Gênes par le prince de Savoie-Carignan et par M. le comte de Cavour, auxquels s'était joint le personnel de l'ambassade française, Sa Majesté, accompagnée de S. A. I. le prince Napoléon, a été saluée par la municipalité. Le bruit courait qu'aussitôt après son arrivée elle devait présider un grand conseil de guerre, auquel assisteront les maréchaux français et les généraux piémontais.

» Le roi Victor-Emmanuel n'a pas quitté son quartier général sur les hauteurs de San Salvador, entre Valença et Casale. Il sait quelle responsabilité pèse sur lui en qualité de général en chef de l'armée de l'indépendance.

» Ce soir la ville sera illuminée. Des proclamations enthousiastes du maire et du général d'artillerie qui commande à Gênes invitent les habitants à prêter leur concours aux autorités municipales. Déjà la via Nuova, la via Nuovissima, la via Carlo-Felice, la via Balbi, ces grandes artères qui sont au milieu de la ville comme des boulevards ouverts dans un dédale de ruelles, ont vu se dresser des mâts chargés d'oriflammes aux couleurs unies de France et de Sardaigne, et s'allonger des guirlandes de feuillages qui supportent des écussons dorés.

» Mais si la décoration de la ville ne pouvait pas échapper au caractère général et en quelque sorte traditionnel de ces manifestations officielles, ce qui a son originalité, c'est l'aspect de Gênes, subitement transformée en ville de guerre. C'est la même physionomie que j'avais remarquée déjà à Marseille, mais plus accusée, plus expressive, plus radicale. Les groupes épais des négociants réunis devant le palais de la Bourse sont à toute heure, que dis-je ? à toute minute, rompus et traversés par des bataillons que les bateaux à vapeur haletants jettent sur le quai. Des zouaves, des chasseurs de Vincennes, des grenadiers de la garde, des artilleurs, des dragons, des soldats du train vont et viennent par ces ruelles embrouillées comme un écheveau de soie remué par un jeune chat, avec une désinvolture et une assurance que rien n'étonne. Ils assurent que lorsqu'on a vu les sentiers de la Kabylie et les ravins de la Tchernaïa, on ne peut se perdre nulle part. Ils ont accroché en passant quelques mots de provençal à Marseille ou à Toulon, et ils croient parler italien. L'aplomb supplée à la science.

» Dès que le tambour bat, toute la population oisive accourt. Les femmes sourient, drapées dans le pezzetto, les enfants regardent de cet air étonné qui n'appartient qu'à leur âge, et les soldats, gais malgré la chaleur, malgré leurs sacs de guerre, malgré la fatigue, agacent de l'œil et de la parole les belles filles auxquelles les plus galants envoient des baisers.

» Des fourgons et des charrettes chargés de barils de poudre, sous lesquels gémit l'essieu, circulent lentement sous la garde de sentinelles assises le fusil entre les jambes. Puis de caisses de savon, de barriques d'huile, de balles de laine, mais des prolonges, des pièces de campagne, des sacs de campement.

» Les tavernes creusées sous les obscures galeries qui longent le quai de la Douane, et qui jadis distribuaient des fritures et de la polenta aux marins de toute l'Italie, sont envahies par des soldats qui se familiarisent avec les mets nationaux. J'ai vu un caporal qui jouait à la *mora*. Il perdait consciencieusement.

» Mais on n'est pas fils et petit-fils d'un peuple de marchands pour ne pas spéculer un peu. Patriote tant qu'il vous plaira, mais négociant d'abord. Bon sang ne peut mentir.

C'est pourquoi nos amis les Génois ont relâché honnêtement leurs pratiques d'un jour. Les mulets ont tout à coup, et par un mouvement spontané d'enthousiasme, acquis le prix des chevaux, et les ânes, ces ânes que j'avais vus si bruyants, mais si modestes l'an dernier, le prix des mulets. Que de fauteuils superbes on aurait eu à dorer avec la valeur d'un vilain bât ! Quelques jolis petits millions ont passé des poches françaises dans les mains génoises ; d'autres prendront la même route. Honni soit qui mal y pense. Il faut bien que tout le monde vive.

» Vous savez qu'il n'y a plus à Gênes que les grenadiers de la garde, casernés à San-Benigno, et les détachements isolés de différents corps. A mesure que les régiments arrivent, on les dirige sur Novi, Alexandrie, Casale ou Turin. La cavalerie de la garde a pris par la Corniche, et l'on compte seize étapes de Marseille à Gênes. Les premiers escadrons arrivés à Savone ont été dirigés vers Acqui, ce qui les rapproche du théâtre des opérations, où déjà près de 150,000 hommes de troupes françaises sont concentrés. »

. . . .

« Vendredi 13.

» Les illuminations et la promenade ont été un peu contrariées hier au soir par la pluie. Elle éteignait les lampions, détrempait le papier doré et mettait en déroute les curieux. Le théâtre Carlo-Felice donnait une représentation extraordinaire à laquelle l'Empereur et le prince Napoléon ont assisté. C'est vous dire qu'il y avait foule dans la salle. Pour en avoir une idée, rappelez-vous les représentations de l'Opéra données en l'honneur du roi de Bavière et du grand-duc Constantin. On donnait un ballet appelé *Jonès*. Nos soldats s'imaginent que c'est ainsi qu'on écrit *jaune* en italien, et ne comprennent pas pourquoi cette couleur est tant à la mode en Italie. Le théâtre était splendidement éclairé. A l'entrée de l'Empereur, accompagné du prince Napoléon, du prince de Carignan, du maréchal Vaillant, de M. le comte de Cavour et de M. le prince de la Tour-d'Auvergne, notre ambassadeur, les dames qui garnissaient les six rangs de loges se sont levées en agitant leurs mouchoirs. On aurait dit des milliers de pigeons battant des ailes.

» Le gendarme français a fait hier son apparition dans les rues de Gênes, le gendarme à cheval, commis par a tradition au maintien de l'ordre les jours de fête officielle. Les Génois et les Génoises, qui encombraient les abords du théâtre, se reculaient effarés devant la croupe et le poitrail des chevaux qui piaffaient. Ils n'avaient jamais vu tant de crinières un soir d'illumination.

» Aujourd'hui il pleut encore ; la mer est grise, le ciel est gris, la ville est grise. On ne voit plus que des parapluies. S'il n'y avait pas des paniers d'oranges dans les rues, on se croirait à Cambrai ou au Havre. »

« Gênes, le 14 mai.

» Vous avez su par les dépêches télégraphiques que l'Empereur a quitté aujourd'hui la ville, où l'enthousiasme italien l'a si chaudement accueilli. La division de grenadiers de la garde, commandée par le brave général Mellinet, l'un des héros de Malakoff, l'accompagne et va prendre ses cantonnements à Acquata, à Gavi et à Serravale.

» Le départ de l'Empereur et des grenadiers de la garde ayant été officiellement annoncé hier, le mouvement si tumultueux de Gênes s'est accru. Le spectacle des grandes voies de communication avait un caractère d'animation où la joie se mêlait à la fièvre. La foule, qui n'avait pas cessé depuis la veille de stationner devant ce magnifique palais Doria, où le malheureux Charles-Albert a passé une dernière nuit avant de quitter son royaume, où l'Empereur vient de s'arrêter, était à toute minute labourée par des ordonnances, des aides de camp, des officiers d'état-major, des escouades de soldats allant et venant, des fourgons alourdis par les bagages, et des voitures du train des équipages en tenue de campagne. Les muletiers des régiments, en blouse blanche, le fusil jeté en sautoir sur le dos, poussaient sur les larges dalles des chariots à bras ou tiraient le licol des mulets chargées de cantines.

» Des patrouilles de gardes nationaux piémontais en bisets ajoutaient au caractère de ce mouvement et rappelaient par un coin le Paris de 1848. A côté des grenadiers, ces mêmes bisets montaient la garde ; le peuple coudoyait l'armée.

» Quelquefois, au milieu de ce tumulte, un paisible chariot, attelé de deux bœufs inoffensifs, apparaissait tout à coup. C'était comme un souvenir des campagnes chantées par Virgile au milieu des préparatifs de la guerre. Les bœufs fauves, pliés sous le joug, soufflaient en regardant les pantalons rouges et semblaient s'étonner que tant de soldats eussent envahi la ville du commerce.

» Au coin de ces ruelles qui rampent entre deux remparts de maisons pressées comme les arbres d'une forêt, à demi cachées dans l'ombre, on surprenait des adieux rapides succédant à des tendresses éphémères. Le bonnet à poil et le turban regagnaient, en se dandinant, la via Nuova et la via Nuovissima, tandis qu'au loin fuyait le pezzetto, qui bientôt s'effaçait à l'angle d'un palais.

» J'ai voulu suivre cette longue artère bordée de demeures historiques qui portent des écus de marbre à leur fronton. Partout des sentinelles étaient en faction, et dans les cours seigneuriales des chevaux tout sellés battaient les dalles du pied. Quel bruit autour de ces cariatides éternelles! que de baïonnettes entre ces colonnes!

» Tout au bout de la via Balbi s'ouvre la place Acqua-Verde, où les maquignons génois ont établi le quartier général de leur industrie. C'est là, à côté de l'*Albergo Nazionale*, en face du monument inachevé de *Cristofero Colombo*, sur un terrain tout rempli de fondrières, crevassé, raboteux, et qu'entoure un cercle tourmenté de démolitions et de constructions, que les ânes, les mulets et les chevaux amenés des faubourgs et de la banlieue s'entassent au soleil, cherchant des propriétaires nouveaux.

» Il fallait partir, et les officiers, les payeurs, les intendants, les chirurgiens qui n'avaient pas fait leurs emplettes se hâtaient de choisir dans ce caravansérail de pattes et d'oreilles. Les truchements ne manquaient pas, et les coups de fouet pour stimuler l'ardeur des victimes non plus. On voulait forcer les ânes à courir et les mulets à trotter. Cette prétention réveillait leur loquacité naturelle, et chacun des quadrupèdes protestait dans sa langue. Les zouaves écartaient les curieux; les vendeurs juraient sur l'honneur que l'amour seul de la patrie les disposait à se défaire des compagnons de leurs travaux; les amateurs s'étonnaient que tant d'animaux si râpés, si tondus, si rétifs, si malingres pussent se trouver dans une seule province; l'un demandait 500 fr. de ce qui valait 50 écus, l'autre en offrait 400 fr., et un dernier souffle du maquignon concluait l'affaire. L'acheteur signait un bon, le brosseur taillait sur le cou de la bête un petit carré de poils, afin d'en prendre possession, et le Génois s'en allait chez le payeur du régiment toucher le prix de son patriotisme et de son mulet.

» Mais un quart d'heure après, quand le soldat se mettait en mesure de conduire sa conquête au quartier, commençait une épopée que je renonce à décrire. Que faire d'un animal qui ne comprend que l'italien et à qui on parle français!

» On a pu voir tous ces jours-ci les grenadiers, les zouaves, les tirailleurs se promener dans les jardins de l'Acqua-Sola, tenant par la main les petits enfants qu'ils coiffaient du bonnet à poil et du képi. Les bonnes souriaient comme si on les avait fait venir tout exprès des Tuileries. On fraternise si vite en temps de guerre!

» A la tombée de la nuit, je suis allé en touriste sur les glacis de la porte del Dira pour visiter le campement du 3e de zouaves, qui est arrivé de la province de Constantine depuis quatre ou cinq jours. Leurs tentes, dressées comme en campagne, étaient voisines de l'artillerie de la garde et du 4e de chasseurs, que des navires de l'État avaient ramenés le jour même d'Afrique.

» C'était comme un petit coin du grand tableau de la guerre. La ville de toile avait cette régularité d'un jour, cet ordre animé, ce mouvement pittoresque et vif où l'on sent la discipline, la gaieté et un je ne sais quoi d'aventureux qui plaît. Les petites tentes étroites et trapues réservées aux sous-officiers; leurs voisines, vastes et pareilles à des marabouts, où s'abritent les capitaines et les commandants; d'autres encore, amples et coniques, où dormaient cinq soldats, alignaient leurs longues rangées. Des groupes de zouaves causaient à voix basse autour d'une chandelle, occupés encore de leurs campagnes d'Afrique; quelques-uns fumaient la pipe, à l'écart, silencieusement; deux ou trois lisaient des lettres, couchés par terre, dans des coins, et restaient rêveurs: ils pensaient au pays; leurs camarades chantaient des refrains de chansons; le refrain mourait, et le sommeil venait.

» Çà et là, sous la toile, une petite lampe éclairait la main d'un zouave qui écrivait à la hâte une dernière lettre. Peu de bruit, un grand ordre: chaque bataillon avait sa place.

» A mesure que l'ombre épaississait, on voyait des étincelles rouges s'allumer dans l'air, le long des tentes. Le cigare égayait la promenade, puis les étincelles disparaissaient une à une; les feux de bivouac s'éteignaient; les mulets des

régiments échangeaient des coups de dents et s'efforçaient de briser leurs longes; tout auprès, les chevaux arabes des officiers creusaient la terre de leurs sabots, humaient l'air qui n'avait plus la senteur chaude du désert et secouaient leurs crinières le long des cordes tendues par terre. Plus loin les chevaux solides et forts de l'artillerie étaient rangés près des fourgons et des pièces de campagne. Les sentinelles allaient et venaient sur le front de bandière d'un pas ferme et lent. Les fusils brillaient en faisceaux. Des hennissements éclataient par intervalles.

» Le lendemain (aujourd'hui 14, à sept heures du matin), ce régiment, qui compte trois bataillons de guerre, 2,700 hommes, non compris les officiers, a été passé en revue par le prince Napoléon. Il avait plu toute la nuit. La vue de ces vaillants soldats qui combattaient encore il y a deux mois dans les montagnes de l'Aurès réjouissait le cœur et l'enorgueillissait. Tout cuivrés par le soleil du désert, fiers, hâlés, ils attendaient avec impatience l'heure des nouveaux combats. Leurs visages, qu'on dirait taillés dans le bronze florentin, avaient cette ardeur mâle et cette confiance que donne l'habitude des longs dangers. Ils étaient en tenue de marche. A huit heures, ils partaient, clairons en tête et le tarbouch au front, pour leur première étape de guerre, 27 kilomètres, et le soir ils camperont dans la montagne, à Toreglia, bien près des Autrichiens.

» Le 3e de zouaves aura l'honneur de tirer les premières balles contre l'ennemi; malheur au régiment qui en affrontera les baïonnettes!

» A moins de les avoir vus en campagne, on ne connaît pas ces régiments. Qu'ils ne ressemblent plus à ces bataillons arrangés pour les revues du Champ de Mars! quel aspect et quelle attitude! Les capotes sont usées par les manches, les pantalons éraillés et flétris; mais quelle élasticité dans le pas des hommes, quelle souplesse dans leurs mouvements!

» A six heures, le camp sommeillait encore; bientôt après les tentes étaient abattues, les sacs préparés, le fourniment prêt, les mulets bâtés et chargés. Les soldats avaient lestement avalé ce litre de café noir dans lequel on fait tremper le biscuit ou le pain de munition. Un zouave ainsi lesté peut marcher tout un jour sans dîner. A sept heures, le clairon sonna, et le régiment courut aux armes.

» Cependant le 1er régiment des grenadiers de la garde défilait en tenue de campagne, se dirigeant vers Acquata, en échangeant au passage une poignée de main, un mot, un salut. — Bonne chance! disait l'un; — au revoir! disait l'autre. Le tambour battait toujours et emportait dans son roulement ces adieux militaires et ces souhaits.

» Les rangs se forment, les officiers sont à cheval, et le prince Napoléon arrive suivi de son état-major. Le colonel de Chambron a fait masser son régiment par bataillons et le défilé commence.

» On ne pouvait se défendre d'une émotion profonde à la vue de cette colonne qui s'ébranlait au bruit du clairon. Tous ces braves gens allaient à la bataille calmes, silencieux, prêts à tout. Demain ils seront à Attone, après-demain à Bobbio, sur la Trebbia, où un corps d'Autrichiens s'est montré. Le 3e de zouaves, qui a tiré les premiers coups de fusil à l'Alma en tournant la gauche des Russes, court au feu le premier, et, cette fois encore, il tourne la gauche de l'ennemi.

» J'ai serré la main du commandant Bocher, et j'ai regardé le régiment marcher le long des glacis et s'enfoncer dans la montagne. Ici tous les officiers ont fait leurs preuves; le colonel est un homme de guerre résolu; avec de tels hommes, le résultat du choc n'est pas douteux.

» Un détail en passant qui vous fera mieux apprécier cette incomparable armée d'Afrique que l'Autriche ne connaît pas. Voilà six mois que le 3e zouaves tient la campagne; depuis le 14 octobre, les hommes n'ont pas couché quinze jours dans la caserne; ils étaient encore à Tuggurt il y a trois ou quatre semaines; on les a embarqués, débarqués et fait camper à la pluie, et le régiment ne compte pas dix malades.

» *Sono di ferri* disait un Génois qui les voyait avec effroi charger leurs sacs, et d'une main aguerrie, jeter par-dessus leurs fusils à tige. »

« Alexandrie, le 15 mai.

» Hier samedi, à quatre heures, l'Empereur Napoléon a fait son entrée à Alexandrie, ce boulevard du Piémont. Toute la population attendait Sa Majesté, au-devant de laquelle le roi Victor Emmanuel s'était porté. Les troupes françaises étaient sous les armes. Des banderoles et des drapeaux, mêlés aux écussons unis de France et de Sardaigne, flottaient à la station du chemin de fer et dans la rue della Diera, que suivait le cortége. Le tambour battait aux champs et le canon grondait, annonçant aux campagnes, peut-être aux Autrichiens, que les deux souverains étaient réunis. Mais cette réception solennelle tirait son plus bel éclat de l'enthousiasme qui faisait retentir Alexandrie de cris de vivats.

» Le roi Victor-Emmanuel a quitté Alexandrie dans la soirée pour regagner son quartier général. Celui de l'Empereur reste fixé à Alexandrie jusqu'à ce que le sort propice des batailles le porte plus loin. La ville regorge de troupes de toutes armes : infanterie, cavalerie, artillerie, génie, français et piémontais. Les mouvements sont continuels ; ils ne cessent pas pendant la nuit ; mais tout se fait sans bruit, avec calme et rapidité. Le roulement des canons sur le pavé, le pas cadencé des marches est la seule musique qu'on entende. Elle a bien son harmonie et son éloquence quand on pense que les bandes ennemies sont à quelques lieues ! »

<h3 style="text-align:center">VI</h3>

Mouvements dans les duchés et dans les diverses contrées de l'Italie.

Pendant que l'Autriche envoyait son ultimatum au Piémont, c'est-à-dire dès le 25 avril, les personnages les plus importants des diverses classes de la société de Florence, nobles, banquiers et commerçants, tentèrent vainement une démarche auprès du gouvernement du grand-duc de Toscane, pour lui faire comprendre le danger qu'il y aurait à ne pas tenir compte de l'opinion du peuple toscan, qui se montrait généralement hostile à l'Autriche.

Le lendemain les soldats eux-mêmes se prononçaient non-seulement contre l'Autrichien, mais aussi contre le grand-duc.

Le 27 enfin, le gouvernement apprend de la bouche même des généraux qu'on ne peut compter sur le concours d'aucun régiment pour comprimer la manifestation populaire qui se prépare. Alors seulement le grand-duc donne l'ordre d'arborer le pavillon tricolore italien et de former un ministère avec mission de se joindre au Piémont dans la guerre contre l'Autriche. En même temps il envoie sa famille dans la forteresse du Belvédère, d'où l'un de ses fils veut faire diriger les bouches des canons sur la ville, pour la mitrailler au besoin. Les soldats se refusent à exécuter ses ordres.

Cependant les membres du parti libéral, convoqués pour composer un nouveau ministère, déclarent qu'ils n'accepteront le pouvoir que si le grand-duc consent à abdiquer. De leur côté, les membres du corps diplomatique ne dissimulent pas au grand-duc la gravité de la situation. Le ministre de France offre même de faire venir un bâtiment de guerre à Livourne pour recevoir la famille grand-ducale.

En même temps une foule immense, composée de bourgeois, de militaires, d'artisans portant la cocarde italienne, se réunit sur la place de Barbano, puis défile dans la rue Calzaioli. Des proclamations couvrent les murs, invitant le peuple à prendre part à la guerre nationale d'affranchissement.

Les hésitations du grand-duc produisent une grande agitation dans cette foule désarmée ; le trouble augmente ; une seconde proclamation, plus énergique que la première, proteste contre le gouvernement de la maison de Lorraine et contre l'influence autrichienne. M. Buoncompagni, ministre sarde, du haut de son balcon annonce au peuple que le grand-duc refuse d'abdiquer, mais va s'éloigner de la Toscane ; il ajoute qu'il va transmettre à son gouvernement les vœux de la population pour que Victor-Emmanuel consente à administrer le pays jusqu'à la fin de la guerre.

A six heures, la famille du grand-duc quitte Florence. Un gouvernement provisoire est aussitôt nommé ; il est composé du chevalier Ubaldino Peruzzi, de l'avocat Vincenzo Malenchini, et du major Alessandro Danzini.

Telle fut cette révolution pacifique, dans laquelle il n'y eut pas une goutte de sang versée, dans laquelle pas un cri de mort et de vengeance ne se fit entendre.

Dès le lendemain, le général Ulloa, l'éminent collaborateur de Manin dans la défense de Venise, venait prendre le commandement de l'armée toscane, et lui adressait la proclamation suivante :

» Soldats toscans, vous ne pouvez pas demeurer l'arme au bras quand le canon tonne peut-être déjà en Italie contre l'Autriche. Comment les braves de Curtatone pourraient-ils ne pas accourir à l'appel des héros de Pastrengo, de Goito et de la Tchernaïa ? Soldats toscans, accourez grossir l'armée du

très-brave et loyal Victor-Emmanuel ; elle n'est plus seulement l'armée piémontaise, elle est l'armée d'Italie.

« Mêlez-vous aux Piémontais et aux enfants de la généreuse France, sous le drapeau tricolore, sous cette bannière que nous arborons pour soutenir les luttes de la commune indépendance. Réunissons-nous tous, des Alpes aux deux mers ; serrés en phalanges, nous serons forts, nous serons invincibles. Discipline, courage et constance, et le Dieu des victoires sera avec nous ! En avant donc, *vive l'Italie* ! »

Le 30 avril, le gouvernement provisoire adressait aussi une proclamation au peuple toscan :

« Toscans, disait-il, les Autrichiens ont passé le Tessin ; l'armée italienne, sous les ordres du roi Victor-Emmanuel, tient tête à l'ennemi de l'Italie, et peut-être à cette heure la première bataille a-t-elle été livrée. Les légions françaises, associées à notre œuvre, débouchent en grand nombre des Alpes et des rives de la Ligurie, s'avançant vers les campagnes illustrées par tant de victoires.

» Le gouvernement provisoire, en ce moment solennel, s'adresse avec confiance au peuple toscan, lui demandant au nom de la patrie, de maintenir la discipline, qui est la condition essentielle de la liberté d'action de la nouvelle autorité constituée, modératrice du nouvel ordre de choses. Bientôt le chef suprême de la guerre nationale fera savoir la part que doit y prendre la Toscane.

» Celle-ci, par les soins du gouvernement, se prépare déjà avec la plus grande sollicitude à se montrer à la hauteur de la mission prise à la face de la nation entière. Les milices sont déjà parties pour commencer la rude vie des camps. Les volontaires s'enrôlent et s'exercent ; le matériel de guerre s'apprête. Faisons en quelques jours ce qui exigerait des mois et des années.

» Toscans ! prenons exemple sur les Piémontais, qui, confiants dans leur monarque guerrier et en son gouvernement, ont voulu suspendre même les libertés publiques, afin de ne pas troubler la concorde indispensable pour une action forte et résolue. Des désirs qui seraient légitimes dans un temps normal sont, au début de la guerre, intempestifs et coupables.

» Concorde et courage ! Faisons enfin un seul faisceau devant tant de forces divisées et sans ordre ; qu'aujourd'hui l'Italie n'ait qu'une seule voix, un seul bras ! que l'expérience du passé ne soit pas perdue, et que les grands faits qui approchent trouvent une population émue par la solennelle atteinte, mais calme et remplie de confiance dans les destinées de la patrie et de ceux qui dirigent l'œuvre tant désirée de l'indépendance italienne. »

En même temps le gouvernement provisoire toscan adressait au comte de Cavour une note dans laquelle, après lui avoir rendu compte des événements, il offrait au roi Victor-Emmanuel la dictature de la Toscane pendant la guerre. Le gouvernement piémontais, sans accepter formellement, nommait M. Buoncompagni son commissaire extraordinaire en Toscane pour la guerre de l'indépendance, et le général Ulloa, commandant en chef de l'armée toscane au nom de Sa Majesté le roi Victor-Emmanuel.

Des événements analogues se passèrent dans le duché de Parme, où la duchesse Louise-Marie de Bourbon, après s'être éloignée momentanément, fut rappelée par une contre-révolution, laquelle fut bientôt suivie d'une nouvelle révolution non moins pacifique, qui institua Victor-Emmanuel dictateur provisoire de l'État.

Le grand-duc de Modène quitta également ses États et fut remplacé par un commissaire extraordinaire de la Sardaigne, qui prit possession du pouvoir au nom du roi.

Enfin, des mouvements et des manifestations plutôt bourgeois que populaires eurent lieu dans diverses villes des États pontificaux, notamment à Bologne, et un peu plus tard à Pérouse.

<h3 style="text-align:center">VII</h3>

Premières opérations. — Ordre général de l'armée d'Italie. — Combats de Casteggio et de Montebello. — Marche de Garibaldi. — Le prince Napoléon en Toscane. — Combats de Palestro et de Confianza. — Affaire de Bassignano. — Occupation de Novare.

Nous avons exposé les préliminaires, en quelque sorte la préface de la guerre. Nous allons maintenant faire assister le lecteur aux opérations de l'armée, la suivre dans sa marche glorieuse ; nous ne le ferons toutefois qu'avec des documents authentiques et, autant que possible, officiels.

Pendant que les Autrichiens avancent lentement en Piémont, décrétant des lois draconiennes en Lombardie et en Vénétie, et cherchant en mettant à contribution toutes les ressources de leur diplomatie, à entraîner l'Allemagne dans leur querelle, ce qui ne leur réussit qu'avec quelques petits États dévoués, l'armée française se prépare à entrer en ligne, la garde impériale est arrivée et s'est groupée autour de l'Empereur des Français, qui vient de publier un ordre général pour l'armée d'Italie, dont voici le texte :

« Tous les jours, à la tombée de la nuit, le roi et les commandants de corps d'armée enverront à l'Empereur un rapport succinct et contenant le chiffre des hommes présents sous les armes, de chaque arme, les faits importants qui se sont passés dans la journée et les mouvements qu'on a pu apprendre de l'ennemi.

» Tous les jours, une demi-heure avant le lever du soleil, les troupes prendront les armes comme si elles devaient être attaquées, et dès que le jour sera venu, et que l'on sera certain que l'ennemi ne fait pas de mouvement offensif, les troupes reprendront leur bivouac. A cette heure également, le roi et les commandants des corps d'armée signaleront à l'Empereur ce qu'ils savent de la position de l'ennemi.

» Les commandants des corps d'armée veilleront avec la plus sévère attention à ce que les officiers n'emportent aucun bagage inutile. Il est défendu à qui que ce soit d'avoir une grande tente. Les officiers trouveront toujours un abri dans les maisons près de leurs troupes.

» Si les troupes doivent camper plusieurs jours loin des habitations, des tentes seront fournies par le grand quartier général.

» Chaque officier doit porter lui-même son manteau en bandoulière et une trousse dans laquelle il puisse mettre un jour de vivres.

» Au quartier général d'Alexandrie, le 15 mai.

» NAPOLÉON. »

L'entrée de chaque régiment de la garde est saluée par les acclamations enthousiastes du peuple. Le centre intelligent et dirigeant de l'armée est à Alexandrie; toutefois le quartier général de la garde est à Marengo, village dont le nom glorieux est bien fait pour surexciter l'ardeur belliqueuse de nos soldats. Leur moral est, du reste, on ne peut plus satisfaisant. Rien ne saurait mieux en donner l'idée que ce fragment emprunté à une correspondance datée d'Alexandrie :

« Le chemin de fer longe, depuis Gènes jusqu'à Novi, la route des piétons et des voitures, et je vis successivement répandues, sur un espace de dix lieues, nos troupes en marche : des turcos, des zouaves, des régiments de ligne, de l'artillerie, des sapeurs du génie, des tirailleurs d'Afrique, tous le sac au dos et l'arme à volonté. Total, trente et quelques mille hommes, d'après ce que m'a affirmé un chef d'escadron d'état-major qui se trouvait dans mon compartiment : la division Forey, la division Espinasse et la division Bazaine. Sur le parcours, les enfants se relayaient de village en village pour aider les soldats à porter leurs sacs et leurs fusils. A Novi, d'où l'on aperçoit le champ de bataille où fut tué le général républicain Joubert, nous rencontrons quatre ou cinq mille soldats de l'armée piémontaise qui ne semblent pas animés d'une ardeur moindre que celle de nos troupes. Des masses énormes se dirigent de tous les côtés vers le quartier général.

» En descendant du chemin de fer, à Alexandrie, nous voyons défiler deux batteries d'artillerie française arrivant de Turin, et nous traversons un camp de quinze mille Piémontais établi devant l'embarcadère; sur la Piazza Nuova, d'autres tentes, d'autres soldats, sans compter les bataillons campés dans les casernes, dans les forteresses, dans les maisons et jusque dans les églises.

» Ce matin, de très-bonne heure, j'ai été visiter le champ de bataille de Marengo, qui n'est qu'à une petite demi-lieue d'Alexandrie. On a élevé au centre de cette vaste plaine une grande maison d'une architecture plus que médiocre, et dont on a fait un musée des objets recueillis après cette mémorable journée. Sur la façade se détachent, peints à fresque, les portraits de Kellermann, Lannes, Bessières et Berthier. La statue en marbre du premier consul se dresse au milieu de la cour. En faisant quelques pas vers la droite, on arrive au tombeau de Desaix, sur lequel sont entassés des tibias, des crânes, des fragments d'os humains, un gigantesque ossuaire. Pour le moment, le musée est vide : les objets qu'il renfermait viennent d'être transportés à Alexandrie.

» Dans le trajet d'Alexandrie à Marengo, on rencontre,

échelonnés de distance en distance, des bivouacs de quatre à cinq soldats et des sentinelles avancées. J'ai aperçu aussi dans le lointain, sur la rive gauche de la Bormida, où furent noyés tant d'Autrichiens à la bataille de Marengo, des avant-postes de cavalerie piémontaise. Depuis quelques jours déjà on attend l'ennemi à toute heure, et je puis même vous certifier, d'après tout ce que je vois et tout ce que j'entends, qu'on l'attend avec une véritable impatience.

» En l'attendant, les zouaves donnent des représentations extraordinaires un peu partout et gratis. Hier, dans un café, un zouave, entouré d'une centaine de personnes, racontait, avec un accent impossible et des gestes intraduisibles, la lamentable histoire du baron Dindonzell, feld-maréchal autrichien. Vous devez bien comprendre que c'est l'Autriche qui paye aujourd'hui tous les frais de la gaieté soldatesque. Notre zouave donc, beau parleur et homme d'imagination, racontait, au milieu des éclats de rire de son auditoire italien, que le baron Dindonzell, feld-maréchal, chargé par son gouvernement de conquérir l'Arabie, avait été pris par les indigènes, et que ceux-ci, sans respect pour sa haute position militaire, l'avaient forcé de couver des œufs de dindon. Dindonzell, ayant d'abord refusé cette mission délicate, reçut tant de coups de bâton qu'il vainquit ses scrupules et consentit à l'accepter. On lui donna vingt-cinq œufs, dont il fit une omelette. Les Arabes ne s'étonnèrent pas trop de la maladresse du feld-maréchal d'Autriche ; ils lui appliquèrent cinquante coups de bâton, deux par œuf cassé (car les Arabes sont justes, ajoutait le zouave), et Dindonzell, ayant reçu de nouveaux œufs, les couva enfin avec beaucoup de dextérité. « Et voilà, disait en » terminant le narrateur, comment le baron Dindonzell, qui » ne fut jamais marié, eut cependant une longue postérité. »

C'est encore un lieu illustré par les armes françaises qui va servir de premier champ de bataille à l'armée de 1859. Le 20 mai, les Autrichiens s'avancent sur la route de Stradella à Casteggio, occupent ce village, ainsi que Montebello, et se portent du côté de Genestrello, trois villages situés à peu près à 1500 mètres l'un de l'autre, sur des hauteurs. Cette marche semble devoir les conduire à Voghera, qui n'est qu'à une lieue de Genestrello. Mais c'est de Voghera que le général Forey s'élance à la tête d'une partie de sa division, aussitôt qu'il a appris le mouvement de l'ennemi. Le brave général n'a avec lui que trois bataillons et deux pièces de canon, et un faible escadron de cavalerie piémontaise, sous les ordres du général de Sonnaz. Masqué par des plantations, il s'avance, sans pouvoir connaître ni la position ni le nombre des ennemis, jusqu'à un petit pont construit sur un ruisseau. Alors seulement il découvre l'importance des troupes qu'il va combattre ; cependant rien ne l'arrête : il fait pointer ses pièces, donne ordre au colonel Cambriels d'aller en avant, et, tenant tête à force de bravoure et de présence d'esprit à un corps d'armée considérable, donne au reste de sa division le temps d'arriver.

Bientôt la cavalerie piémontaise, en dépit des difficultés du terrain, charge les bataillons autrichiens, formés en carré, pendant que le général Forey, au milieu des balles qui sifflent de tous côtés, donne ses ordres et combine ses opérations avec un admirable sang-froid. L'artillerie vient prêter son concours à la cavalerie ; le 17e bataillon de chasseurs à pied, trois bataillons de ligne s'avancent en même temps ; le carré autrichien est entamé ; les troupes françaises et piémontaises escaladent la hauteur de Genestrello ; les Autrichiens se retirent et se massent sur Montebello ; mais les Français les suivent au pas de course, le combat se continue dans les rues du village, qui est bientôt abandonné.

Le corps autrichien s'est replié tout entier dans un cimetière, entre Montebello et Casteggio ; il est délogé après un combat assez vif et rejeté sur Casteggio. Au moment où les colonnes françaises vont s'élancer de nouveau sur lui, le commandant Duchet et le général Beuret sont tués. Le général Forey se met alors lui-même à la tête de la colonne d'assaut, la lance sur la rampe de Casteggio, et bientôt les occupants battent en retraite. Leur déroute est complète.

Pour compléter ce récit succinct, nous ajouterons la description du champ de bataille de Montebello, que nous trouvons dans une lettre de M. Amédée Achard.

« Un homme de guerre a dit en parlant de Montebello, et à propos du fait d'armes du 20, que les Autrichiens n'avaient pas su prendre la position qu'ils n'avaient pas su défendre. Le mot résume admirablement les deux combats du 20 mai 1859 et du 9 juin 1800. Seulement, en l'an 1800, les Autrichiens occupaient la position dont ils n'ont pas su s'emparer en 1859.

» Vous pensez bien que je ne vous ferai pas de la stratégie militaire, et vous ne vous attendez guère à trouver ici le nombre et les numéros des régiments qui composaient les brigades lancées en avant par le général comte de Stadion, ni les noms des colonels qui les commandaient. Je suis un peu brouillé avec l'orthographe des noms allemands, et j'imagine d'ailleurs que le *Moniteur* vous a renseigné à ce sujet avec une précision tout officielle et que je n'atteindrai jamais.

» Laissez-moi vous dire seulement, et pour ne pas trop paraître ignorant des choses, que les colonnes chargées d'occuper les hauteurs de Montebello et de Casteggio étaient formées de six brigades détachées des 2e, 3e et 5e corps d'armée et du corps du général Wimpffen. Or vous savez que les brigades se composent d'un régiment d'infanterie et d'un bataillon de chasseurs; et les régiments autrichiens ne comptent pas moins de 4,000 hommes.

» En défalquant les non-valeurs et les compagnies laissées en arrière, il y avait plus de 20,000 hommes en ligne...

» Quand on sort de Voghera par la route qui court vers Stradella, par Genestrello, Montebello et Casteggio, on traverse un pays où la culture fait rendre à la terre les produits les plus abondants. Ce ne sont que vignes en berceaux, champs de blé qui fuient vers l'horizon, et mûriers rangés en file comme des grenadiers un jour de parade.

» Les Alpes, le Pô, les Apennins ferment cet horizon. Je ne crois pas qu'on puisse rêver plus beau cadre pour un tableau plus charmant.

» La première chose qu'on rencontre sur la gauche, après les dernières maisons de Voghera, entre des amandiers, c'est une croix faite de deux petits morceaux de bois blanc et plantée sur un peu de terre fraîchement remuée. Un mort a été enterré là : un Français. C'est comme la signature de la guerre.

» On passe devant cette tombe inconnue que tant de muletiers et de zouaves côtoient en chantant, et la route s'enfonce dans la campagne. Jamais paysage ne fut plus propice aux pastorales. Que de bosquets! que de ruisseaux qui murmurent! que de fleurs dans les prés! que de coquelicots épanouis sur les berges! Mais Daphnis s'appelle le comte Benedeck. On ne connaît pas le nom de Chloé.

» Ici il faut que j'ouvre une parenthèse.

» Le lendemain du jour où une bataille a été livrée, il peut se faire que le champ du combat ait un aspect terrible et navrant. C'est alors qu'on voit couchés dans les blés, étendus sur la route, renversés sur les troncs d'arbres rompus, et partout tordus dans les agonies de la mort, ces cadavres que Bellangé a semés dans un si grand nombre de tableaux populaires. C'est l'heure des caissons mis en pièces et des chevaux broyés; mais trois ou quatre jours après il n'y paraît plus.

» J'en suis bien fâché pour l'intérêt du récit; mais si un cicerone obligeant et instruit ne vous affirmait pas que l'on s'est foudroyé pendant six heures, jamais on ne le devinerait à l'aspect des lieux.

» La terre ne dit rien; il n'en reste que l'impression morale. C'est beaucoup.

» Vous savez que le combat a commencé en avant de Voghera, près de Genestrello. Çà et là, sur la route et dans les fossés, quelques branches de mûriers ont été hachées par les balles. Une échancrure circulaire dessinée dans un tronc d'arbre vous indique qu'un boulet a passé par là; l'angle d'un mur est écorné; ici le plâtre d'une maisonnette est tombé par écailles; un carreau manque à cette fenêtre, deux ou trois trous ronds percent ce volet.

» Cependant la vache paisible broute l'herbe du sentier, la lavandière bat du linge, — pas le sien, grand Dieu! — au bord du ruisseau; le laboureur pousse la charrue que traînent deux bœufs au pas lourd, la fermière file son lin, des enfants se roulent dans un coin, et devant la porte de l'auberge un mendiant tend la main en nasillant une complainte. Nous sommes sur le théâtre du combat.

» Par exemple, je ne sais pas de plus ravissant paysage. La nature a mis de la coquetterie à parer ce que les hommes essayent de détruire.

» Figurez-vous une route blanche au pied d'un coteau vert que couronnent des maisons aux tuiles rouges, une villa, une église, un clocher. La main du hasard a groupé ces maisons dans un désordre pittoresque : des bouquets d'arbres s'y mêlent à des pans de murs. Au loin, noyée dans la brume, s'élargit une plaine immense qui a quelque vague ressemblance avec cette campagne sans limites qu'on aperçoit de la terrasse de Saint-Germain. Seulement, tout là-bas, à l'horizon, ce

sont les Alpes. Ces nuages qui semblent dessiner une dentelure sur le ciel s'appellent le mont Genèvre, le mont Cenis, le mont Rose, le mont Blanc. Sur la droite, mais beaucoup plus près, à croire qu'on va les toucher de la main, voici les Apennins. Tout en face, ce point lumineux, c'est un pli du grand fleuve italien; un rideau de peupliers en suit le cours; quelques flocons de vapeurs en indiquent les sinuosités. Au fond de ce tableau magique, voici les tours et les silhouettes de Pavie, qu'éclaire un rayon de soleil; derrière un mouvement de terrain, c'est le pont de Stradella. Si le temps était plus clair, avec une lunette d'approche, derrière Pavie, presque en droite ligne, on apercevrait le dôme de Milan. Dix clochers s'éparpillent dans la campagne.

» Cette hauteur voisine, à quelques portées de fusil dans la direction du Pô, c'est Casteggio, où les dernières balles ont été échangées.

» Là-bas, dans la plaine, cette grosse ferme, qui rappelle les fermes plantureuses de la Beauce, a vu la rencontre de la division du comte de Stadion et de la brigade Blanchard.

» Les régiments du comte de Stadion étaient arrivés le matin même de Mortara à marches forcées. Les soldats n'avaient pas mangé. Ils allaient en avant comme des hommes qui ont une mission pressée à remplir. Beaucoup ne sont pas retournés pour dire quels obstacles les avaient arrêtés.

» Sur cet escarpement, en avant de Montebello, une batterie autrichienne battait la route; ses premiers boulets ont emporté deux chevaux, deux hommes et deux roues au premier canon français qui allait prendre sa part de combat. Dans ce vaste champ de blé qui s'étend de l'autre côté de la route et la borde, des compagnies de chasseurs tyroliens, cachés par les épis, balayaient le chemin et décimaient nos bataillons. Invisibles dans l'épaisseur des blés, ils tiraient à coup sûr. Que d'officiers choisis par leurs balles sont tombés là!

» Ce monticule, qu'une ondulation de terrain relie au plateau de Montebello, a été gravi par nos artilleurs avec cet élan et cette résolution qui triomphent de tous les obstacles. C'est là qu'ils ont pu mettre en ligne deux pièces d'artillerie et répondre avec une effrayante précision au feu des Autrichiens.

» Voici, au pied des hauteurs qu'il fallait emporter, la ligne que le 17e bataillon de chasseurs à pied, à bout de cartouches, a tout à coup abordée à la baïonnette. Un bond terrible l'a porté jusqu'au sommet de la colline, et il est entré dans le village, pêle-mêle avec l'ennemi.

» Dans la cour de cette grande métairie qui domine la déclivité du coteau, il y avait une batterie autrichienne. Elle n'a pas tiré. Aux premiers coups partis du monticule sur lequel l'artillerie française s'était établie, elle a reçu ordre de s'éloigner. C'est par ce chemin creux qui longe la villa Lomellini qu'elle s'est éloignée au galop, avec le gros de la division ennemie.

» Plus loin, à l'extrémité même du village, à mi-côte, ces murailles blanches enferment le cimetière où, dans le mouvement de recul, les Autrichiens se sont arrêtés. Il a fallu les en chasser à la baïonnette, et c'est au bord du sentier qui descend sur la route que le général Beuret est tombé. Combien d'autres avaient succombé déjà!

» Il avait affaire, lui, à la division du général Braün, et le bruit court à l'état-major que le général Braün est mort.

» C'est sur la route même que les lanciers de Novare ont, par leurs charges successives, arrêté longtemps la marche des colonnes autrichiennes! Quel héroïsme dans cette longue résistance! Un escadron de 85 hommes a eu 46 cavaliers atteints. Sur cinq officiers qui le menaient à la charge, un a été tué et trois blessés.

» Le colonel de Bellefonds a été renversé dans ce champ de vigne. Le 84e a laissé bien des soldats sur le chemin; le 98e sait aussi ce que lui a coûté l'assaut du village.

» Les chasseurs autrichiens, embusqués derrière des haies et couchés dans les blés, laissaient passer nos soldats, puis se relevaient et lâchaient le coup. Que de braves gens frappés dans le dos! On ne devinait la présence de l'ennemi qu'à la fumée qui montait du milieu des épis.

» La villa Lomellini, occupée par le quartier d'un général autrichien, a vu les derniers efforts de la lutte. Sa façade rouge est criblée de balles. Une porte de derrière s'est ouverte pour le passage des fugitifs. On a trouvé un bel habit blanc à collet bleu dans le jardin.

» Quand on a parcouru le terrain du combat, on ne s'explique pas comment 20 000 hommes à cheval sur le plateau et protégés par deux batteries d'artillerie, flanqués en outre par de nombreux et habiles tirailleurs que le feu ne pouvait pas atteindre, n'ont pas su résister à 4,000 jeunes soldats.

» Certes le général Forey, qui, l'épée haute, a ramené nos bataillons sur les hauteurs de Montebello occupées par surprise, n'en aurait pas été chassé par 30,000 Autrichiens!

» La voix et l'exemple des chefs, l'élan et le courage des soldats ont fait ce prodige!

» Mais le sang de 50 officiers l'a payé : 11 sont morts sur place, 40 sont blessés.

» De tout ce tumulte, de tout ce feu, il ne reste plus de trace. Çà et là seulement le blé est foulé par larges places; on suit parmi les épis broyés le passage de l'artillerie; des berceaux de vignes sont rompus; le tronc d'un jeune arbre est cassé.

» Une guêtre, un col, un débris de shako s'aperçoivent dans l'herbe; cette motte de terre sur le sillon a une teinte rougeâtre qui étonne; on regarde de plus près : elle est tout imbibée de sang. Là, entre des pampres humides de rosée, pend le lambeau d'un gilet autrichien; des taches couleur de brique en épaississent l'étoffe. Un cheval est mort dans un coin. Et c'est tout.

» Non; devant le cimetière, deux fosses légèrement bombées ont reçu les cadavres des Autrichiens tués dans cet asile où ils avaient concentré leur résistance. Puis, çà et là, en divers coins, quelques pans de terre d'un ton brun vous révèlent la place où dort un soldat. Une chèvre, un mouton bêlent tout alentour. Des jeunes filles qui rient remplissent tout auprès leurs sacs de feuilles de mûrier cueillies à pleines mains.

» Les blessés autrichiens ramassés après la bataille avaient, sur la foi de je ne sais quels récits, une telle terreur des Français, qu'après avoir repoussé tous les breuvages qu'on leur offrait, ils n'en ont accepté que de la main des sœurs. Depuis lors, les soins dont ils ont été l'objet les ont familiarisés avec leurs gardiens.

» L'un d'eux est resté caché pendant quatre jours, — notez bien le chiffre, — dans une cave, derrière une barrique à laquelle on rendait fréquemment visite. Il ne remuait pas, ne soufflait pas, ne respirait pas. Il avait une blessure au pied et la cuisse traversée par une balle.

» Quel courage et quelle résignation inspire quelquefois la peur! Il a fallu changer la barrique de place pour le contraindre à se faire voir. Ce pauvre diable est en voie de guérison aujourd'hui et ne regrette plus sa cave.

» Un autre, atteint au cou d'une balle qui l'avait jeté par terre, a attendu la mort résolûment sous des vignes. Il ne s'est pas plaint, il n'a pas appelé. Quand on l'a découvert le lendemain, il râlait et s'obstinait à rester là.

» La première chose que faisait un soldat autrichien qu'on relevait du champ de bataille, c'était le signe de la croix. Il recommandait son âme à Dieu.

» Rien de plus touchant que les soins prodigués par nos soldats aux blessés autrichiens après la bataille. La gourde s'approchait des lèvres de ceux qui respiraient encore; ils soutenaient par-dessous les bras ceux qui marchaient, ils portaient à petits pas ceux qui n'avaient pas la force de remuer. Plus tard, dans les wagons où on les avait placés côte à côte, capotes grises contre casaques blanches, nos fantassins parlaient gaiement à ces ennemis qui ne les comprenaient pas, et partageaient le pain de munition.

» C'est là que le soldat se révèle par ses humbles vertus et sa bonté native.

» La villa rouge dont je vous ai parlé appartient au marquis Lomellini, dont le beau-frère, le marquis Dada, est, chose singulière! grand chambellan de l'empereur d'Autriche. Le général de division Ladmirault y a son quartier.

» La villa Lomellini est fort belle, en bon air et en bonne position. Elle a tout naturellement des portes et des fenêtres comme toute honnête maison qui veut y voir clair et n'a rien à cacher. Mais la mode est ici d'enjoliver ces portes et ces fenêtres de peintures à fresque qui simulent des ogives et des arcades, selon le goût du propriétaire. La villa Lomellini est décorée dans le style gothique d'opéra-comique. On pourrait croire que le comte Ory y a demeuré.

» Tous ces enjolivements rendent les villas fort ridicules pour le moins.

» Que de mal on se donne, en Italie, pour gâter ce qui est bien! »

A peine la division Forey avait-elle, sur la droite de l'armée, emporté d'une façon si brillante la position de Montebello, que le général piémontais Cialdini, dont la division faisait partie de l'aile gauche, passait la Sesia, à Verceil.

Voici l'ordre du jour signé du major général Della Rocca, qui rend compte de cette opération :

« Le 21 de ce mois, le général commandant la 4ᵉ division, M. Cialdini, a ordonné à deux colonnes de passer à gué la Sesia près du pont de Verceil, afin de déloger les Autrichiens de la rive gauche. La première colonne, composée du 1ᵉʳ bataillon du 10ᵉ régiment, sous les ordres du capitaine Jest, sans se préoccuper du péril de gués incertains et profonds, est entrée résolûment dans la rivière, et peu de temps après les troupes se formaient sur la rive opposée. Ne pouvant pas se servir des munitions qui, pendant le passage, avaient été mouillées, les soldats, avec un élan admirable, ont attaqué l'ennemi à la baïonnette. Surpris par cette hardiesse, l'ennemi a pris précipitamment la fuite, abandonnant sur le champ de bataille des morts, des blessés, des armes, des munitions et équipages. En ce moment, la 2ᵉ colonne, sous les ordres du lieutenant-colonel Reccagni, commandant les chevau-légers d'Alexandrie, et composée des 6ᵉ et 7ᵉ bataillons de tirailleurs et de deux escadrons de chevau-légers, passait à gué la Sesia; par une manœuvre hardie, cette colonne a chassé l'ennemi de poste en poste, contribuant au succès de la journée. Maintenant, toute la rive gauche de la Sesia, depuis le passage d'Albano jusqu'à Torrione, est débarrassée des ennemis. La possession de ce terrain, de notre côté, a été encore plus assurée le même jour, et dans la journée des 22 et 23, par de hardies reconnaissances offensives exécutées par quelques troupes de la 4ᵉ division et par plusieurs escadrons de cavalerie de ligne. Les 22 et 23, pendant que quelques reconnaissances dirigées par le roi en personne, sur la Sesia et sur le Pô, admirablement protégées par l'artillerie, tenaient en respect l'ennemi, l'îlot qui se trouve en face de Terra-Nuova était fortement occupé par les nôtres. »

Le général Garibaldi, dont nous avons plus haut essayé d'esquisser la vie, occupait l'extrême gauche de la ligne piémontaise à la tête de son corps de volontaires.

Avant de parler de ses opérations, il est utile de citer les instructions secrètes qu'il avait, dès le 1ᵉʳ mars, c'est-à-dire antérieurement à la déclaration de guerre, adressées aux chefs de la *Société nationale italienne*, dans les divers Etats de l'Italie.

La voici :

SOCIÉTÉ NATIONALE ITALIENNE.

Indépendance.   *Union.*

INSTRUCTIONS SECRÈTES.

« La présidence croit de son devoir, dans l'état actuel des choses en Italie, de communiquer les instructions secrètes suivantes :

» 1° Les hostilités à peine commencées entre le Piémont et l'Autriche, vous vous insurgerez au cri de : *Vivent l'Italie et Victor Emmanuel! Dehors les Autrichiens!*

» 2° Si l'insurrection est impossible dans votre ville, les jeunes gens en état de porter les armes en sortiront et se rendront dans la ville la plus voisine où l'insurrection aura déjà réussi, ou du moins aura des chances de réussir. Parmi les villes voisines, vous choisirez la plus rapprochée du Piémont, où devront se concentrer toutes les forces italiennes.

» 3° Vous ferez tous vos efforts pour vaincre et désorganiser l'armée autrichienne en interceptant les communications, en rompant les ponts, en abattant les télégraphes, en brûlant les dépôts d'habillements, de vivres, de fourrages, en gardant en otage les grands personnages au service de l'ennemi et leurs familles.

» 4° Ne tirez jamais les premiers sur les soldats italiens et hongrois. Mettez tout en œuvre, au contraire, pour les engager à suivre notre bannière, et accueillez en frères ceux qui céderont à vos exhortations.

» 5° Les troupes régulières qui embrasseront la cause nationale seront immédiatement envoyées en Piémont.

» 6° Là où l'insurrection aura triomphé, l'homme le plus haut placé dans l'estime et dans la confiance publiques prendra le commandement militaire et civil, avec le titre de commissaire provisoire pour le roi Victor-Emmanuel, et le conservera jusqu'à l'arrivée du commissaire envoyé par le gouvernement piémontais.

» 7° Le commissaire provisoire abolira les impôts qui pourraient exister sur le pain, le blé, etc., et en général toutes les taxes qui n'existent pas dans les Etats sardes.

» 8° Il fera une levée, par voie de recrutement, des jeunes gens de dix-huit à vingt ans, à raison de 10 par 1,000 âmes de population, et il recevra comme volontaires les hommes de vingt à trente-cinq qui voudront prendre les armes pour l'indépendance nationale; il enverra immédiatement en Piémont les conscrits et les volontaires.

» 9° Il nommera un conseil de guerre pour juger et punir dans les vingt-quatre heures tous les attentats contre la cause nationale et contre la vie ou la propriété des citoyens pacifiques. Il n'aura aucun égard au rang, à la classe, mais personne ne pourra être condamné par le conseil de guerre pour des faits politiques antérieurs à l'insurrection.

» 10° Il défendra la fondation des cercles et journaux politiques, mais il publiera un bulletin officiel des faits qu'il importera de porter à la connaissance du public.

» 11° Il démettra de leurs fonctions tous les employés et magistrats opposés au nouvel ordre de choses, procédant pour cela avec beaucoup de mystère et de prudence, et toujours par voie provisoire.

» 12° Il maintiendra la plus sévère et inexorable discipline, appliquant à chacun, quel qu'il soit, les dispositions militaires en temps de guerre. Il sera inexorable pour les déserteurs, et donnera des ordres sévères à ce sujet à tous les subordonnés.

» 13° Il enverra au roi Victor-Emmanuel un état précis des armes, des munitions et des fonds qu'on trouvera dans les villes ou provinces, et il attendra des ordres à ce sujet.

» 14° En cas de besoin, il fera des réquisitions d'argent, de chevaux, de chariots, de navires, etc., en laissant toujours le reçu correspondant; mais il punira des peines les plus fortes quiconque tentera de faire des réquisitions semblables sans nécessité évidente ou un contrat exprès.

» 15° Jusqu'à ce que se produise le cas prévu dans le premier article de cette instruction, vous userez de tous les moyens en votre pouvoir pour manifester l'aversion qu'éprouve l'Italie contre la domination autrichienne et les gouvernements inféodés à l'Autriche, en même temps que son amour de l'indépendance et sa confiance dans la maison de Savoie et le gouvernement piémontais : mais vous ferez tout pour éviter des conflits et des mouvements intempestifs et isolés.

» Turin, le 1er mars 1859.

» Pour le président :

» *Le secrétaire,*   *Le vice-président,*

» LA FARINA.   GARIBALDI. »

Dès le 21 mai, Garibaldi s'éloignait du centre de l'armée, poussait jusqu'à Romagnano, où il effectuait le passage de la Sesia, et se dirigeait vers Arona pour mettre le pied sur le territoire de la Lombardie.

Aussitôt il adressait une proclamation énergique aux Lombards pour les appeler aux armes, et, dans le but sans doute de faire une diversion utile aux armées alliées en forçant l'Autriche à détacher une partie de ses troupes pour les envoyer contre lui, en même temps qu'il pourrait intercepter toute communication entre l'armée ennemie et la Valteline, il fondit tout à coup sur Varèse le 24 mai, et s'y fortifia.

Immédiatement il usa des pouvoirs que lui avait conférés le roi de Piémont pour nommer commissaire extraordinaire M. Visconti Venosta, lequel adressa aux habitants une remarquable proclamation, que nous croyons devoir citer, pour donner une idée de la façon dont s'organisait le mouvement, à l'appel du célèbre chef de partisans :

« Citoyens,

» A peine le roi Victor-Emmanuel, premier soldat de l'indépendance nationale, a-t-il en annoncé à l'Italie qu'il avait repris l'épée, que les populations lombardes, le regard tourné vers le Tessin, ont demandé le signal de l'insurrection. Des motifs d'humanité et de prudence, et les nécessités générales de la guerre nous ont engagés à vous conseiller un délai que vous avez accepté, parce qu'aujourd'hui tout est discipline en Italie, le calme comme l'action. Mais aujourd'hui, plus de retards. Le brave général Garibaldi est venu nous l'annoncer, et sur-le-champ devant lui les populations se soulèvent, se prononçant pour la cause nationale et pour le gouvernement du roi Victor-Emmanuel. Commissaire de Sa Majesté Sarde, je viens prendre le gouvernement civil de ce mouvement spontané. Citoyens, l'insurrection lombarde sera animée du nouvel et admirable esprit italien qui, avec le secret de la

concorde, nous fait retrouver le secret de la fortune. Aucun désordre ne viendra troubler le sublime spectacle de la liberté; aucune impétuosité aveugle ne viendra désordonner l'organisme civil du pays; aucun esprit d'imprévoyante réaction ne voudra considérer comme le triomphe d'un parti celui qui est le triomphe d'une société tout entière. Les guerres de l'indépendance ne doivent leur succès qu'à de grands efforts. Vous avez devant vous l'exemple du généreux Piémont qui, depuis onze ans, supporte les plus grands sacrifices, soutenu par cette haute espérance, devenue désormais une réalité. Notre œuvre est assurée. La brave armée piémontaise, sous les ordres du roi, vient à notre secours. L'Italie s'organise pour soutenir la guerre de l'indépendance; Napoléon III a jeté dans la balance des destinées l'épée de la France, notre sœur, l'alliée naturelle des causes généreuses. Toute l'Italie nous demande la formation d'un État fort, rempart de la nation, acheminement à ces nouvelles destinées. Les vœux incessants du pays vont être exaucés; vous pouvez vous soulever dans la certitude de cette union désirée, criant : *Vive Victor-Emmanuel, roi constitutionnel!*

» *Le commissaire de Sa Majesté le roi,*

» Signé : EMILIO VISCONTI VENOSTA. »

Dès le lendemain, on signalait la marche d'un corps d'armée autrichien, fort d'environ 5,000 hommes, se dirigeant vers la ville. Garibaldi ne l'attend pas; il fait une sortie audacieuse, le surprend, le met en déroute et le poursuit jusqu'à Malnate. Il continue sa course victorieuse du côté de Côme; une vive résistance est organisée dans un étroit défilé qu'il lui faut traverser; là encore il tombe à l'improviste sur l'ennemi qui le croit encore loin, le met en fuite et prend aux environs de Côme une position si avantageuse, que les Autrichiens, craignant de se voir couper la retraite, se replient jusqu'à Monza, c'est-à-dire à peu de distance de Milan.

A Côme, l'armée de volontaires se grossit d'une partie de la population, pendant que les autorités municipales s'empressent de se déclarer pour Victor-Emmanuel. Les habitants des bords du lac s'arment, s'emparent de quatre bateaux à vapeur autrichiens, et viennent sur cette flotille apporter leur contingent de bravoure et d'enthousiasme au corps de Garibaldi.

Voici du reste, au sujet des événements de Côme, une lettre qui contient les détails les plus précis. Nous l'empruntons au *Moniteur*, qui l'a reproduite d'après *la Sentinelle du Jura*. Elle est écrite par un Comtois établi à Côme :

« Côme, 30 mai 1859.

» Mon cher frère,

» Tu dois être bien inquiet! J'ai hâte de te rassurer, de te dire que nous sommes tous vivants et bien portants. Mais par quelles épreuves nous venons de passer!

» Nous savions par un journal de Paris, échappé à la vigilance des douaniers, que le Piémont, envahi par le général Giulay, était défendu par 200,000 des nôtres, rien de plus. Nous étions fort intrigués depuis quelques jours des allées et des venues de la garnison, fréquemment changée, partant pour une semaine et rentrant ensuite accablée de fatigue, parfois avec du butin et des blessés.

» Le nom de Garibaldi, prononcé à voix basse par les officiers autrichiens lorsqu'ils causaient entre eux, nous mit sur la voie. C'était lui que les Autrichiens cherchaient; ce chef de partisans leur causait de vives inquiétudes. Chez le soldat, son nom seul causait une sorte de terreur superstitieuse : on le prétendait invulnérable, quelques-uns allaient même jusqu'à affirmer que les balles s'aplatissaient sur son front.

» Il y a dix jours, un détachement d'Autrichiens était sorti dès le matin, sans doute pour une reconnaissance; vers les huit heures, nous les vîmes revenir haletants, éperdus; plusieurs avaient jeté leurs armes. *Fermez les portes!* criaient-ils. On les ferma; les derniers venus, moins agiles, se heurtaient sur le pont-levis du fort en poussant des cris terribles. On ne leur ouvrit pas; ils se jetaient à genoux, ils se roulaient à terre; on fut insensible.

» La garnison fut sur pied en un clin d'œil; vers dix heures elle quitta la place Volta pour sortir. Arrivée au fort, toutes réflexions faites, le général n'envoya qu'une forte patrouille. On attendait son retour avec une grande anxiété. Elle ne revint que dans l'après-midi, sans avoir vu et ramassé autre chose que les sacs et les fusils de leurs fuyards.

» L'alerte avait été donnée par les éclaireurs, qui avaient

crû apercevoir une embuscade ennemie. Ils s'étaient repliés précipitamment sur la colonne en faisant feu; la panique s'était emparée des hommes et rien n'avait pu les retenir. C'est ainsi qu'ils avaient repris au pas de course le chemin de notre ville.

» Le général a fait passer le jour même devant un conseil de guerre le malheureux lieutenant qui commandait le détachement; on l'a fusillé pendant la nuit dans les fossés. On assurait pourtant qu'il avait fait bonne contenance.

» Je te laisse à penser dans quel émoi était toute la ville. Le lendemain, à la suite d'une petite manifestation, des affiches avaient été apposées sur les murs. Elles appelaient aux armes les peuples de la Lombardie, en leur promettant que Garibaldi ne tarderait pas à les soutenir. La police lacéra les proclamations et fit des visites domiciliaires qui durèrent trois jours. Je fus assez heureux pour cacher mes pistolets et mon fusil de chasse, ainsi que les journaux de Genève que je recevais en contrebande.

» Jeudi, dans la matinée, bien avant jour, nous fûmes réveillés par un vacarme épouvantable; les soldats parcouraient les rues en s'appelant les uns les autres; le clairon sonnait, les tambours battaient le rappel, l'artillerie ébranlait les rues, les chevaux passaient au galop. Les uns fermaient leurs volets, d'autres ouvraient leurs portes, d'autres descendaient à leurs caves pour s'y préparer un abri; puis tout rentra dans le silence le plus complet.

» Un silence de mort s'étendit sur notre cité. A chaque extrémité de chaque rue, nous aperçûmes, en nous levant, un factionnaire, l'arme au bras, le fusil chargé et amorcé.

» Défense aux habitants d'ouvrir leurs fenêtres et leurs portes, défense de sortir, à peine de recevoir un coup de fusil.

» Aux premiers rayons du soleil, une canonnade épouvantable éclata du côté de Varèse. Chaque coup retentissait douloureusement dans nos poitrines. Vers dix heures, plus de quarante mulets chargés de blessés arrivèrent au trot. Cette allure extraordinaire, qui, à chaque pas, arrachait des cris atroces aux malheureux soumis à cette torture, me parut être l'indice d'un échec.

» A midi et demi, les fuyards furent aperçus dans les environs; ils se cachaient; la canonnade ne se faisait entendre qu'à de rares intervalles; la fusillade était très-vive, à en juger par le bruit continuel des détonations affaiblies par la distance.

» Vers trois heures, les coups de feu se rapprochèrent : un escadron de hussards se précipita en désordre sur la *piazza Nuova;* il essaya de se reformer; deux ou trois chevaux se cabrèrent; le désordre était au comble : l'une des bêtes, furieuse, les flancs déchirés par les éperons, se jeta tête basse dans la rue de Milan; quelques autres suivirent; ce fut une débandade générale. Un quart d'heure ne s'était pas écoulé, que 2,000 hommes couverts de poussière, de sueur, de sang, et noirs de poudre, débordaient par le faubourg de Varèse, revenant de Borgho-Vico. On voulut les rallier : la voix des chefs était impuissante; de nouveaux fuyards se jetèrent au milieu d'eux, et toute cette masse roulante se rua jusqu'à Camerlata.

» A peine le torrent avait-il passé, laissant derrière lui ses blessés, des sacs, des armes, que la grosse cloche de la cathédrale jeta au vent ses notes lugubres; puis, l'une après l'autre, les églises retentirent d'un glas terrible qui répétait d'une voix sourde et lente :

Armez-vous donc!
Armez-vous donc!

» Si tu avais vu, mon cher frère, cette ville muette éveillée comme en sursaut par cette voix si connue! On n'a pas idée d'un pareil prodige.

» Les armes cachées sortaient comme par miracle des armoires secrètes; les hommes jaillissaient du sol; ils se répandaient par les rues, et, une heure après, 10,000 paysans se jetaient au-devant de Garibaldi. Il a traversé la ville au galop; je n'ai pu l'apercevoir cette fois, mais j'ai admiré derrière lui ses hommes, ses démons noirs, leur lourde carabine sautant sur l'épaule; ils couraient avec une rapidité que je n'eusse guère attendue d'hommes si fatigués, après un combat de six heures.

» La lutte a recommencé à la tête du chemin de fer de Milan.

» On n'a guère tiré de coups de fusil, et la besogne n'a pas été longue. Les Autrichiens ont bien vite lâché pied. A six heures, le général rentrait solennellement avec 5,000 héros. Quel spectacle!

» Je n'ai fait qu'entrevoir Garibaldi : il est de haute taille, large d'épaules, une tête de lion sur des épaules d'athlète. Sa longue barbe noire, hérissée, inculte; ses yeux brillants qui lancent l'éclair, son chapeau de feutre noir ruisselant de plumes noires, son manteau écarlate noué autour de son cou, en font un personnage extraordinaire. On m'assure de tous côtés, ici, que c'est un gentilhomme fort poli, très-galant avec les femmes, très-sévère pour ses hommes, encore plus sévère pour lui-même, sobre à l'excès, exalté et froid en même temps. Il inspire à sa petite armée une confiance qui n'a d'égale que la terreur qu'il inspire aux ennemis. Toujours le premier au combat, poussant son cheval dans les bataillons les plus épais, mettant pied à terre pour saisir un fusil, luttant corps à corps comme le dernier soldat, il donne l'exemple de la bravoure la plus rare et du sang-froid le plus étonnant.

» On prétend qu'il a harangué ainsi ses troupes avant de les mener à l'ennemi :

« Mes enfants, vous êtes un contre cinq! Devant vous, la
» mort; derrière, les fusils de vos camarades, qui tueront
» comme un chien le premier qui recule.

» Nous n'avons pas de canons, il faudra en prendre. Que
» nous soyons tués, peu importe : il faut que l'Italie soit li-
» bre. Voilà votre seule récompense! »

» Ces 6,000 hommes, choisis entre 30,000 volontaires que l'Italie lui offrait, ont permis à Garibaldi de faire des prodiges.

» Cet homme, qui ressemble à un chef de brigands, sera plus qu'un bon général : ce sera un grand capitaine, si une balle autrichienne ne l'arrête en route.

» Le soir de cette belle journée, nous avons tous illuminé. La ville était en fête : quelles joies, quelles liesses! Tous ces braves enfants ont été traités comme s'ils eussent été à nous!

» Ils repartent déjà; mais Côme est libre, Côme n'est plus autrichienne! Depuis six ans que j'ai quitté la France, je n'ai pas encore éprouvé une émotion pareille.

» La vue de la patrie m'eût fait moins de bien et de mal à la fois. Libres! comprends-tu? Nous sommes libres! »

Pendant que Garibaldi entrait ainsi en Lombardie, la France circonvenait d'un autre côté les possessions italiennes de l'Autriche, et appuyait ses opérations militaires en occupant la Toscane avec le 5ᵉ corps de l'armée d'Italie, commandé par le prince Napoléon.

Voici la proclamation que le prince avait adressée à ses soldats en prenant leur commandement :

« Soldats du 5ᵉ corps de l'armée d'Italie,

» L'Empereur m'appelle à l'honneur de vous commander. Plusieurs d'entre vous sont mes anciens camarades de l'Alma et d'Inkermann. Comme en Crimée, comme en Afrique, vous serez dignes de votre glorieuse réputation. Discipline, courage, ténacité, voilà les vertus militaires que vous montrerez de nouveau à l'Europe attentive aux grands événements qui se préparent. Le pays qui fut le berceau de la civilisation antique et de la renaissance moderne va vous devoir sa liberté; vous allez le délivrer à jamais de ses dominateurs, de ces éternels ennemis de la France dont le nom se confond dans notre histoire avec le souvenir de toutes nos luttes et de toutes nos victoires.

» L'accueil que les peuples italiens font à leurs libérateurs témoigne de la justice de la cause dont l'Empereur a pris la défense.

» Vive l'Empereur! vive la France! vive l'indépendance italienne!

» Le prince commandant en chef le 5ᵉ corps
de l'armée d'Italie,

» Napoléon (Jérôme). »

Le 23 mai, le 5ᵉ corps débarquait à Livourne, et *le Moniteur toscan,* du 24, racontait son débarquement en ces termes:

« Une notification du gouverneur de Livourne et une autre de la municipalité annoncent qu'aujourd'hui devait débarquer, dans ce port, Son Altesse Impériale le prince Napoléon. Des arcs de triomphe ont été dressés à la porte Colonella, les autorités et le corps consulaire ont été invités à assister au débarquement du prince. Les fenêtres et les balcons ont été pavoisés aux couleurs italiennes et françaises.

» A midi, le commissaire extraordinaire, commandeur Carlo Boncompagni, le ministre de Sa Majesté l'Empereur des des Français résidant en Toscane, le gouverneur et le général français Coffinières se sont rendus à bord du yacht impérial *la Reine-Hortense*, sur lequel était le prince. A une heure et quart, le prince Napoléon, salué par le canon des forts et de tous les bâtiments de guerre à l'ancre en rade, a mis pied à terre, et il a serré la main à monseigneur l'évêque Gavi, qui a été le premier à sa rencontre. Le prince, en carrosse, a parcouru la rue San-Giovanni, où les troupes françaises et piémontaises formaient la haie. Prenant ensuite la Grand'Place, où étaient en bataille les hussards français, la rue Ferdinande, où étaient en haie les chasseurs à pied et la gendarmerie toscane, il s'est rendu à l'hôtel de l'*Aigle noir*.

» Partout le prince a été couvert de fleurs et acclamé aux cris de : *Vive l'Empereur Napoléon! Vive Victor-Emmanuel! Vive le prince Napoléon! Vive l'Italie!* Ceci paraît naturel, quand on pense que ce noble prince est envoyé par le sage et magnanime Empereur des Français, avec les braves soldats de la France, pour aider l'Italie à la conquête de ce qui, pour les peuples, est le meilleur des biens, savoir, l'indépendance nationale, sous les auspices du brave et loyal Victor-Emmanuel. »

Le 25 mai, l'ordre du jour suivant était lu aux troupes de la garnison de Florence, où le prince se préparait à entrer :

« Soldats toscans! au premier bruit de guerre nationale, vous avez cherché un capitaine qui vous menât au combat contre les ennemis de l'Italie. J'ai accepté ce commandement, attendu que c'est mon devoir de donner l'ordre et la discipline à toutes les forces de la nation. Vous n'êtes plus les soldats d'une province italienne, vous faites partie de l'armée d'Italie. Vous estimant dignes de combattre aux côtés des braves soldats de France, je vous place sous les ordres de mon bien-aimé gendre le prince Napoléon, à qui sont confiées, par l'Empereur des Français, d'importantes opérations militaires. Obéissez-lui comme vous m'obéiriez à moi-même. Il partage les pensées et affections que nous nourrissons, moi et le généreux Empereur qui est venu en Italie pour venger la justice et défendre le droit national. Soldats, les jours des fortes épreuves sont arrivés. Je compte sur vous. Vous devez maintenir et augmenter l'honneur des armes italiennes.

» VICTOR-EMMANUEL. »

Le même jour, le commissaire extraordinaire constatait, par la déclaration suivante, adressée au gouvernement sarde, l'état de guerre entre la Toscane et l'Autriche :

« Le gouvernement de la Toscane, considérant que l'existence du gouvernement qui régit la Toscane durant la présente guerre de l'indépendance doit son origine au vœu de la nation, résolue de s'associer à la guerre ouverte par le Piémont contre l'Autriche, et à soustraire l'État aux influences autrichiennes qui s'étaient fait sentir à la nation par l'occupation de son territoire, la destruction de ses libertés et l'usurpation des prérogatives de la souveraineté;

» Que le protectorat de la Toscane demandé par le pays, accepté par le roi Victor-Emmanuel, a pour conséquence nécessaire de réunir les forces des deux États pour la défense de l'indépendance italienne; qu'encore bien que ces forces suffisent pour établir l'état de la guerre entre la Toscane et l'Autriche, il importe néanmoins que cet état soit formellement déclaré afin que les relations de l'État avec les puissances étrangères ne demeurent pas douteuses, déclare :

» La Toscane est associée à la Sardaigne et à la France dans la guerre qui a lieu actuellement contre l'Autriche, pour l'indépendance de l'Italie.

» Florence, 25 mai 1859.

» *Le commissaire extraordinaire,*

» C. BONCOMPAGNI. »

Enfin, le 27 mai, le magistrat municipal publiait la notification qui suit :

« Citoyens,

» Une colonne du 5e corps de l'armée française, sous les ordres de Son Altesse le prince Napoléon, arrivera demain à Florence, passant par la route de la poste de Livourne, et elle se rendra directement sur les pics de Casane delle Isola, où elle se propose de camper pour conserver ses habitudes de campagne et épargner à la ville les inconvénients qui peuvent résulter du logement des soldats. D'autres colonnes suivront cette première les jours suivants, et bientôt arrivera également le prince Napoléon.

» Les alliés du roi Victor-Emmanuel sont toujours les bienvenus au milieu de nous. Qui donne sa vie pour la cause de notre indépendance, partageant les gloires et les périls des des soldats de l'Italie, a droit à notre affection, à notre reconnaissance.

» Après les tristes et graves émotions que vous éprouverez demain dans l'église de Santa Croce, il vous sera doux de retremper vos âmes dans de plus agréables espérances, volant à la rencontre de ces hôtes bienvenus avec lesquels vous aurez la certitude de venger les frères que vous pleurez. Laissez-vous donc guider par ces sentiments, et l'accueil que vous ferez aux soldats de France sera digne de deux nations généreuses réunies dans une seule pensée.

» Au palais municipal de Florence, 27 mai 1859.

» *Le gonfalonier,*

» Ferd. BARTHOLOMMEI. »

Nous verrons plus tard, par le rapport même du prince Napoléon, quel était le double caractère politique et militaire de sa mission, et comment cette mission a été remplie.

Revenons, en attendant, au centre de l'armée franco-sarde, qui ne perd pas son temps.

Le 30 mai, le roi de Piémont, parti de Verceil et se dirigeant sur Mortara, avait passé la Sesia et pris Palestro, village situé sur la rive gauche, en face de Bobbio, et qui offre une position militaire assez importante. Le lendemain matin, un nombreux corps d'armée autrichien tentait de reprendre cette position. Voici en quels termes les bulletins officiels de la *Gazette piémontaise* rendaient compte de cette affaire et de celle de Confienza, qui avait lieu presque à la même heure. On verra aussi comment ils résument les nouvelles des opérations de Garibaldi, que nous avons racontées plus haut.

« N° 60. — *Turin, 31 mai, matin.* — Voici les détails qui nous sont parvenus cette nuit sur le combat de Palestro : Le roi a mené nos troupes à l'attaque des Autrichiens retranchés à Palestro, Casalino et Vinzaglio. Les retranchements ont été défendus avec opiniâtreté, mais les nôtres les ont enlevés à la baïonnette avec une bravoure admirable; ils ont pris deux canons, beaucoup d'armes, et fait un grand nombre de prisonniers. On nous mande par le télégraphe que les pertes de l'ennemi ont été très-considérables. Nous ne savons pas encore ce que cette victoire nous a coûté. Hier soir, Verceil était illuminé. Sa Majesté l'Empereur s'est promené à pied dans la ville en fête. Le roi a couché à Torrione, au milieu des troupes qui y sont campées.

» N° 61. — *Turin, 31 mai, soir.* — A sept heures du matin, 25,000 Autrichiens ont tenté de reprendre la position de Palestro. Le roi, avec la 4e division, sous les ordres du général Cialdini, et avec le 3e régiment de zouaves, a longtemps résisté; puis, prenant l'offensive, il a repoussé vers deux heures l'ennemi, qu'il a poursuivi très-loin. Les pertes des Autrichiens ont été très-sérieuses. Parmi les morts sont un général et beaucoup d'officiers; 400 hommes environ ont péri noyés dans un canal. Il y a environ 1,000 prisonniers; 8 canons sont tombés en notre pouvoir, dont 5 ont été pris par les zouaves, qui ont fait preuve de la plus grande bravoure. Nous avons à déplorer beaucoup de morts et de blessés. Pendant ce sanglant combat, un autre était livré à Confienza. L'ennemi y était également repoussé par la division du général Fanti, après deux heures de feu très-vif. Nous n'avons pas d'autres détails sur ce dernier fait d'armes. Un détachement ennemi, qui la nuit dernière a tenté de passer le Pô, à Curvesina, a été repoussé par les habitants. Les Autrichiens évacuent Varzy.

» N° 62. — *Turin, 1er juin, matin.* — Dans une proclamation aux troupes, le roi donne la nouvelle de l'éclatante victoire d'hier, suivie d'un nouveau combat victorieux livré à six heures à Palestro. L'ennemi, revenant à la charge, a été de nouveau repoussé par la division Cialdini, avec laquelle ont combattu les zouaves et les chevau-légers d'Alexandrie. Il y a bien des faits particuliers dignes de mention. Le roi se jetait au plus fort de la mêlée, et vainement les zouaves couraient au-devant de lui pour l'arrêter. Le général La Marmora a eu un cheval grièvement blessé. Le roi, trouvant sur le champ de bataille et consolant deux volontaires mortellement blessés, un d'eux lui adresa la parole : « Sire, je regrette de mourir à la première bataille. » et l'autre lui dit : « Sire, délivrez cette pauvre Italie. » Nous avons les nouvelles suivantes du lac Majeur : « Hier, après onze heures du matin, l'ennemi, fort de 1,200 hommes d'infanterie, un escadron de hussards et 4 canons, de Sesto-Calende, a ouvert le feu contre nos avant-postes, à Castelletto, sur le Tessin. Il l'a continué pendant deux heures sans nous faire de mal; il a eu plusieurs morts et blessés. Le commissaire royal Lafarina, avec quelques-uns des nôtres, a passé le Tessin, poursuivant l'ennemi qui battait en retraite. Après avoir renversé les appareils du télégraphe, brisé les fils, il a ramené à la rive droite beaucoup de barques qui avaient été enlevées par les Autrichiens. Un corps ennemi imposant s'étant avancé sur Varèse, le général Garibaldi a ordonné à la garde nationale de ne pas faire de résistance et de se replier comme elle l'a fait sur le lac. Une attaque tentée la nuit par les nôtres contre Laveno avec beaucoup d'audace n'a pas réussi, une partie des nôtres s'étant égarés la nuit dans l'obscurité. 51 prisonniers sont arrivés à Arona. L'enthousiasme des populations du lac est toujours vif. »

Nous complétons ces renseignements par le rapport officiel adressé au ministre de la guerre de France, sur le combat de Palestro :

« Palestro, le 31 mai 1859.

» Vers les neuf heures du matin, le 3º régiment de zouaves venait d'établir son bivouac sur la droite de ce village et sur la rive droite du canal *della Cascina*, ayant devant lui cet obstacle, lorsque quelques coups de canon, suivis d'une fusillade assez vive, engagée avec des bersaglieri et autres troupes sardes déployées devant le 3º zouaves en tirailleurs, annoncèrent l'approche de l'ennemi. Le colonel fit prendre les armes à son régiment, et le porta à environ 500 mètres sur sa droite, du côté où la fusillade était le plus vivement engagée.

» Les Autrichiens, qui avaient pris l'offensive, s'avancèrent rapidement.

» On fit d'abord déployer quatre compagnies en tirailleurs, dans les blés qui couvraient les hommes, et le régiment fut formé en colonne d'attaque.

» La fusillade s'engagea aussitôt très-vivement; en ce moment le colonel s'aperçut qu'une forte colonne, appuyée par de l'artillerie, cherchait à tourner la position, ainsi que le village même de Palestro.

» Il lança alors tout le régiment contre les masses ennemies.

» Après avoir franchi rapidement le canal qui était en avant d'eux, profond d'un mètre environ, les zouaves abordèrent résolûment l'ennemi à la baïonnette, et enlevèrent de suite trois pièces de canon, qui leur avaient fait essuyer un feu meurtrier.

» En voyant les zouaves sur les hauteurs où étaient les pièces, l'ennemi s'enfuit en désordre. Deux autres pièces de canon, qu'il avait en arrière, furent enlevées comme les premières.

» De là, la colonne d'attaque s'élança sur le gros de l'ennemi, dans la direction du pont de Confienza, sur la rivière de la Busca.

» Ce pont était fortement défendu par deux pièces d'artillerie.

» Les Autrichiens, qui avaient imprudemment engagé une partie de leurs masses en avant de cette rivière, furent violemment refoulés par le choc impétueux de nos hommes; ils furent presque tous anéantis, dans l'impossibilité où ils s'étaient mis d'effectuer leur retraite.

» Plus de 600 restèrent prisonniers entre nos mains; un grand nombre, que l'on peut évaluer à 800, se noyèrent en cherchant à passer la rivière de la Busca. Beaucoup d'autres furent tués sur place.

» Quoique le pont de la Busca fût obstrué par les deux pièces de canon et les chevaux attelés à ces pièces (trois étaient tués), le colonel fit passer des hommes sur l'autre rive, et après en avoir formé une colonne assez forte, il continua son mouvement en avant.

» L'ennemi, soutenu par ses réserves, continua sa retraite en bon ordre, en nous abandonnant encore deux pièces de canon.

» Il fut poursuivi jusqu'à la rivière de Ritzza Biraza, au village de Robbio.

» Là s'arrêta le mouvement en avant; l'ennemi, déjà éloigné, continuait à effectuer rapidement sa retraite.

» Le 3º de zouaves a pris 9 canons, fait environ 700 prisonniers dont 9 officiers.

» De notre côté, les pertes ont été sensibles :

» 46 tués dont 1 capitaine.

» 229 blessés, dont 15 officiers.

» 20 disparus (ces hommes ont roulé dans la rivière de la Ritzza Biraza en y précipitant les Autrichiens. »

La Sesia passée, les positions emportées ainsi qu'on l'a vu, il ne restait plus qu'à marcher sur Novare; c'est ce qui fut fait. En vain les Autrichiens tentèrent-ils une faible résistance à Bassignana. Les deux bulletins suivants rendent compte de cette affaire et de l'occupation de Novare :

« Nº 63. — *Turin, 1er juin, au soir.* — Ce matin, le général Niel, avec son corps de troupes, est entré à sept heures à Novare, après un court combat avec les avant-postes autrichiens, qui se sont retirés précipitamment. Dans la journée, a été établie la ligne télégraphique entre Novare et Verceil. A trois heures de l'après-midi, Sa Majesté l'Empereur est parti pour Novare, où il est arrivé à cinq heures; il a été reçu par les acclamations de la population. Les Autrichiens ont passé aujourd'hui le Pô à Bassignana, sur trois barques, sans s'arrêter dans le pays; au retour, une de ces barques a été coulée bas par la population armée. Ayant eu la nouvelle de ce fait, la garde nationale de Valenza est accourue en toute hâte. Sondrio, chef-lieu de la Valteline, a proclamé la souveraineté du roi Victor-Emmanuel. Toute la province est en insurrection.

» Nº 64. — *Turin, 2 juin, au matin.* — Hier au soir, la ville de Novare a été brillamment illuminée. La population, oubliant en peu d'heures tout ce que l'ennemi lui avait fait souffrir, a démontré combien elle apprécie sa délivrance. A l'affaire de Bassignana dont parle le bulletin d'hier au soir, outre la garde nationale, ont pris part les convalescents français qui se trouvent à l'hôpital. Deux Autrichiens ont été tués; pas un des nôtres n'a été touché. Les gardes nationales de Valenza, Pecetto et Bassignana, font un service régulier de cordon militaire le long du Pô et du confluent du Tanaro. »

C'est à Novare que fut établi le quartier général.

VIII

Turbigo. — Magenta. — Marignan. — Milan.

Après l'occupation de Novare, il devait être hors de doute pour l'Autriche que l'armée franco-sarde avait l'intention de marcher directement sur Milan.

Dans ces conjectures, on la voit précipitamment passer sur la rive gauche du Tessin, en faisant sauter le pont de San Martino. On ne sait pas tout d'abord si elle ne bat pas définitivement en retraite pour se replier jusqu'à la capitale de la Lombardie. Elle dissimule si bien sa manœuvre, qu'on se trouve surpris, au moment de marcher en avant, de la trouver à la fois partout, occupant des positions excellentes, qu'on ne peut lui enlever qu'à force de bravoure, d'élan et d'habileté stratégique.

Mais laissons parler le général de Mac-Mahon : son rapport va nous raconter dans les plus grands détails l'affaire de Turbigo :

« Au quartier général, à Turbigo, le 3 juin 1859.

» Sire,

» Ainsi que j'ai eu l'honneur d'en instruire Votre Majesté par un premier rapport que je lui ai adressé ce matin, l'ennemi a fait sauter le pont de San Martino hier, vers cinq heures du soir, en se retirant sur la rive gauche du Tessin.

» Ce matin, à la pointe du jour, le général Espinasse s'est porté, avec une brigade, sur la tête de pont que les Autrichiens avaient abandonnée à son approche. Il y a trouvé trois obusiers, deux canons de campagne, et plusieurs chariots de munitions.

» D'après les ordres de Votre Majesté, le 2º corps a quitté Novare ce matin, à huit heures et demie, pour se porter sur Turbigo et y franchir le Tessin sur le pont qui y a été jeté la nuit dernière, sous la protection de la division des voltigeurs de la garde impériale.

» Au moment de mon arrivée à Turbigo, j'ai trouvé une brigade de cette division sur la rive droite du Tessin, occupant le village et ses abords de manière à nous assurer la libre possession du pont, et surveillant la vallée en aval du village.

» L'autre brigade de la division Camou était sur la rive droite.

» La tête de colonne de la 1re division du 2e corps franchissait le pont vers une heure et demie. Au moment où, m'étant porté en avant de Turbigo, je reconnaissais le terrain et que je visitais les hauteurs de Robecchetto pour y établir les troupes, je m'aperçus tout à tout que j'avais à à quelque 500 mètres de moi une colonne autrichienne qui paraissait venir de Boffalora, marchant sur Robecchetto avec l'intention évidente d'occuper ce village.

» Robecchetto se trouve sur la rive gauche du Tessin, à l'est et à 2 kilomètres de Turbigo. C'est un village considérable qui peut être aisément défendu et qu'il serait incontestablement très-utile d'occuper fortement pour un corps ennemi qui viendrait de Milan ou de Magenta, avec l'intention de barrer le passage du Tessin à Turbigo. Ce village est assis sur un vaste plateau horizontal qui domine de 15 à 20 mètres la vallée du Tessin. On y arrive, lorsqu'on sort de Turbigo, par deux chemins praticables à l'artillerie : l'un qui aboutit à l'une de ses rues par la partie sud du village, l'autre par la partie ouest.

» Le chemin qui vient de Magenta et de Boffalora y pénètre par la partie est. C'est ce dernier que suivait la colonne autrichienne.

» J'ordonnai au général de La Motterouge, qui n'avait alors avec lui que le régiment des tirailleurs algériens, ses autres régiments étant encore sur la rive gauche de la rivière, de porter ses trois bataillons de tirailleurs sur Robecchetto et de les disposer en trois colonnes d'attaque de la manière suivante :

» Le 1er bataillon formant la droite, en colonne par division, précédé de deux compagnies de tirailleurs, destinées à se porter sur le village en l'attaquant par le sud ;

» Le 3e bataillon formant la gauche, disposé de la même façon, destiné à pénétrer dans le village en l'attaquant par l'ouest ;

» Le 2e bataillon, au centre et un peu en arrière des 1er et 2e, formant un échelon en réserve, prêt à appuyer les deux autres bataillons, était aussi disposé en colonne et précédé de tirailleurs.

» Les trois colonnes, marchant à intervalle de déploiement, devaient, au commandement général, converger sur Robecchetto, et, en y pénétrant par la rue principale qui le traverse de l'ouest à l'est, chercher à le tourner aussi par la partie est, de manière à menacer la retraite de l'ennemi.

» Pendant que le général de La Motterouge se mettait en mesure d'exécuter ces mouvements avec le régiment de tirailleurs algériens, je prenais moi-même les dispositions nécessaires pour faire arriver à lui les autres régiments de sa division. Le 45e de ligne, second régiment de la 1re brigade, recevait l'ordre de marcher dans les traces du régiment des tirailleurs algériens.

» La 2e brigade, composée des 65e et 70e de ligne, recevait, un peu plus tard, l'ordre de se porter sur le village de Robecchetto par la route de Castano, afin de flanquer l'attaque convergente faite par les tirailleurs algériens.

» Vers deux heures, le général de La Motterouge marchait avec ses trois bataillons sur Robecchetto, suivi d'une batterie de la réserve générale de l'armée, dirigée par le général Auger en personne.

» Les colonnes de tirailleurs algériens, enlevées avec la plus grande vigueur à la voix du général de La Motterouge et à celle de leur colonel, marchèrent résolûment sur Robecchetto sans faire usage de leur feu.

» Accueillis à l'entrée du village par une très-vive fusillade, nos tirailleurs se précipitèrent tête baissée sur les Autrichiens qui en défendaient les abords. Dans l'intérieur du village seulement ils firent usage de leur feu, et puis aussitôt se précipitèrent à la baïonnette sur tous ceux qui essayaient de résister et de leur barrer le passage. En dix minutes l'ennemi était délogé du village et en retraite sur la route par laquelle il était venu. A la sortie du village, il voulut user de son artillerie, et nous envoya une douzaine de coups à mitraille qui n'arrêtèrent en rien l'élan de nos soldats. Notre artillerie riposta par des coups heureux qui ébranlèrent tout à fait les colonnes ennemies et les mirent alors dans une déroute complète. Les tirailleurs les poursuivirent au pas de course jusqu'à 2 kilomètres en avant de Robecchetto, et en tuèrent un grand nombre. Le général Auger, en faisant prendre à la batterie

quatre positions successives et très-heureusement choisies, leur fit aussi beaucoup de mal.

» C'est dans une de ces positions que le général Auger, croyant apercevoir dans les blés une pièce autrichienne ayant quelque peine à suivre le mouvement de retraite de l'ennemi, se précipita au galop sur elle et s'en empara. Près de la pièce, gisait à terre le commandant de la batterie, coupé en deux par un de nos boulets.

» Pendant que ceci se passait vers Robecchetto, une tête de colonne de cavalerie autrichienne se présentait sur notre gauche, venant de Castano. Je portai un bataillon du 65e et 2 pièces de canon à sa rencontre. Deux boulets suffirent pour la décider à se retirer précipitamment.

» L'ennemi a éprouvé des pertes considérables. Le champ de bataille est couvert de ses morts et d'une quantité considérable d'effets de toute nature qu'il a laissés entre nos mains : effets de campement, sacs complets qu'il a jetés sur le lieu du combat pour fuir avec plus d'agilité. Nous avons ramassé des armes, carabines et fusils. Nous avons fait peu de prisonniers, ce qui s'explique par la nature du terrain sur lequel l'engagement a eu lieu.

» De notre côté, nous avons eu un capitaine tué (M. Vanécchout), 4 officiers blessés, dont un colonel d'état-major (M. de Laveaucoupet), 7 soldats tués et 38 blessés, parmi lesquels quatre, m'a-t-on dit, des voltigeurs de la garde, qui a eu ses tirailleurs engagés avec l'ennemi en arrière de Robecchetto.

» Je ne puis encore, sire, donner à Votre Majesté des détails précis sur cette affaire, qui, une fois de plus depuis notre entrée en campagne, montre tout ce qu'elle peut attendre de nos braves soldats.

» Je n'ai point encore reçu les rapports particuliers qui doivent signaler ceux qui se sont particulièrement distingués. Tous ont fait bravement et dignement leur devoir; mais je signalerai, dès à présent, à Votre Majesté, le général de La Motterouge, comme ayant fait preuve d'un élan irrésistible; le général Auger, pour le fait que j'ai relaté plus haut et qui, aux termes de notre législation militaire, mérite une citation à l'ordre général de l'armée; le colonel de Laveaucoupet, qui, en combattant corps à corps avec les tirailleurs autrichiens, a reçu un coup de baïonnette à la tête; le colonel Laure, des tirailleurs algériens, pour l'impulsion intelligente avec laquelle il a conduit ses bataillons à l'ennemi.

» Je suis avec le plus profond respect, etc.,

> » *Le général de division, commandant en chef le 2e corps,*

> DE MAC-MAHON. »

Cependant Turbigo n'est que le premier épisode de cette grande bataille de Magenta que l'Empereur résumait ainsi dans ses deux premières dépêches :

« 5 juin, pont de Magenta, Tessin.

» Hier, 4 juin, l'armée devait se diriger sur Milan, en passant sur les ponts jetés à Turbigo et non sur le pont de Magenta.

» L'opération s'est bien exécutée; mais l'ennemi, qui avait repassé le Tessin en grand nombre, nous a opposé la plus vive résistance. Les débouchés étaient étroits; la garde impériale a soutenu le choc pendant deux heures.

» Pendant ce temps, le général de Mac-Mahon s'emparait de Magenta. Après des combats sanglants, nous avons partout culbuté l'ennemi.

» Nous avons eu environ 2,000 hommes hors de combat.

» On estime à 15,000 hommes la perte de l'ennemi en tués ou blessés; 5,000 hommes sont restés entre nos mains. »

« 5 juin, 4 h. 15 m. du soir.

» Voici le résumé connu de la bataille de Magenta :

» 7,000 prisonniers au moins;

» 20,000 Autrichiens mis hors de combat;

» Trois canons;

» Deux drapeaux.

» Aujourd'hui l'armée se repose et s'organise. Nos pertes sont d'environ 3,000 hommes tués ou blessés et un canon pris par l'ennemi. »

Ces deux dépêches, affichées à Paris, y produisaient un effet immense. La ville s'illuminait spontanément, les fenêtres se pavoisaient de drapeaux.

Une autre dépêche, en date du 6 juin, annonçait que le général de Mac-Mahon était nommé maréchal de France et duc de Magenta, et que le général Regnaud de Saint-Jean d'Angély était nommé maréchal de France.

Enfin, le *Moniteur* du 10 juin contenait le bulletin officiel de la bataille :

BULLETIN DE L'ARMÉE D'ITALIE.

PASSAGE DU TESSIN ET BATAILLE DE MAGENTA.

« Quartier général de San Martino, le 5 juin 1859.

» L'armée française, réunie autour d'Alexandrie, avait devant elle de grands obstacles à vaincre. Si elle marchait sur Plaisance, elle avait à faire le siège de cette place et à s'ouvrir de vive force le passage du Pô, qui en cet endroit n'a pas moins de 900 mètres de largeur, et cette opération si difficile devait être exécutée en présence d'une armée ennemie de plus de 200,000 hommes.

» Si l'Empereur passait le fleuve à Valence, il trouvait l'ennemi concentré sur la rive gauche à Mortara, et il ne pouvait l'attaquer dans cette position que par des colonnes séparées, manœuvrant au milieu d'un pays coupé de canaux et de rizières. Il y avait donc des deux côtés un obstacle presque insurmontable : l'Empereur résolut de le tourner, et il donna le change aux Autrichiens en massant son armée sur la droite et en lui faisant occuper Casteggio et même Bobbio sur la Trebbia.

» Le 31 mai, l'armée reçut l'ordre de marcher par la gauche, et franchit le Pô à Casale, dont le pont était resté en notre possession; elle prit aussitôt la route de Vercelli, où le passage de la Sesia fut opéré pour protéger et couvrir notre marche rapide sur Novare. Les efforts de l'armée furent dirigés vers la droite sur Robbio, et deux combats glorieux pour les troupes sardes, livrés de ce côté, eurent encore pour effet de faire croire à l'ennemi que nous marchions sur Mortara. Mais pendant ce temps, l'armée française s'était portée vers Novare, et elle y avait pris position sur le même emplacement où dix ans auparavant le roi Charles-Albert avait combattu. Là elle pouvait faire tête à l'ennemi s'il se présentait.

» Ainsi cette marche hardie avait été protégée par 100,000 hommes campés sur notre flanc droit à Olengo, en avant de Novare. Dans ces circonstances, c'était donc à la réserve que l'Empereur devait confier l'exécution du mouvement qui se faisait en arrière de la ligne de bataille.

» Le 2 juin, une division de la garde impériale fut dirigée vers Turbigo, sur le Tessin, et, n'y trouvant aucune résistance, elle y jeta trois ponts.

» L'Empereur, ayant recueilli des renseignements qui s'accordaient à lui faire connaître que l'ennemi se retirait sur la rive gauche du fleuve, fit passer le Tessin en cet endroit par le corps d'armée du général de Mac-Mahon, suivi le lendemain par une division de l'armée sarde.

» Nos troupes avaient à peine pris position sur la rive lombarde, qu'elles y furent attaquées par un corps autrichien venu de Milan par le chemin de fer. Elles le repoussèrent victorieusement sous les yeux de l'Empereur.

» Dans la même journée du 2 juin, la division Espinasse s'étant avancée sur la route de Novare à Milan jusqu'à Trecate, d'où elle menaçait la tête du pont de Boffalora, l'ennemi évacua précipitamment les retranchements qu'il avait établis sur ce point et se replia sur la rive gauche en faisant sauter le pont de pierre qui traverse le fleuve en cet endroit. Toutefois, l'effet de ses fourneaux de mine ne fut pas complet, et les deux arches de pont qu'il s'était proposé de renverser s'étant seulement affaissées sur elles-mêmes sans s'écrouler, le passage ne fut pas interrompu.

» La journée du 4 avait été fixée par l'Empereur pour la prise de possession définitive de la rive gauche du Tessin. Le corps d'armée du général de Mac-Mahon, renforcé de la division des voltigeurs de la garde impériale et suivi de toute l'armée du roi de Sardaigne, devait se porter de Turbigo sur Boffalora et Magenta, tandis que la division des grenadiers de la garde impériale s'emparerait de la tête de pont de Boffalora sur la rive gauche, et que le corps d'armée du maréchal Canrobert s'avancerait sur la rive droite pour passer le Tessin au même point.

» L'exécution de ce plan d'opérations fut troublée par quelques-uns de ces incidents avec lesquels il faut compter à

la guerre. L'armée du roi fut retardée dans son passage de la rivière, et une seule de ses divisions put suivre d'assez loin le corps du général de Mac-Mahon.

» La marche de la division Espinasse souffrit aussi des retards, et, d'un autre côté, lorsque le corps du maréchal Canrobert sortit de Novare pour rejoindre l'Empereur, qui s'était porté de sa personne à la tête du pont de Boffalora, ce corps trouva la route tellement encombrée qu'il ne put arriver que fort tard au Tessin.

» Telle était la situation des choses, et l'Empereur attendait, non sans anxiété, le signal de l'arrivée du corps du général de Mac-Mahon à Boffalora, lorsque vers deux heures il entendit de ce côté une fusillade et une canonnade très-vives : le général arrivait.

» C'était le moment de le soutenir en marchant vers Magenta. L'Empereur lança aussitôt la brigade Wimpffen contre les positions formidables occupées par les Autrichiens en avant du pont; la brigade Cler suivit le mouvement. Les hauteurs qui bordent le Naviglio (grand canal) et le village de Boffalora furent promptement emportés par l'élan de nos troupes; mais elles se trouvèrent alors en face de masses considérables qu'elles ne purent enfoncer et qui arrêtèrent leurs progrès.

» Cependant le corps d'armée du maréchal Canrobert ne se montrait point, et, d'une autre côté, la canonnade et la fusillade qui avaient signalé l'arrivée du général de Mac-Mahon avaient complétement cessé. La colonne du général avait-elle été repoussée, et la division des grenadiers de la garde allait-elle avoir à soutenir, à elle seule, tout l'effort de l'ennemi?

» C'est ici le moment d'expliquer la manœuvre que les Autrichiens avaient faite. Lorsqu'ils eurent appris, dans la nuit du 2 juin, que l'armée française avait surpris le passage du Tessin à Turbigo, ils avaient fait repasser rapidement ce fleuve, à Vigevano, par trois de leurs corps d'armée, qui brûlèrent les ponts derrière eux. Le 4 au matin, ils étaient devant l'Empereur au nombre de 125,000 hommes, et c'est contre ces forces si disproportionnées que la division des grenadiers de la garde, avec laquelle se trouvait l'Empereur, avait seule à lutter.

» Dans cette circonstance critique, le général Regnaud de Saint-Jean d'Angély fit preuve de la plus grande énergie, ainsi que les généraux qui commandaient sous ses ordres. Le général de division Mellinet eut deux chevaux tués sous lui; le général Cler tomba mortellement frappé; le général Wimpffen fut blessé à la tête; les commandants Desmé et Maudhuy, des grenadiers de la garde, furent tués; les zouaves perdirent 200 hommes, et les grenadiers subirent des pertes non moins considérables.

» Enfin, après une longue attente de quatre heures, pendant laquelle la division Mellinet soutint sans reculer les attaques de l'ennemi, la brigade Picard, le maréchal Canrobert en tête, arriva sur le lieu du combat. Peu après parut la division Vinoy, du corps du général Niel, que l'Empereur avait fait appeler, puis enfin les divisions Renault et Trochu, du corps du maréchal Canrobert.

» En même temps, le canon du général de Mac-Mahon, se faisait de nouveau entendre dans le lointain. Le corps du général, retardé dans sa marche, et moins nombreux qu'il n'aurait dû l'être, s'était avancé en deux colonnes sur Magenta et Boffalora.

» L'ennemi ayant voulu se porter entre ces deux colonnes pour les couper, le général de Mac-Mahon avait rallié celle de droite sur celle de gauche, vers Magenta, et c'est ce qui explique comment le feu avait cessé, dès le début de l'action, du côté de Boffalora.

» En effet, les Autrichiens se voyant pressés sur leur front et sur leur gauche, avaient évacué le village de Boffalora et porté la plus grande partie de leurs forces contre le général de Mac-Mahon, en avant de Magenta. Le 45e de ligne s'élança avec intrépidité à l'attaque de Cascina Nuova, qui précède le village, et qui était défendue par deux régiments hongrois. 1,500 hommes de l'ennemi y déposèrent les armes, et le drapeau fut enlevé sur le cadavre du colonel. Cependant la division de la Motterouge se trouvait pressée par des forces considérables qui menaçaient de la séparer de la division Espinasse. Le général de Mac-Mahon avait disposé en seconde ligne les treize bataillons des voltigeurs de la garde, sous le commandement du brave général Camou, qui, se portant en première ligne, soutint au centre les efforts de l'ennemi et permit aux divisions de la Motterouge et Espinasse de reprendre vigoureusement l'offensive.

» Dans ce moment d'attaque générale, le général Auger, commandant l'artillerie du 2e corps, fit mettre en batterie, sur la chaussée du chemin de fer, quarante bouches à feu, qui, prenant en flanc et d'écharpe les Autrichiens défilant en grand désordre, en firent un carnage affreux.

» A Magenta le combat fut terrible. L'ennemi défendit ce village avec acharnement. On sentait de part et d'autre que c'était là la clef de la position. Nos troupes s'en emparèrent maison par maison, en faisant subir aux Autrichiens des pertes énormes. Plus de 10,000 des leurs furent mis hors de combat, et le général de Mac-Mahon leur fit environ 5,000 prisonniers, parmi lesquels un régiment tout entier, le 2e chasseurs à pied, commandé par le colonel Hauser. Mais le corps du général eut lui-même beaucoup à souffrir : 1,500 hommes furent tués ou blessés. A l'attaque du village, le général Espinasse et son officier d'ordonnance, le lieutenant Froidefond, étaient tombés frappés à mort. Comme lui, à la tête de leurs troupes, étaient tombés les colonels Drouhot, du 65e de ligne, et de Chabrière, du 2e régiment étranger.

» D'un autre côté, les divisions Vinoy et Renault faisaient des prodiges de valeur sous les ordres du maréchal Canrobert et du général Niel. La division Vinoy, partie de Novare dès le matin, arrivait à peine à Trecate, où elle devait bivouaquer, quand elle fut appelée par l'Empereur. Elle marcha au pas de course jusqu'à Ponte di Magenta, en chassant l'ennemi des positions qu'il occupait et en lui faisant plus de 4,000 prisonniers; mais, engagée avec des forces supérieures, elle eut à subir beaucoup de pertes : 11 officiers furent tués et 50 blessés; 650 sous-officiers et soldats furent mis hors de combat. Le 85e de ligne eut surtout à souffrir : le commandant Delort, de ce régiment, se fit bravement tuer à la tête de son bataillon, et les autres officiers supérieurs furent blessés. Le général Martimprey fut atteint d'un coup de feu en conduisant sa brigade.

» Les troupes du maréchal Canrobert firent aussi des pertes regrettables. Le colonel de Senneville, son chef d'état-major, fut tué à ses côtés; le colonel Charlier, du 90e, fut mortellement atteint de cinq coups de feu, et plusieurs officiers de la division Renault furent mis hors de combat, pendant que le village de Ponte di Magenta était pris et repris sept fois de suite.

» Enfin, vers huit heures et demie du soir, l'armée française restait maîtresse du champ de bataille, et l'ennemi se retirait en laissant entre nos mains quatre canons, dont un pris par les grenadiers de la garde, deux drapeaux et 7,000 prisonniers. On peut évaluer à 20,000 environ le nombre des Autrichiens mis hors de combat. On a trouvé sur le champ de bataille 12,000 fusils et 30,000 sacs.

» Les corps autrichiens qui ont combattu contre nous sont ceux de Klam-Gallas, Zobel, Schwartzemberg et Lichtenstein. Le feld-maréchal Giulay commandait en chef.

» Ainsi cinq jours après le départ d'Alexandrie, l'armée alliée avait livré trois combats, gagné une bataille, débarrassé le Piémont des Autrichiens et ouvert les portes de Milan. Depuis le combat de Montebello, l'armée autrichienne a perdu 25,000 hommes tués ou blessés, 10,000 prisonniers et 17 canons. »

Nous complétons ce résumé général par les rapports des chefs de corps qui ont pris part à la bataille de Magenta :

RAPPORT

DU GÉNÉRAL COMMANDANT EN CHEF DE LA GARDE IMPÉRIALE.

« Au pont de San Martino, le 5 juin 1859.

» Sire,

» D'après les ordres de Votre Majesté, la 2e brigade de grenadiers de la garde, sous le commandement du général Wimpffen, est partie de Trecate le 4 juin à huit heures du matin, pour aller occuper la tête de pont de San Martino, qui se trouvait évacuée par les Autrichiens. Ceux-ci, en opérant leur retraite la veille, avaient tenté de faire sauter le pont du Tessin. Mais cette opération avait mal réussi; et, bien que deux arches fussent fortement endommagées, elles étaient cependant encore praticables aux fantassins et même à l'artillerie en faisant quelques réparations.

» Les grenadiers traversèrent le pont et allèrent reconnaître, la rive opposée sur laquelle l'ennemi ne montrait que peu de forces.

» A dix heures du matin, la brigade du général Cler, deux escadrons de chasseurs à cheval de la garde sous les ordres du général Cassaignolles, trois batteries d'artillerie à pied, et deux batteries d'artillerie à cheval, se mirent en marche de

Trecate pour se rendre à la tête de pont de San Martino, où les troupes arrivèrent à onze heures et demie.

» A ce moment, il y eut quelques coups de canon et de fusil échangés entre les Autrichiens et deux bataillons du général Wimpffen, appuyés par une section d'artillerie à pied. Les tirailleurs autrichiens et quelques pièces qu'ils avaient montrées furent rejetés au delà du pont de Naviglio. Vers une heure de l'après-midi, j'ordonnai de cesser ce combat sans objet, et il n'y eut plus que de rares coups de fusil échangés entre nos grenadiers, qui s'étaient rapprochés du pont de San Martino, et les tirailleurs ennemis qui avaient réoccupé leurs anciennes positions en avant du pont du Naviglio.

» A une heure ennemie, Votre Majesté entendit la canonnade engagée vers la droite de la position de l'ennemi, et en conclut que le corps d'armée du général de Mac-Mahon et la division de voltigeurs de la garde aux ordres du général Camou avaient exécuté leur mouvement tournant.

» Laisser ce corps d'armée seul aux prises avec toutes les forces ennemies eût pu rendre plus difficile ou même indécis le résultat de l'attaque si bien combinée du général de Mac-Mahon. Afin de diviser l'attention et les forces de l'ennemi, Votre Majesté, connaissant la prochaine arrivée des corps du général Niel et du maréchal Canrobert, ordonna à la division de grenadiers de la garde, forte de moins de 5,000 hommes, d'attaquer de front la position de l'ennemi.

» Cette position forme un vaste demi-cercle de collines appuyant sa droite au village de Buffalora, son centre à Magenta et sa gauche à Rebecco. Toute cette ligne est couverte par un canal large et profond, le Naviglio Grande, coulant à mi-côte entre deux digues fort escarpées, et franchissables seulement sur trois ponts vis-à-vis les trois villages. En avant et en arrière du pont de Magenta se trouvent quatre grandes maisons de granit (les bâtiments de la station et de la douane); ces maisons, occupées par l'ennemi, défendaient l'approche du canal et empêchaient ensuite de le franchir.

» Le terrain, à droite et à gauche de la grande route qui mène du pont de San Martino à celui de Magenta, est coupé de fossés remplis d'eau et de rizières inondées qui rendaient très-difficile la marche de l'infanterie en dehors de la route. A gauche, une chaussée étroite conduit au pont de Buffalora; à droite, la levée du chemin de fer mène à celui de Rebecco. Pour enlever cette formidable position, je fis attaquer à gauche le village de Buffalora par le 2e de grenadiers sous les ordres du colonel d'Alton, et je fis marcher à droite sur la chaussée du chemin de fer le 3e de grenadiers commandé par le colonel Metman. Le régiment de zouaves fut massé dans un pli de terrain près de la grande route, et mis à l'abri du feu de l'ennemi; la route elle-même, à hauteur des zouaves, fut occupée par deux pièces d'artillerie qui soutenaient avec avec avantage le feu de l'artillerie ennemie.

» A droite, le 3e de grenadiers, dirigé par le général Wimpffen, enleva à l'ennemi une redoute qui couvrait le pont de Rebecco, le rejeta au delà du canal, et, grâce à la vigueur de ce régiment, tous les efforts faits par les Autrichiens pour reprendre ce poste important furent victorieusement repoussés pendant le reste de la journée.

» Une fois ce poste enlevé, le lieutenant-colonel de Tryon, avec un bataillon du 3e grenadiers, se jeta rapidement à gauche et vint attaquer les deux premières maisons qui couvraient l'approche du pont de Magenta; après une vive fusillade, il parvint à s'en emparer, mais sa troupe était trop faible pour déboucher du pont, qui était vigoureusement défendu par des forces très-supérieures. Alors, les zouaves commandés par le colonel Guignard, et dirigés par le général Cler, appuyèrent l'attaque du 3e grenadiers, forcèrent le passage du pont, s'établirent dans la maison de droite et durent lutter quelque temps encore avant d'enlever la maison de gauche, d'où partait une fusillade meurtrière. Enfin, après une demi-heure d'un combat opiniâtre, ce poste fut enlevé de vive force et rien ne s'opposa plus au libre passage du pont.

» Peut-être eût-il été prudent de s'arrêter à ce succès et de se borner à la possession de cette sorte de tête de pont, en attendant l'arrivée des corps d'armée du général Niel et du maréchal Canrobert; cette mesure était d'autant plus nécessaire que le général de Mac-Mahon avait suspendu son attaque; mais, entraînées par leur fougue habituelle, nos troupes, à peine fortes de trois bataillons, sortirent du poste qu'elles avaient conquis et se portèrent sur Magenta, centre de la position ennemie. Bientôt elles se trouvèrent en présence de forces supérieures, et des colonnes ennemies, couvertes de tirailleurs, vinrent menacer leur droite et leur gauche. A ce moment, le général Cassaignolles, à la tête de 110 chasseurs de la garde, chargea à plusieurs reprises et avec une remarquable énergie sur la gauche, et, malgré la difficulté du terrain, planté d'arbres et de vignes, il parvint à sabrer les tirailleurs ennemis et à arrêter la marche offensive de ses colonnes.

» Mais l'ennemi, favorisé par la nature du terrain peu praticable à la cavalerie, reprit bientôt sa marche offensive, et le faible détachement de chasseurs de la garde se retira entre les deux maisons qui forment la tête de pont de Magenta, où il fut bientôt rejoint par l'artillerie et l'infanterie qui s'étaient portées sur le centre de la position ennemie.

» Les deux fermes, à droite et à gauche du pont, furent fortement occupées par le 3e de grenadiers et les zouaves; la cavalerie fut renvoyée au delà du pont.

» Il était quatre heures du soir, l'ennemi se croyait victorieux.

» Il importait au succès de la journée de conserver le débouché du pont sur le Naviglio, pour permettre aux corps d'armée du général Niel et du maréchal Canrobert d'aborder l'ennemi aussitôt qu'ils arriveraient.

» Votre Majesté ordonna de défendre le poste avec la plus grande énergie en attendant l'arrivée des renforts qui approchaient. Les ordres de Votre Majesté furent exécutés : les zouaves, les grenadiers du 3e, ainsi que ceux du 1er régiment, qui étaient venus les soutenir, résistèrent à toutes les attaques dans les postes qui leur étaient confiés.

» Vers cinq heures du soir, la brigade Picard parut à portée du pont; les grenadiers et les zouaves, reprenant alors l'offensive, s'élancent à la baïonnette, repoussent encore une fois l'ennemi vers Magenta, et assurent un libre débouché aux deux corps d'armée qui arrivaient. La division Vinoy, du corps Niel, entra en action. Les opérations du général Niel furent secondées par les feux de l'artillerie de la garde, dirigés avec habileté sur les réserves ennemies abritées derrière les villages de Castello, de Barsi et Rebecco.

» Pendant les opérations dont je viens de rendre compte, le régiment du colonel d'Alton s'était emparé de Boffalora, vigoureusement défendu, et, secondé par le 73e de ligne, du corps d'armée du général de Mac-Mahon, il s'y était maintenu jusqu'à la fin de la journée contre l'attaque de forces supérieures.

» Tous les régiments de la division Mellinet, la cavalerie et l'artillerie, ont dignement fait leur devoir. Toutefois, l'enlèvement d'une position que l'art et la nature semblaient rendre inexpugnable, position défendue par des forces très-supérieures en nombre, n'a pu être obtenu qu'au prix de pertes considérables. Parmi les pertes les plus regrettables, je dois signaler à Votre Majesté celle du brave général Cler, officier du plus grand mérite, qui a reçu la mort en menant les zouaves à la charge.

» Dans l'attaque de Boffalora par le 2e de grenadiers, les commandants de Maudhuy et Desmé de Lisle ont trouvé une mort glorieuse : le général Wimpffen, en conduisant l'attaque de droite, a été légèrement blessé à la figure.

» Le général Mellinet, qui, pendant tout le cours de l'action, m'a secondé avec une rare valeur, a eu deux chevaux tués sous lui.

» Je mettrai plus tard sous les yeux de Votre Majesté les noms des officiers qui se sont fait le plus remarquer, et qui me paraissent plus particulièrement dignes de récompenses.

» Bien que M. le général Le Bœuf ne soit pas sous mon commandement, je manquerais à un devoir si je ne signalais pas l'énergique assistance que cet officier général m'a prêtée en dirigeant le feu de mon artillerie pendant le plus chaud de l'action. Son zèle seul l'amenait au milieu de nous : c'est un officier général qu'on est sûr de rencontrer partout où se présente le danger.

» Le général commandant en chef la garde impériale,
» REGNAUD DE SAINT-JEAN D'ANGÉLY. »

RAPPORT

DU GÉNÉRAL COMMANDANT EN CHEF LE 2e CORPS.

« Au quartier général, à Magenta, le 6 juin.

» Sire,

» Hier, j'ai eu l'honneur d'adresser à Votre Majesté un premier rapport succinct sur les opérations du 2e corps dans la journée du 4; je le complète ce matin, ayant reçu les rapports particuliers des commandants de division.

» Conformément aux ordres de Votre Majesté, le 2e corps et la division des voltigeurs de la garde impériale ont quitté Turbigo le 4, à dix heures du matin, pour se porter sur Magenta.

» La première division du 2e corps (division La Motterouge) est partie de Turbigo par Robecchetto, Malvaglio, Casate et Boffalora, pendant que la division Espinasse se dirigeait sur le même point par Buscate, Inveruno, Mezero et Marcallo.

» La division Camou, des voltigeurs de la garde, marchait dans les traces de la division La Motterouge. Arrivé à Cuggiono, je m'aperçus que la tête de cette division (il était midi environ) avait l'ennemi devant elle à Casate. Les renseignements que j'ai recueillis dans la journée d'hier indiquent qu'il y avait sur ce point deux régiments autrichiens.

» Je les fis attaquer sur-le-champ par le régiment de tirailleurs algériens. Le village étant enlevé, ce régiment s'établit à 200 mètres en avant. Je le fis arrêter sur ce point et je fis déployer la 1re division, la droite à la Cascina Valizio, la gauche vers la Cascina Malastalla, pendant que l'ennemi, de son côté, réunissait des forces à Boffalora et Cascina Guzzafame.

» Il m'était démontré, par les dispositions que prenait l'ennemi, que j'allais avoir devant moi des forces considérables.

» Pendant que la division La Motterouge formait sa ligne de bataille, je faisais avancer la division de voltigeurs de la garde en seconde ligne. Cette division était composée de treize bataillons, ceux-ci par bataillons en masse, à intervalles de déploiement.

» Sur ma gauche, je faisais dire au général Espinasse de hâter son mouvement sur Mezero et Marcallo.

» Vers deux heures, cet officier général m'informait qu'il avait lui-même l'ennemi devant lui à Marcallo.

» Je lui prescrivis aussitôt d'enlever ce village, puis de s'établir, sa gauche appuyée à Marcallo, sa droite dans la direction de Cascina Guzzafame. Dès que j'eus la certitude que ces dispositions préparatoires étaient achevées, je fis attaquer vigoureusement Boffalora par la division La Motterouge, soutenue par la division Camou.

» La position de Boffalora, si les renseignements que j'ai reçus sont exacts, se trouvait occupée par 15,000 Autrichiens, ayant en arrière d'eux, entre Boffalora et Magenta, un corps de 20,000 hommes.

» L'ennemi avait sur son front, devant le village de Boffalora, une forte batterie d'artillerie et une batterie de fuséens.

» La position fut attaquée vigoureusement par le régiment de tirailleurs indigènes et le 45e de ligne, pendant que les grenadiers de la garde, débouchant par San Martino, attaquaient également Boffalora et obligeaient l'ennemi à battre en retraite vers Magenta.

» Le village de Boffalora étant dépassé par mes troupes, je fis sur-le-champ un quart de conversion à gauche pour former une ligne de bataille appuyée, la droite au chemin de Boffalora à Magenta, la gauche à Cascina Nova, se ralliant de ce côté à la division Espinasse, vers Marcallo.

» Dès que la division La Motterouge eut achevé de prendre son ordre de bataille, et que la division Camou eut débouché sur la gauche de Boffalora, je fis marcher directement toute la ligne sur Magenta, alors très-fortement occupé par l'ennemi.

» A Cascina Nova, le 45e de ligne s'engagea, avec la plus grande intrépidité, contre les forces qui s'étaient établies dans l'intérieur et autour de cette grande ferme. Deux régiments hongrois, qui défendaient cette position, furent obligés de céder à notre élan; 1,500 hommes environ déposèrent les armes. Un drapeau fut enlevé par le 45e sur le cadavre du colonel d'un de ces régiments.

» Le mouvement se prolongeant en avant vers Cascina Guzzafame, la division La Motterouge se trouva avoir devant elle des forces considérables qui manœuvraient dans l'intention évidente de s'opposer à la jonction de mes deux divisions et d'isoler la division Espinasse.

» En ce moment, je ralentis un peu le mouvement de la division La Motterouge, laissant seulement ses tirailleurs s'engager avec l'ennemi, afin de donner le temps aux bataillons de la division de se former en bon ordre, et aux treize bataillons de la division Camou de prendre également leur ligne de bataille à 200 mètres en arrière de la division La Motterouge.

» Ceci fait, j'ordonnai au général La Motterouge de faire effort sur Magenta et de faire prendre pour point de direction, à tous ses bataillons, le clocher de cette ville, en menaçant par son extrême droite, composée du 45ᵉ, la droite de l'ennemi.

» Pendant ce temps, la division Espinasse, marchant de Marcallo par Cascina Medici, abordait l'ennemi par sa droite. Le mouvement convergent des deux divisions s'opéra avec un ensemble et un élan des plus remarquables. La division La Motterouge, se sentant appuyée par les voltigeurs de la garde, et ceux-ci ayant, en avant, une première ligne formée de régiments dont ils connaissaient toute l'ardeur, les deux troupes rivalisèrent d'entrain pour concourir au même but. L'acharnement de l'ennemi, dans Magenta, fut extrême. Des deux côtés on sentait que Magenta était réellement la clef de la position. Dans ce mouvement d'attaque générale, le général Auger, commandant l'artillerie du 2ᵉ corps, avait suivi le mouvement de la division La Motterouge, établissant successivement les batteries de cette division et celles de la réserve sur la droite de ma ligne de bataille, afin de répondre vigoureusement à l'artillerie ennemie établie au débouché de la ville sur la route de Boffalora.

» Vers sept heures, le gros des forces ennemies dessina son mouvement de retraite vers Rebecco, Castellaro et Corbetta. Une partie s'engagea sur le chemin qui conduit de Magenta à Ponte di Magenta.

» En ce moment, notre artillerie, avec quarante pièces en batterie sur le chemin de fer, parallèle à la direction de la ligne de retraite de l'ennemi, put prendre en flanc et d'écharpe les colonnes autrichiennes qui défilaient de ce côté dans le plus grand désordre. Celles-ci durent éprouver des pertes considérables, reçues qu'elles étaient dans ce moment, avec la plus grande vigueur, par l'une des divisions du 4ᵉ corps, dont un des régiments, le 52ᵉ de ligne, avait concouru un instant à l'attaque de Magenta.

» La ville de Magenta, tombée en notre pouvoir vers sept heures et demie, était encore en ce moment même remplie de nombreux détachements ennemis retranchés et barricadés dans toutes les maisons, se défendant avec intrépidité, mais auxquels toute retraite était devenue impossible. A huit heures le feu cessa des deux côtés, et ces détachements durent mettre bas les armes. L'attaque de la ville par la division Espinasse, faite en même temps que celle de la division La Motterouge, fait le plus grand honneur aux régiments de la 2ᵉ division.

» Le 2ᵉ de zouaves et le 2ᵉ étranger s'y sont fait remarquer tout particulièrement.

» Le champ de bataille, entièrement couvert des cadavres de l'ennemi, jonché de ses armes et de ses effets de toute espèce, indique à la fois combien nos troupes ont été vigoureuses et combien les pertes de l'ennemi ont été grandes.

» A l'heure qu'il est, j'estime à 5 ou 6,000 le nombre des prisonniers que j'ai fait diriger sur San Martino.

» Il y a plus de 10,000 fusils sur le champ de bataille; nos pertes, quoique sensibles, sont relativement peu considérables.

» Le général Espinasse chargeant de sa personne à la tête d'un de ses bataillons, est tombé mortellement frappé, ainsi qu'un de ses officiers d'ordonnance, dans la ville de Magenta.

» Brillamment comme lui, à la tête de leurs troupes, sont tombés les colonels Drouhot, du 65ᵉ de ligne; de Chabrières, du 2ᵉ régiment étranger.

» Je ne dois pas omettre de signaler les services que nous a rendus notre cavalerie dans cette journée. Elle a chargé plusieurs fois la cavalerie ennemie, qui cherchait à s'engager dans les intervalles de nos colonnes.

» Notamment, mon peloton d'escorte a chargé trois fois sur des partis de uhlans. Nulle part la cavalerie autrichienne n'a tenu devant la nôtre.

» D'après les renseignements fournis par un officier d'ordonnance du général Jellachich, qui a été fait prisonnier, l'ennemi avait devant nous quatre corps d'armée de 30,000 hommes chacun sur le papier, mais n'ayant, en réalité, que 25,000 combattants.

» Ces corps seraient ceux de Klam-Gallaz, Lichtenstein, Benedeck et Zobel, commandés en chef par le feld-maréchal Giulay.

» Je n'ai pas besoin, sire, de vous dire combien j'ai à me féliciter de la vigueur et de l'énergie de toutes les troupes que j'ai l'honneur de commander, à quelques armes qu'elles appartiennent. J'y comprends, bien entendu, la division de voltigeurs de la garde qui a été mise un instant sous mes ordres, et dont le concours m'a été très-utile.

» Si j'éprouve un regret, c'est de ne pouvoir, dans ce rapport, vous donner les noms des officiers et des soldats, en très-grand nombre, qui méritent d'être mis à l'ordre de l'armée.

» Les officiers généraux, sans exception, sont tous dans cette catégorie, et j'en puis dire autant de tous les chefs de corps.

» J'ai dirigé hier sur San Martino trois canons autrichiens qui ont été enlevés à l'ennemi dans la journée du 4 juin.

» *Le général commandant en chef le 2ᵉ corps,*

» DE MAC-MAHON. »

RAPPORT

DU MARÉCHAL COMMANDANT EN CHEF LE 3ᵉ CORPS.

« Le maréchal commandant le 3ᵉ corps partit de Novare le 4 juin; dès qu'il a eu passé le pont du Tessin (cinq heures du soir) et pris les ordres de l'Empereur, il s'est porté rapidement sur le lieu du combat, où la brigade Picard, de la division Renault, arrivée à quatre heures du soir, s'était placée à la droite des grenadiers de la garde qui avaient enlevé avec tant de vaillance des positions vraiment formidables.

» A l'arrivée du maréchal, la brigade Picard, aidée de quelques bataillons de la division Vinoy, avait déjà pris et repris plusieurs fois le village de Ponte di Magenta; mais la disposition du terrain qui s'étend entre ce village et la jetée du chemin de fer présente un contre-fort très-rapproché de cette jetée, la dominant, et dont l'occupation était de ce côté une sorte de clef de position.

» Le maréchal le fait occuper par plusieurs compagnies que placent M. le général Courtois d'Harbal et M. le capitaine de Molènes, un de ses officiers d'ordonnance; puis il prolonge sa marche jusqu'au village même de Ponte di Magenta qui, après avoir été pris et repris trois fois, avait encore à être défendu une quatrième contre le retour des Autrichiens.

» Le général Picard, le colonel Bellecourt, du 85ᵉ, et beaucoup d'officiers, qui donnent aux troupes l'exemple de l'entrain et de la ténacité dans l'entrain, le font reprendre de nouveau.

» L'ennemi sentait l'importance de ce point qui, s'il fût resté en son pouvoir, le menait sur le flanc même de notre ligne de communication avec le pont du Tessin. Cette circonstance explique sa ténacité dans les attaques successives et l'irrésistible entrain des nôtres dans les retours offensifs pour reprendre la position.

» La brigade Jannin, ayant à sa tête le général Renault, avait enfin pu déboucher et se porter rapidement sur la ligne autrichienne, s'appuyant à Ponte di Magenta, dans la portion de ce village placée sur la rive gauche du canal Naviglio. Prise et reprise plusieurs fois, cette portion du village, isolée par le pont du Naviglio que l'ennemi avait fait sauter, reste en possession du général Renault, qui s'y établit définitivement.

» La division Trochu, qui n'apparaît sur le théâtre de la lutte que vers huit heures du soir avec sa première brigade, s'établit dans le village de Ponte di Magenta, et corrobore notre succès par une occupation des plus solides.

» De grands éloges doivent être donnés à la troupe, qui, malgré sa faiblesse numérique, les fatigues d'une marche pénible, a constamment suivi l'exemple de ses chefs à tous les degrés de hiérarchie, et chargé chaque fois énergiquement l'ennemi à la baïonnette.

» Le succès a été glorieux, mais chèrement acheté : plus de 1,100 hommes ont été frappés. Parmi les officiers tués, j'ai la douleur de citer M. le colonel de Senneville, mon chef d'état-major général, officier supérieur accompli; le colonel Charlier, du 90ᵉ, tué à la tête de ses soldats; le capitaine d'état-major Baligand, excellent officier, aide de camp de M. le général Jannin. Parmi les blessés se trouvent l'intendant Mallarmé, le colonel Auzony, du 23ᵉ de ligne, le colonel d'état-major de Cornély, mon premier aide de camp, contusionné par la chute d'un cheval tué sous lui; le capitaine d'état-major Armand, l'un de mes aides de camp, blessé légèrement d'une balle au menton; M. le sous-lieutenant de Lostanges, atteint d'un léger coup de sabre à la tête.

» Nous avons pris à l'ennemi plusieurs centaines de prisonniers qui ont été immédiatement dirigés sur San Martino.

» Tout porte à croire qu'en face de nous la perte de l'ennemi a été au moins triple de la nôtre,

» M. le comte de Vimercati, officier piémontais, mis à ma disposition par l'Empereur, m'a été très-utile.

» *Le maréchal de France, commandant en chef le 3e corps,*

» Maréchal Canrobert. »

RAPPORT

DU GÉNÉRAL COMMANDANT EN CHEF LE 4e CORPS.

» Au quartier général de Ponte di Magenta, 5 juin 1859.

» Sire,

» Je n'ai pu encore réunir tous les documents relatifs à la part que la division Vinoy, du 4e corps, a prise à la bataille qui a été livrée hier au débouché du pont du Tessin; mais je pense que Votre Majesté lira avec intérêt le résumé des renseignements que j'ai déjà pu me procurer.

» Au moment où elle venait de prendre son bivac à Trecate, arrivant de Novare, la division Vinoy a été appelée par l'Empereur. La distance de Trecate à Ponte Nuovo di Magenta a été presque entièrement parcourue au pas de course, et j'ai eu à calmer plutôt qu'à exciter la rapidité de la marche. Il était temps que cette division arrivât. La grande supériorité des forces de l'ennemi faisait éprouver des pertes à la garde impériale, qui était vivement pressée dans ses positions. J'ai dû envoyer des renforts sur les points les plus menacés. Les troupes de la division, combattant par groupes de deux ou trois bataillons, ont été plusieurs fois dans des positions critiques. En ligne, nous étions menacés d'être percés, et quand nous formions des colonnes d'attaque nous étions enveloppés.

» L'ennemi a été chassé de toutes les positions que nous voulions occuper, qui sont restées jonchées de ses morts et de ses blessés. La 2e division a fait plus de 1,000 prisonniers.

» Un combat si vif a entraîné des pertes sensibles. D'après les rapports qui me sont arrivés jusqu'à ce moment, et qui sont bien près d'être exacts, la division Vinoy a eu 11 officiers tués et 50 blessés; le nombre de sous-officiers et soldats tués ou blessés est de 650. Le 85e est le corps qui a le plus souffert; le commandant Delort, de ce régiment, s'est fait bravement tuer à la tête de son bataillon, et tous les autres officiers supérieurs ont été mis hors de combat. Le général de Martimprey a été blessé à la tête de sa brigade.

» J'aurai beaucoup d'actes de bravoure à faire connaître, mais je crois devoir signaler dès aujourd'hui à Votre Majesté la brillante conduite du général Vinoy. Il est impossible d'allier à un plus haut degré l'ardeur qui électrise le soldat et la présence d'esprit qui fait parer aux cas difficiles et imprévus.

» Tout le monde, sire, a bien fait son devoir dans la 2e division du 4e corps. On y était heureux de combattre sous les yeux de Votre Majesté.

» *Le général de division aide de camp de l'Empereur, commandant le 4e corps,*

» Niel. »

Après le récit stratégique, voici le récit pittoresque et pour ainsi dire sentimental de la bataille, que nous empruntons à une lettre de M. Amédée Achard, correspondant du *Journal des Débats* :

« Ah ! cette fois j'ai vu la guerre dans ce qu'elle a de plus effrayant, et la victoire dans ce qu'elle a de plus superbe. J'admire l'héroïsme de nos soldats mêlé à ce que la pitié a de plus tendre et de plus touchant, et je ne sais quelle profonde impression de tristesse m'en est restée.

» On s'incline devant tant de courage et d'abnégation; on est heureux d'être le frère de pareils hommes, et malgré soi on pleure.

» Je ne suis pas un historiographe pour vous raconter, au point de vue de la vérité stratégique, cette grande journée du 4 juin, qui marquera largement dans nos fastes militaires.

» L'armée du comte Giulay occupait une position dont la force avait été augmentée par des travaux de campagne qui en rendaient l'accès presque impossible. Une longue crête, qui coupe la chaussée de Boffalora au sommet de cette rampe dont je vous ai parlé dans ma dernière lettre, est défendue par un canal large et profond, — le Naviglio Grande, — qu'on franchit sur des ponts étroits. Du Tessin jusqu'à la hauteur où le comte Giulay avait assis ses batteries, le remblai

du chemin de fer longe la route à une portée de fusil sur la droite, et forme comme un rempart artificiel dont les feux plongeants balayaient le terrain sur lequel il fallait nécessairement passer pour atteindre le village de Boffalora.

» A droite et à gauche de la chaussée, ce sont des prairies inondées, des bouquets de bois, des cours d'eau, des fossés. Tout se réunissait donc pour rendre cette position inexpugnable.

» C'est contre l'angle formé par la crête et la rencontre du chemin de fer que les colonnes d'attaque ont été lancées.

» Le général Cler conduisait le 3e régiment de grenadiers et les zouaves. Repoussés six fois et six fois ramenés, ces braves soldats, décimés par un feu terrible, sont enfin parvenus à couronner les hauteurs derrière lesquelles s'ouvre le grand canal. Le 1er et le 2e grenadiers combattaient sur la route et sur la gauche, dirigés par le général Wimpffen. A trois heures, le général Giulay se croyait sûr de la victoire, et écrivait à Vérone que l'armée française n'avait pu forcer le passage. Il avait alors presque raison, seulement il se pressait trop, comme autrefois son prédécesseur le général Mélas.

» Et à ce point de vue, la bataille de Magenta a été une autre bataille de Marengo dont le général de Mac-Mahon a été le Desaix, mais un Desaix heureux en même temps que vainqueur.

» La droite de l'armée autrichienne s'appuyait contre une immense ferme crénelée, dont les abords sont protégés par des vergers et des fossés; le centre se retranchait à Magenta, dont l'église, le clocher, la gare et les maisons étaient autant de forteresses. La gauche était à Boffalora.

» La ligne du canal, en avant de Boffalora, n'avait pas encore été forcée, lorsque le général de Mac-Mahon, qui venait de recevoir l'ordre d'emporter Magenta, coûte que coûte, parut sur le terrain avec les divisions Espinasse et La Motte-rouge. Il arrivait de Turbigo, après avoir traversé le Tessin sur un pont de bateaux dont la construction n'avait pas été inquiétée par les Autrichiens. Le général aborda résolûment la droite de l'ennemi, et la véritable bataille commença. Les régiments autrichiens qui défendaient la ferme se battirent avec une extrême vigueur; mais, chassés enfin de leurs positions, ils furent repoussés à la baïonnette jusqu'à Magenta, où une résistance nouvelle et plus formidable attendait nos soldats.

» La gauche extrême du corps du général de Mac-Mahon, qui prenait en flanc la ligne d'opérations de l'armée autrichienne, était occupée par le 2e régiment étranger, qui perdit là son colonel et plusieurs officiers, et par les turcos, dont les compagnies, qui couraient au feu en poussant des hourras, étaient comme fauchées par la mitraille.

» L'élan de nos soldats dut s'arrêter devant un fossé de proportions gigantesques, formé par les déblais du chemin de fer, derrière lequel les forces ennemies s'étaient massées, se faisant un abri du village. C'est là que le général Espinasse trouva la mort, ainsi que son aide de camp.

» Le général de Mac-Mahon, que rien ne pouvait faire hésiter et qui s'exposait comme un soldat, chargeant lui-même une pièce d'artillerie avec son état-major, se lança en avant, et nos bataillons poussèrent au plus épais des baïonnettes comme une hache dans le cœur d'un chêne. Mais la victoire était encore incertaine, lorsque la division des voltigeurs de la garde, conduite par le général Camou et mise aux ordres du général de Mac-Mahon, entra en ligne, marchant au pas de charge, tous les tambours des quatre régiments et les clairons du bataillon des chasseurs de la garde battant et sonnant à la fois.

» Le combat ne fut plus qu'un assaut. Les soldats autrichiens, rendons-leur cette justice, se défendirent avec acharnement : il fallut emporter la gare d'abord et les bâtiments qui en dépendent, les maisons, l'église, le clocher. A neuf heures la résistance expira : vainqueurs et vaincus, campèrent côte à côte, également épuisés par cette longue lutte, mais les Autrichiens en dehors des lignes qu'ils avaient occupées la veille. Il y a dans l'armée autrichienne des compagnies dont il ne reste plus qu'un homme ou deux, des régiments réduits à un peloton! Combien de bataillons qui n'ont plus d'officiers!

» Tandis que le général de Mac-Mahon arrivait à Magenta, le maréchal Canrobert, avec deux divisions, appuyait les grenadiers de la garde, qui, reprenant l'offensive, forçaient le passage du canal, tuant sur le pont l'homme qui devait le faire sauter. Mais, comme à Magenta, les bâtiments de la gare, la douane, qu'on reconnaît à ses arcades, une grande auberge qui lui fait face, et d'autres maisons, servirent de retranchements aux Autrichiens. Il fallut les en débusquer par la force jusqu'au dernier. A neuf heures, nos soldats bivaquaient sur le champ de bataille, maîtres de toutes les positions; il n'y avait plus devant eux que des morts. Trois pièces de canon, deux drapeaux et 7,000 prisonniers étaient aux mains des Français.

» Vous savez sans doute que le général de Mac-Mahon a été nommé maréchal de France et duc de Magenta, aux applaudissements de toute l'armée. Le général Regnaud de Saint-Jean d'Angély a également reçu le bâton de maréchal.

» S'il faut en croire des renseignements qui paraissent officiels, l'armée du comte Giulay se composait de quatre corps, ceux du prince Schwartzenberg, du comte Clam-Gallas, de Lichtenstein et de Zobel, mais non pas au complet. Quelques régiments étaient arrivés la veille seulement de Prague.

» La division du général Urban, rejetée au nord, a failli être enveloppée. On a appris aujourd'hui que l'ennemi de Garibaldi a réussi à s'échapper.

» Pour se faire une juste idée de cette grande victoire, il faut avoir parcouru le champ de bataille; j'ai visité celui de Boffalora le 5, celui de Magenta aujourd'hui même. Vous savez quels obstacles présentait aux grenadiers de la garde le terrain sur lequel ils avaient à combattre.

» Le terrain de Magenta est tout coupé de vergers, de haies vives, de ruisseaux qui enchevêtrent leurs barrières, et de longues rangées de vignes dont les ceps et les rameaux liés entre eux ne cèdent que lorsqu'on les brise. Un village couvre la plaine de ses feux en arrière; une ferme pareille à un bastion la protège en avant. C'est là qu'il a fallu vaincre.

» Je n'avais jamais vu de champ de bataille; je ne souhaite plus d'en voir aucun. Les tableaux disposent avec art ce spectacle des luttes où le sang coule à flots; ils groupent les combattants, ils mettent le mouvement et la vie dans ces fêtes de la mort; ils animent les visages; on ne voit plus que les efforts suprêmes du courage, on ne s'intéresse plus qu'à l'héroïsme! Mais un champ de bataille où le silence est maître et que la solitude remplit... ah! c'est affreux!

» La chaussée qui part du Tessin et que le magnifique pont de Boffalora relie au Piémont, tout encombrée par un convoi d'artillerie et d'approvisionnements, m'a contraint de prendre par un chemin de traverse qui coupe dans toute son étendue le champ de bataille de Magenta.

» On voyait sur le sol des sillons tracés par les boulets, les arbres cassés en deux, les blés couchés par terre, les clôtures en pièces; aucun bruit ne sortait des fermes. Au milieu des champs, sur les routes, dans les prés, des sacs et des shakos, des képis et des gibernes par centaines, des capotes déchirées, des vestes en lambeaux, mille débris informes, et puis çà et là des monticules dont la surface bombée appelle le regard; le pied les rencontre à toute minute; la terre est encore humide, elle a par places une couleur que l'on n'oublie pas dès qu'on l'a vue; les jambes d'un cheval sortent d'un fossé mal comblé, des lambeaux d'étoffes épaissies et roides pendent aux vignes. Puis, au milieu de cette solitude, des paysans errent à pas lents, cherchant quelques dépouilles qu'ils enfoncent dans des sacs.

» On n'avait pas eu le temps d'enterrer tous les morts. Il y en avait par douzaines encore sur un plateau derrière une haie. Tous avaient l'habit blanc et le pantalon bleu; tous, excepté ceux qui n'avaient plus rien. Quelles attitudes et quels visages! Congestionnés par la mort, tous ces cadavres avaient des faces de nègre. Quelques-uns, les lèvres retirées par une dernière crispation, semblaient rire et montraient leurs dents blanches.

» Le croirait-on? deux femmes cueillaient des feuilles de mûrier dans ce champ.

» Auprès de la douane de Boffalora, un entassement énorme de sacs, de gibernes et de vêtements, où l'on reconnaissait le turban et le tarbouche des zouaves, la veste à collet vert des Tyroliens, le bonnet à poil des grenadiers, les capotes bleues, les casaques blanches, les pantalons rouges, était mis au pillage, et par qui? On vendait ces dépouilles aux enchères! Une tunique de drap blanc à collet orange ou bleu, 16 sous : il est vrai qu'il y avait un trou dans l'étoffe, avec une large tache brune sur le côté. Le pantalon rouge à larges plis, 12 sous... C'est peu; mais qu'en faire? Un biscaïen l'a déchiré! Les paysans emportaient tout. Ceux qui n'avaient pas de monnaie puisaient dans le tas.

» Tous les sacs étaient ouverts, et la modeste fortune du soldat jetée au vent! Que de lettres éparpillées sur le sol!

» Entrons dans les bâtiments de la douane. Un mulet se débat et meurt dans le cabinet où l'on examinait les passeports. Il n'y a plus rien entre les cloisons qu'un peu de paille. Tous les meubles sont en poudre, les fenêtres en pièces; on marche sur des débris de glaces et de vitres. Des blessés sont dans tous les coins, assis ou couchés. Des fiévreux grelottent sous un auvent. Dans une cour, des armes par centaines sont amoncelées contre la muraille; combien de baïonnettes tordues, combien qui sont comme rouillées! Des prisonniers dévorent un morceau de pain. Les quatre façades de la douane et de l'auberge sont criblées de balles. Elles me rappellent les maisons du faubourg du Temple après les journées de juin. Une seule vitre par hasard est intacte. L'enseigne de l'auberge est comme une cible.

» Mais ce spectacle déjà si terrible, qu'était-il auprès de celui que présentaient la gare et le bourg de Magenta! Là, chaque maison avait ses blessés. Les bâtiments de la station en étaient littéralement encombrés. Il fallait prendre garde, en marchant, de n'en pas fouler aux pieds quelqu'un. Plus de rampes aux escaliers, plus de portes, rien que des murs nus peints à fresque. Dans le coin d'un bureau, la caisse de l'administration forcée extérieurement, mais défendue à l'intérieur par une seconde armature en fer. Toutes les feuilles des registres éparses et s'envolant de tous côtés.

» Jamais on ne vit, même dans les arsenaux, un pareil entassement de fusils. Ils étaient par milliers étendus par terre; une escouade de voltigeurs déchargeait ceux qu'on rapportait. A toute minute de nouveaux prisonniers arrivaient par petites bandes ou individuellement. On ne fouillait pas une cave qu'on n'en découvrît quelques-uns. Une centaine venaient d'être arrêtés dans la maison du curé. Des lanciers, des chasseurs, qui battent le pays, en ramènent d'autres par escouades. Presque tous sont affamés. Le bruit court que les maisons du village en sont remplies. La moindre recherche confirme ce bruit. J'en vois sortir deux d'une petite cave pratiquée sous un escalier de la gare, un Bohême et un Roumain. Il y a quatre jours qu'ils n'ont mangé; ils tremblent d'épuisement et de frayeur; ils tendent les mains en suppliant et croient qu'on va les fusiller. Des soldats leur portent du vin et du pain; ils se jettent dessus.

» On annonce qu'un officier supérieur vient d'être fait prisonnier. Une voiture entre en effet dans la cour d'un bâtiment voisin de la gare. Il a un chapeau tout galonné d'or, sa poitrine est chamarrée de croix; il a une longue moustache grise; un coup de feu l'a blessé à la main droite. C'est un colonel nommé, la veille, major général; un capitaine, un lieutenant tout jeune et un sous-lieutenant l'accompagnent. Le capitaine, qu'on a pris sur un toit où depuis deux jours il attendait l'occasion de rejoindre ses compagnons d'armes, est resté seul debout de toute sa compagnie. La mort, qu'il a cherchée, n'a pas voulu de lui. Le général auprès duquel on l'a amené, ainsi que les deux autres officiers, leur a laissé leurs sabres. On ne désarme pas des gens de guerre qui ont si bravement fait leur devoir.

» Nous parcourons le village, où tout est désordre et confusion. J'entre dans une maison : un soldat blessé attend qu'on l'emporte, deux de ses camarades sont couchés morts auprès de lui. L'un d'eux, frappé d'un coup de baïonnette, a déchiré sa chemise pour panser la plaie; il tient encore le linge entre ses doigts roidis.

» Ces découvertes de soldats cachés dans les granges et les caves, où ils endurent la soif et la faim, peuvent s'expliquer par la terreur qu'on a réussi à leur inspirer. Est-ce la crainte de cruelles représailles?

» Un convoi traîné par deux locomotives arrive de Milan pour ramener des blessés. C'est le troisième depuis le matin. Un spectacle pitoyable commence alors. On vide une première salle.

» Mais que vous dirai-je de nos soldats? Ces lions sont devenus des sœurs de charité. Ils vidaient leurs bidons entre les lèvres des vaincus, ils les soulageaient de leur mieux; ils partageaient leur pain avec ceux qui semblaient le moins malades; ils portaient les autres entre leurs bras; et que d'honnêtes paroles, que d'encouragements prodigués dans une langue que ces victimes de la guerre ne comprenaient pas, mais dont ils devinaient le sens par le sourire et le regard qui les accompagnaient. Combien n'ai-je pas vu de nos voltigeurs qui vidaient leur blague à tabac dans la main d'un blessé... leur blague à tabac, tout leur trésor!

» Non, on ne sait pas ce qu'il y a de bonté dans le cœur de ces hommes!

» Les wagons venant à manquer, on jeta de la paille sur les trucs, et bientôt un pavillon de verdure courba ses rameaux sur ce lit de misère. Ne fallait-il pas mettre les malheureux blessés à l'abri des rayons brûlants du soleil?

» Tandis que des voltigeurs coupent les branches et les

assujettissent sur les trucs, d'autres apportent des seaux d'eau dans lesquels ils ont jeté de l'eau-de-vie et du sucre. Ils en distribuent par tasses à ces blessés, qu'une soif inextinguible dévore. D'autres trempent des compresses dans de l'eau fraîche et les étendent sur une plaie saignante, qui brûle encore malgré le pansement. Rien ne les fatigue; ils sont pour les Autrichiens ce qu'ils sont pour leurs camarades. Là-bas, le pillage; ici, l'abnégation. La guerre renferme tout.

» Cependant les salles se désemplissent lentement. Un jeune capitaine d'état-major, dont je suis bien heureux d'avoir fait la connaissance, M. Tordeux, veillait à tout avec un zèle, un soin, une activité qui allaient au-devant des difficultés de ce service difficile. Quand il s'est approché du colonel autrichien qu'on amenait prisonnier, il m'a semblé voir un capitaine des gardes-françaises saluant les Anglais à Fontenoy et leur disant : « Messieurs, tirez les premiers. »

» Les officiers français ont prié les officiers autrichiens de partager leur déjeuner. Quel menu! un morceau de viande froide et du pain!

» Les chirurgiens allaient et venaient, le tablier blanc à la ceinture. Les brancards passaient sans relâche des wagons aux ambulances. Ah! que de cris arrachés par la douleur! que de gémissements étouffés quand il fallait soulever ces membres brisés, ces corps meurtris!... Tout le sang se fige dans les veines à ce souvenir. On laissait là ceux qui n'avaient plus qu'à mourir; on emportait dans une couverture, tenue par les quatre bouts, ceux qui ne respiraient plus.

» On venait de placer un capitaine sur un brancard. Tout à coup on s'arrêta; l'agonie venait de le saisir. Je verrai longtemps ces moustaches blondes et ces yeux à demi clos, d'où l'étincelle se retirait! Un prêtre s'avança et lui donna l'absolution. Toutes les têtes se découvrirent à la fois; un silence profond se fit; l'homme de Dieu approcha l'hostie des lèvres du moribond, qui remuèrent faiblement. Son ordonnance se mit à genoux, enleva une bague des doigts de son maître, les joignit ensemble sur sa poitrine, et le capitaine rendit l'âme dans l'attitude de la prière.

» L'obligeance de l'officier d'état-major dont je vous ai parlé me permit de trouver place dans le long convoi qui portait tant de blessés, et c'est ainsi que je suis arrivé à Milan.

» Ah! un mot sur le pont gigantesque de Boffalora, avant que je ne l'oublie. Il n'est ni sain, ni sauf, ni détruit. Les Autrichiens ont tenté de faire sauter les deux arches qui s'attachent à la rive lombarde. Ils n'ont réussi qu'à jeter dans le Tessin d'énormes blocs de pierre, tous les parapets et une partie du tablier, mais les clefs de voûte ont résisté. Les arches se sont affaissées comme l'échine robuste d'un géant qui porterait un poids trop lourd, mais n'ont pas cédé sous l'effort de la poudre. Si on y passe mal, on passe encore sur le pont de Boffalora. »

La conséquence certaine de la perte de la bataille de Magenta devait être l'abandon de Milan par les autorités autrichiennes : cet abandon fut du reste hâté par l'insurrection des habitants de la ville. Les Autrichiens laissèrent en partant plusieurs canons et les caisses de l'armée.

En même temps que Milan s'insurgeait pour proclamer l'annexion de la Lombardie au Piémont et faisait sa soumission à Victor-Emmanuel, on apprenait que la haute Lombardie, délivrée par les armes de Garibaldi, témoignait les mêmes sympathies et émettait les mêmes vœux.

Garibaldi poursuivait les troupes du général autrichien Urban, qui s'étaient enfuies de Varèse en désordre.

Le 8 juin, Napoléon III et Victor-Emmanuel entrèrent à Milan. Voici en quels termes une dépêche adressée le même jour par le major général de l'armée d'Italie au ministre d'État, rendait compte de cette entrée :

« L'Empereur et le roi entrent à Milan; la réception est magnifique et pleine d'enthousiasme.

» La victoire remportée par l'Empereur porte déjà ses fruits. Les Autrichiens ont évacué Milan hier matin, à dix heures, après avoir encloué leurs canons.

» Les résultats de la victoire se produisent chaque jour plus brillants; Milan est à nous. L'armée autrichienne bat en retraite sur Pavie dans le plus grand désordre. Elle a perdu 27,000 hommes tués, blessés ou prisonniers. Rien ne peut donner une idée de la démoralisation de ses soldats.

» Nous les voyons arriver, à chaque instant, par bandes de 20 à 50 déserteurs. Des prisonniers disaient hier qu'à la première affaire 3,000 soldats lombards passeraient dans nos rangs.

» L'Empereur se porte toujours fort bien; l'activité de Sa Majesté est prodigieuse : elle va partout, voit tout et dirige par elle-même tous les mouvements. Ce matin, à quatre heures, l'Empereur était levé et s'occupait de faire activer la marche du dernier corps qui entre Lombardie.

» Hier est arrivé ici Andryane, compagnon de captivité de Silvio Pellico. »

En arrivant à Milan, l'Empereur publiait les deux proclamations qui suivent, adressées, l'une aux Italiens, l'autre aux soldats de l'armée française :

« Italiens,

» La fortune de la guerre me conduisant aujourd'hui dans la capitale de la Lombardie, je viens vous dire pourquoi j'y suis.

» Lorsque l'Autriche attaqua injustement le Piémont, je résolus de soutenir mon allié le roi de Sardaigne, l'honneur et les intérêts de la France m'en faisant un devoir. Vos ennemis, qui sont les miens, ont tenté de diminuer la sympathie universelle qu'il y avait en Europe pour votre cause, en faisant croire que je ne faisais la guerre que par ambition personnelle, ou pour agrandir le territoire de la France. S'il y a des hommes qui ne comprennent pas leur époque, je ne suis pas du nombre.

» Dans l'état éclairé de l'opinion publique on est plus grand aujourd'hui par l'influence morale qu'on exerce que par des conquêtes stériles, et cette influence morale je la recherche avec orgueil en contribuant à rendre libre une des plus belles parties de l'Europe. Votre accueil m'a déjà prouvé que vous m'avez compris. Je ne viens pas ici avec un système préconçu pour déposséder les souverains ni pour vous imposer ma volonté; mon armée ne s'occupera que de deux choses : combattre vos ennemis, et maintenir l'ordre intérieur; elle ne mettra aucun obstacle à la libre manifestation de vos vœux légitimes. La Providence favorise quelquefois les peuples comme les individus en leur donnant l'occasion de grandir tout à coup; mais c'est à la condition qu'ils sachent en profiter. Profitez donc de la bonne fortune qui s'offre à vous.

» Votre désir d'indépendance si longtemps exprimé, si souvent déçu, se réalisera si vous vous en montrez dignes. Unissez-vous donc dans un seul but, l'affranchissement de votre pays. Organisez-vous militairement. Volez sous les drapeaux du roi Victor-Emmanuel, qui vous a déjà si noblement montré la voie de l'honneur. Souvenez-vous que sans discipline il n'y a pas d'armée; et, animés du feu sacré de la patrie, ne soyez aujourd'hui que soldats; demain, vous serez citoyens libres d'un grand pays.

» Fait au quartier impérial de Milan, 8 juin 1859.

» NAPOLÉON. »

« Soldats!

» Il y a un mois, confiant dans les efforts de la diplomatie, j'espérais encore la paix, lorsque tout à coup l'invasion du Piémont par les troupes autrichiennes nous appela aux armes. Nous n'étions pas prêts : les hommes, les chevaux, le matériel, les approvisionnements manquaient, et nous devions, pour secourir nos alliés, déboucher à la hâte par petites fractions au delà des Alpes, devant un ennemi redoutable, préparé de longue main.

» Le danger était grand : l'énergie de la nation et votre courage ont suppléé à tout. La France a retrouvé ses anciennes vertus, et, unie dans un même but comme en un seul sentiment, elle a montré la puissance de ses ressources et la force de son patriotisme. Voici dix jours que les opérations ont commencé, et déjà le territoire piémontais est débarrassé de ses envahisseurs.

» L'armée alliée a livré quatre combats heureux et remporté une victoire décisive qui lui ont ouvert les portes de la capitale de la Lombardie; vous avez mis hors de combat plus de 35,000 Autrichiens, pris 17 canons, 2 drapeaux, 8,000 prisonniers; mais tout n'est pas terminé : nous aurons encore des luttes à soutenir, des obstacles à vaincre.

» Je compte sur vous; courage donc, braves soldats de l'armée d'Italie! Du haut du ciel vos pères vous contemplent avec orgueil.

» Au quartier général principal, Milan, le 8 juin 1859.

» NAPOLÉON. »

A la même date, le major général de l'armée sarde donnait l'ordre du jour que voici :

« Commandement général de l'armée sarde.

» ORDRE DU JOUR Nº 16.

» Pendant que l'armée alliée se tenait encore sur la défensive, le général Garibaldi, à la tête des chasseurs des Alpes, des rives de la Dora s'élançait hardiment sur le flanc droit des Autrichiens avec une rapidité de mouvement extraordinaire; en peu de jours il arrivait à Sesto Calende, d'où, après avoir chassé l'ennemi, il pénétrait sur le territoire lombard et venait s'établir à Varèse. Là, attaqué par le feld-maréchal Urban avec 3,000 hommes d'infanterie, 200 chevaux et 4 canons, il soutenait, quoique dépourvu d'artillerie, une lutte acharnée dont il sortait vainqueur. Par d'autres combats successifs, il s'ouvrait le chemin de Côme; là, il repoussait encore les Autrichiens et il s'emparait de leurs magasins et de leurs bagages. Ces beaux faits d'armes sont le plus bel éloge de ces jeunes volontaires qui ont combattu comme de vieux soldats. Ils ont bien mérité de la patrie. Sa Majesté, se plaisant à leur témoigner sa plus haute satisfaction, a ordonné de faire connaître à toute l'armée les noms des braves chasseurs qui se sont le plus distingués, ainsi que les récompenses qu'il leur accorde par le présent ordre du jour :

» Médaille d'or à la bravoure militaire, Garibaldi (Giuseppe), général des chasseurs des Alpes; croix d'officier de l'Ordre Militaire de Savoie, Medici, lieutenant-colonel; croix de chevalier du même ordre, Succhi, major; médaille d'argent à la bravoure militaire : Cenni, Puggi, de Cristoforis, capitaines; Prebustini, lieutenant; Pedotti, Guerzoni, sous-lieutenants; Vigevano, chasseur; mention honorable : Corenz, lieutenant-colonel des chasseurs des Alpes, et à vingt-deux capitaines, lieutenants, sous-lieutenants, sergents et soldats.

» Fait au quartier général de Milan, le 8 juin 1859.

» D'ordre de Sa Majesté,

» *Le lieutenant-général chef d'état-major*
de l'armée.

» DE LA ROCCA. »

On apprenait, peu de jours après, que, le 8 juin, Garibaldi avait occupé Bergame et mis en déroute un corps de 1,500 Autrichiens qui venait du côté de Brescia.

Et le lendemain, le roi de Piémont adressait aux peuples de la Lombardie une proclamation conçue en ces termes :

« Peuples de la Lombardie !

» La victoire des armées libératrices m'amène au milieu de vous.

» Le droit national restauré, vos vœux établissent l'union avec mon royaume, union qui repose sur la garantie des droits civils.

» La forme provisoire que je donne aujourd'hui au gouvernement est exigée par les nécessités de la guerre.

» Une fois l'indépendance assurée, un gouvernement libre et durable sera fondé.

» Peuples de la Lombardie !

» Les Piémontais ont fait et font de grands sacrifices pour la patrie commune : notre armée, qui accueille dans ses rangs un grand nombre de vaillants volontaires de nos provinces et des autres provinces italiennes, a déjà donné d'éclatantes preuves de sa valeur en combattant victorieusement pour la cause nationale.

» L'Empereur des Français, notre généreux allié, digne du nom et du génie de Napoléon, est venu se mettre lui-même à la tête de l'héroïque armée de cette grande nation, et veut délivrer l'Italie depuis les Alpes jusqu'à l'Adriatique.

» Rivalisant de sacrifices, vous seconderez ces magnanimes efforts sur les champs de bataille, vous vous montrerez dignes des destinées auxquelles l'Italie vous appelle aujourd'hui, après des siècles de souffrances.

» Du quartier général principal, Milan, 9 juin 1859.

» VICTOR-EMMANUEL. »

Mais il ne suffisait pas de prendre possession de la capitale de la Lombardie; il fallait encore tirer tout le parti possible de la victoire importante qu'on venait de remporter, en empêchant l'ennemi de se fortifier dans des positions militaires sur l'Adda, ou dans ses places de Lodi, de Plaisance et de Pavie. C'est pourquoi l'Empereur donna l'ordre au maréchal Baraguey-d'Hilliers, commandant le 1er corps d'armée, de poursuivre l'armée autrichienne dans la direction de Lodi.

Sur la route de Milan à Lodi, l'ennemi occupait une position assez forte à Melegnano, l'ancien Marignan, illustré par la victoire qu'y remporta le roi de France François 1er. Voici, d'après le rapport même du maréchal, quels furent les circonstances et les résultats du combat qu'il fut obligé de livrer pour débusquer l'ennemi de cette position :

« Sire,

» Votre Majesté m'a donné l'ordre, hier, de me porter avec le 1er corps sur la route de Lodi, de chasser l'ennemi de San Juliano et de Melegnano, en me prévenant que, pour cette opération, elle m'adjoignait le 2e corps, commandé par le maréchal de Mac-Mahon.

» Je me suis porté immédiatement à San Donato pour m'entendre avec le maréchal, et nous sommes convenus qu'il attaquerait avec sa première division San Juliano; qu'après en avoir déposté l'ennemi, il se dirigerait sur Carpianello pour passer le Lombro, dont les abords sont très-difficiles, et que de là il se dirigerait sur Mediglia.

» La 2e division devait prendre, à San Martino, la route qui, par Trivulzo et Casanova, la conduisait à Bettola et se dirigeait sur la gauche de Mediglia, de manière à tourner la position de Melegnano.

» Il fut convenu que le 1er corps se dirigerait tout entier sur la grande route de Melegnano, enverrait à droite, au point indiqué sur la carte « Betolma, » la 1re division qui, passant par Civesio, Viboldone, irait à Mezzano, établirait sur ce point une batterie de douze pièces pour battre Pedriano d'abord, et plus tard le cimetière de Melegnano, où l'ennemi s'était retranché et où il avait établi de fortes batteries;

» Que la 2e division du 1er corps, après avoir quitté San Juliano, se porterait sur San Brera et y établirait également une batterie de douze pièces pour battre le cimetière et enfiler la route de Melegnano à Lodi;

» Qu'enfin la 3e division du même corps se dirigerait directement sur Melegnano et enlèverait la ville, concurremment avec les 1re et 2e divisions, dès que le feu de notre artillerie y aurait jeté du désordre.

» La 1re division, laissant Melegnano sur sa gauche, eut ordre de se porter sur Cerro, la 2e et la 3e sur Sordio, où elles devaient se mettre en rapport avec le 2e corps qui, par Dresano et Casalmajocco, s'y dirigeait également.

» Pour que ces combinaisons pussent avoir un plein succès, il fallait que le temps ne manquât pas à leur développement, et, en me prescrivant d'opérer le jour même de mon départ de San Pietro l'Olmo, Votre Majesté rendait ma tâche plus difficile, car la tête de la 3e division du 1er corps ne put entrer en ligne qu'à trois heures et demie, tant la route était embarrassée par les convois des 2e et 4e corps. Cependant, à deux heures et demie, je donnai l'ordre au maréchal de Mac-Mahon de marcher sur San Juliano : il n'y trouva pas l'ennemi, passa le Lombro à gué, quoiqu'un point fût indiqué sur la carte à Carpianello, et continua son mouvement sur Mediglia.

» A cinq heures et demie, la 3e division du 1er corps arriva à environ 1,200 mètres de Melegnano, occupé par l'ennemi, qui avait élevé une barricade à environ 500 mètres en avant sur la route, et avait établi des batteries à l'entrée même de la ville, derrière une coupure, à hauteur des premières maisons. J'ordonnai au général Bazaine de disposer sa division pour l'attaque : un bataillon de zouaves fut jeté en avant et sur les flancs en tirailleurs. L'ennemi nous accueillit par une canonnade qui pouvait devenir dangereuse, parce que ses boulets enfilaient la route sur laquelle nous devions marcher en colonne. Notre artillerie répondit avec succès à celle des Autrichiens, et le général Forgeot, avec deux batteries et les tirailleurs de la 1re division à Mezzano, appuya sur notre droite l'attaque que nous allions faire. Je fis mettre les sacs à terre et lancer au pas de course sur la batterie ennemie le 2e bataillon de zouaves, suivi par toute la 1re brigade. Les Autrichiens avaient garni d'une nuée de tirailleurs les premières maisons de la ville, la coupure de la route et le cimetière, et cependant ils ne purent résister à l'élan de notre attaque, battirent en retraite à droite et à gauche, firent une vigoureuse résistance dans les rues, au château, derrière les haies et les murs des jardins, et furent complétement chassés de la ville à neuf heures du soir.

» La 2ᵉ division, à son arrivée près de Melegnano, prit à gauche de la 3ᵉ, suivit la rivière et prit ou tua les ennemis que nous avions déjà chassés du haut de la ville et dépassés. Le maréchal de Mac-Mahon put même envoyer aux Autrichiens des balles et des boulets sur la route de Lodi : il s'était porté, au bruit de notre fusillade, à Colognio.

» La résistance de l'ennemi a été vigoureuse. On s'est plusieurs fois abordé à la baïonnette : dans l'un des retours offensifs des Autrichiens, l'aigle du 33ᵉ, un instant en péril, a été bravement défendue.

» Les pertes de l'ennemi sont considérables : les rues et les terrains avoisinant la ville étaient jonchés de leurs morts : 1,200 blessés autrichiens ont été portés à nos ambulances ; nous avons fait de 8 à 900 prisonniers et pris une pièce de canon. Nos pertes s'élèvent à 943 hommes tués ou blessés ; mais, comme dans tous les engagements précédents, les officiers ont été frappés dans une large proportion : le général Bazaine et le général Goze ont été contusionnés ; le colonel du 1ᵉʳ zouaves a été tué ; le colonel et le lieutenant-colonel du 33ᵉ ont été blessés ; il y a en tout 13 officiers tués et 56 officiers blessés.

» J'ai l'honneur d'envoyer à l'Empereur, avec l'état de ces pertes, les propositions faites par les généraux de division et approuvées par moi. Je le prie d'y avoir égard et de traiter le 1ᵉʳ corps avec sa bienveillance habituelle.

» Je lui recommanderai particulièrement le colonel Anselme, mon chef d'état-major, proposé pour général de brigade ; le commandant Foy, dont le cheval a été blessé, et qui est proposé pour lieutenant-colonel ; le commandant Melin, proposé pour officier de la Légion d'honneur ; le capitaine de Rambaud, pour lequel j'ai demandé déjà de l'avancement, et M. Franchetti, sous-officier au 1ᵉʳ chasseurs d'Afrique, mon porte-guidon, qui a été blessé à mes côtés.

» Je suis avec respect, etc.

» *Le maréchal,*

» BARAGUEY-D'HILLIERS. »

IX

Garibaldi à Brescia. — Marche de l'armée franco-sarde. — Bataille de Solferino. — Rapports des chefs de corps et du major général de l'armée piémontaise. — Rapport du prince Napoléon. — Préparatifs pour la poursuite de la guerre. — Attitude de l'Europe. — Entrevue de Villafranca. — Traité de paix signé entre l'empereur d'Autriche et Napoléon III. — Retour de l'Empereur. — Discours aux grands corps de l'État. — Résumé.

Pendant que le centre de l'armée autrichienne continuait sa marche rétrograde, se retirant sur l'Oglio, puis sur Montechiaro, suivie à peu de distance par l'armée franco-sarde, Garibaldi, de son côté, s'avançait de Bergame à Brescia, où il entrait le 13 juin, et appelait les habitants aux armes dans une de ces proclamations énergiques qui émeuvent et enflamment les cœurs des citoyens.

« Citoyens de Brescia ! leur disait-il, l'accueil fait aux chasseurs des Alpes est une nouvelle preuve de votre enthousiasme patriotique.

» Le sublime spectacle que votre ville présente est digne de votre ancienne renommée.

» En accourant aujourd'hui au premier cri d'alarme avec les chasseurs des Alpes, vous avez montré que, gardiens jaloux de l'indépendance, vous étiez décidés à la défendre, à la consacrer par votre sang. Gloire aux Brescians !

» Les ennemis qui rôdent encore dans les environs ne sont pas des soldats qui menacent votre ville, mais des ennemis en fuite qui, pour s'ouvrir une route, laissent partout des traces de leur domination exécrable.

» Citoyens de Brescia, et vous, habitants des campagnes !

» Le moment est arrivé de combattre au nom de vos frères morts sur le champ de bataille, de continuer vos brillantes traditions de gloire !

» A la rage de l'ennemi, obligé d'abandonner à jamais ces belles contrées, opposez le courage du sacrifice ; courez grossir les rangs des volontaires ; que rien ne vous coûte pour reconquérir votre liberté.

» Le drapeau tricolore, ancienne idole de nos cœurs, flotte sur vos têtes, et vous commande l'amour de la patrie et le dévouement. Que les victorieuses armées franco-italiennes, en vous délivrant de vos ennemis, vous trouvent dignes de leur glorieux concours !

» *Général* GARIBALDI. »

Le tocsin sonnait, tous les habitants répondaient à cet appel, s'armant les uns de fusils, les autres de sabres, de faux, de fourches, de bâtons, et bientôt les abords de Brescia étaient libres.

A la date du 19 juin, la *Gazette piémontaise* publiait le bulletin suivant :

« Nᵒ 92. — TURIN, 19 *juin, matin.* — Nous recevons de Castagneto, à la date du 16 juin, les nouvelles suivantes :

» Dans la nuit du 14 au 15, le général Garibaldi, avec une partie de ses forces, s'est rendu à Bertoletto ; il y a fait construire un pont sur la Chiese, en remplacement de celui détruit, il y a peu de temps, par les Autrichiens. Afin de conserver des communications avec Brescia, il a placé le reste de ses troupes à Rezzato et Treponti, avec l'ordre de tenir tête aux Autrichiens. Ceux-ci, de la position de Castelnedolo, où ils étaient en grand nombre, avaient leurs vedettes à très-peu de distance. Une escarmouche d'avant-postes a amené un combat. Quelques compagnies du régiment des chasseurs des Alpes, sous les ordres du colonel Medici, ont attaqué vivement les avant-postes autrichiens, qui ont battu en retraite. Les légionnaires les ont poursuivis, se laissant emporter par leur ardeur, jusqu'à Castelnedolo. Là, les Autrichiens, en masse, sont tombés sur cette poignée de braves, cherchant à les envelopper. Ceux-ci, s'apercevant du péril qu'ils couraient, ont battu en retraite. Le général Garibaldi, accouru en toute hâte, est parvenu à reprendre les anciennes positions, faisant éprouver des pertes sérieuses à l'ennemi. Il a également, lui-même, fait des pertes notables, environ 100 morts et blessés, parmi lesquels plusieurs officiers.

» Dès le matin, le roi, pour appuyer le mouvement du général Garibaldi, avait donné l'ordre à la 4ᵉ division de prendre position à San Eufemia et San Paolo, sur les routes qui, de Brescia, conduisent à Lonato et Castelnedolo. Le général Gialdini, à la nouvelle du combat qui se livrait, était parti avec sa division pour appuyer, au besoin, le général Garibaldi. Les Autrichiens ne se sont pas avancés au delà de Civilonghe et Treponti ; ils se sont ensuite bientôt retirés, évacuant même Castelnedolo.

» Un escadron de chevau-légers de Novare a reconnu le matin, sur les lieux, l'abandon du village par les Autrichiens, et, peu après y être entré, il a entendu l'explosion d'une mine avec laquelle les Autrichiens ont fait sauter le pont sur la Chiese, en face de Montechiaro.

» La nuit dernière, les Autrichiens ont endommagé le pont que le général Garibaldi avait fait construire sur la Chiese, à Bertoletto. Le général en a ordonné immédiatement la reconstruction : elle est achevée. »

Cependant l'armée du roi de Piémont s'approchait de Brescia ; le 14 juin, elle prenait position sur Mella, tandis que l'Empereur des Français, portant son quartier général en avant, s'approchait aussi de cette ville importante. Le 17 juin, il était reçu, à Brescia, par le roi Victor-Emmanuel, au milieu des acclamations sympathiques des citoyens de toutes classes.

Le 20, il quittait cette ville pour se porter en avant ; les Autrichiens abandonnaient les fortes positions de Lonato, Castiglione, Montechiaro, où ils s'étaient retranchés, couverts par la Chiese.

Le 21, ces positions étaient occupées par notre armée. Le 22, l'armée française tout entière avait passé la Chiese ; les armées alliées occupaient Lonato, Castiglione et Montechiaro.

Le 23, le gros de l'armée autrichienne occupait la rive gauche du Mincio, sous le commandement de l'empereur François-Joseph, qui avait voulu présider lui-même à la défense de cette ligne importante qui couvre les abords du quadrilatère de places fortes que l'Autriche possède en Italie, et forme, pour ainsi dire, la limite entre la Lombardie et la Vénétie. Son quartier général était à Valeggio, à quelques kilomètres de Peschiera.

L'armée alliée développait ses colonnes sur l'autre rive du fleuve, depuis Desenzano, situé presque au bord du lac de Garde, jusqu'à Guito.

C'est dans la vaste plaine qu'arrose le Mincio, entre Peschiera et Mantoue, sur une longueur de 30 kilomètres environ, entre les villages de Borghetto, de Volta, de Cavdizzolo, de Melino, de Pozzolo, de Mazimboua, de Guito et de Cavrignano, qu'eut lieu, le 24 juin, la plus importante et la dernière bataille de cette campagne, la bataille de Solferino.

Sans nous préoccuper des récits partiels de cette journée, si glorieuse pour les armes françaises, qui ont été envoyés par les correspondants, nous commencerons par reproduire le bulletin général de la bataille, publié par le *Moniteur.* Nous compléterons ensuite ce récit par les rapports des divers chefs de corps français et piémontais.

Voici d'abord le bulletin :

« Quartier général de Cavriana, 28 juin 1859.

» Après la bataille de Magenta et le combat de Melegnano, l'ennemi avait précipité sa retraite sur le Mincio en abandonnant l'une après l'autre les lignes de l'Adda, de l'Oglio et de la Chiese. On devait croire qu'il allait concentrer toute sa résistance derrière le Mincio, et il importait que l'armée alliée occupât le plus tôt possible les points principaux des hauteurs qui s'étendent de Lonato jusqu'à Volta, et qui forment, au sud du lac de Garde, une agglomération de mamelons escarpés. Les derniers rapports reçus par l'Empereur indiquaient, en effet, que l'ennemi avait abandonné ces hauteurs et s'était retiré derrière le fleuve.

» D'après l'ordre général donné par l'Empereur le 23 juin au soir, l'armée du roi devait se porter sur Pozzolengo; le maréchal Baraguey-d'Hilliers, sur Solferino ; le maréchal duc de Magenta, sur Cavriana ; le général Niel, sur Guidizzolo, et le maréchal Canrobert, sur Medole. La garde impériale devait se diriger sur Castiglione, et les deux divisions de cavalerie de la ligne devaient se porter dans la plaine entre Solferino et Medole. Il avait été décidé que les mouvements commenceraient à deux heures du matin, afin d'éviter l'excessive chaleur du jour.

» Cependant, dans la journée du 23, plusieurs détachements ennemis s'étaient montrés sur différents points, et l'Empereur en avait reçu avis; mais comme les Autrichiens ont l'habitude de multiplier les reconnaissances, Sa Majesté ne vit dans ces démonstrations qu'un exemple de plus du soin et de l'habileté qu'ils mettent à s'éclairer et à se garder.

» Le 24 juin, dès cinq heures du matin, l'Empereur, étant à Montechiaro, entendit le bruit du canon dans la plaine, et se dirigea en toute hâte vers Castiglione, où devait se réunir la garde impériale.

» Pendant la nuit, l'armée autrichienne, qui s'était décidée à prendre l'offensive, avait passé le Mincio à Goïto, Valeggio, Monzambano et Peschiera, et elle occupait de nouveau les positions qu'elle venait tout récemment d'abandonner. C'était le résultat du plan dont l'ennemi avait poursuivi l'exécution depuis Magenta, en se retirant successivement de Plaisance, de Pizzighettone, de Crémone, d'Ancône, de Bologne et de Ferrare; en évacuant, en un mot, toutes les positions, pour accumuler ses forces sur le Mincio. Il avait, en outre, accru son armée de la plus grande partie des troupes composant les garnisons de Vérone, de Mantoue et de Peschiera; et c'est ainsi qu'il avait pu réunir neuf corps d'armée, forts ensemble de 250 à 270,000 hommes, qui s'avançaient vers la Chiese, en couvrant la plaine et les hauteurs. Cette force immense paraissait s'être partagée en deux armées : celle de droite, d'après les notes trouvées, après la bataille, sur un officier autrichien, devait s'emparer de Lonato et de Castiglione; celle de gauche devait se porter sur Montechiaro. Les Autrichiens croyaient que toute notre armée n'avait pas encore passé la Chiese, et leur intention était de nous rejeter sur la rive droite de cette rivière.

» Les deux armées, en marche l'une contre l'autre, se rencontrèrent donc inopinément. A peine les maréchaux Baraguey-d'Hilliers et de Mac-Mahon avaient-ils dépassé Castiglione, qu'ils se trouvèrent en présence de forces considérables qui leur disputèrent le terrain. Au même instant, le général Niel se heurtait contre l'ennemi à la hauteur de Medole. L'armée du roi, en route pour Pozzolengo, rencontrait de même les Autrichiens en avant de Rivoltella, et, de son côté, le maréchal Canrobert trouvait le village de Castelgoffredo occupé par la cavalerie ennemie.

» Tous les corps de l'armée alliée étant alors en marche à une assez grande distance les uns des autres, l'Empereur se préoccupa tout d'abord de les relier, afin qu'ils pussent se soutenir mutuellement. A cet effet, Sa Majesté se porta immédiatement auprès du maréchal duc de Magenta, qui était à droite dans la plaine et qui s'était déployé perpendiculairement à la route qui va de Castiglione à Goïto. Comme le général Niel ne paraissait pas encore, Sa Majesté fit hâter la marche de la cavalerie de la garde impériale et la mit sous les ordres du duc de Magenta, comme réserve, pour opérer dans la plaine, sur la droite du 2ᵉ corps. L'Empereur envoya en même temps au maréchal Canrobert l'ordre d'appuyer le général Niel autant que possible, tout en lui recommandant de se garder à droite contre un corps autrichien qui, d'après

les avis donnés à Sa Majesté devait se porter de Mantoue sur Azola.

» Ces dispositions prises, l'Empereur se rendit sur les hauteurs, au centre de la ligne de bataille, où le maréchal Baraguey-d'Hilliers, trop éloigné de l'armée sarde pour pouvoir se relier avec elle, avait à lutter, dans un terrain des plus difficiles, contre des troupes qui se renouvelaient sans cesse.

» Le maréchal était néanmoins arrivé jusqu'au pied de la colline abrupte au sommet de laquelle est bâti le village de Solferino, que défendaient des forces considérables, retranchées dans un vieux château et dans un grand cimetière, entourés l'un et l'autre de murs épais et crénelés. Le maréchal avait déjà perdu beaucoup de monde, et avait dû payer plus d'une fois de sa personne en portant lui-même en avant les troupes des divisions Bazaine et Ladmirault. Exténuées de fatigue et de chaleur, et exposées à une vive fusillade, ces troupes ne gagnaient du terrain qu'avec beaucoup de difficulté. En ce moment, l'Empereur donna l'ordre à la division Forey de s'avancer, une brigade du côté de la plaine, l'autre sur la hauteur, contre le village de Solferino, et la fit soutenir par la division Camou, des voltigeurs de la garde. Il fit marcher avec ces troupes l'artillerie de la garde, qui, sous la conduite du général de Sévelinges et du général Le Bœuf, alla prendre position à découvert, à trois cents mètres de l'ennemi. Cette manœuvre décida du succès au centre. Pendant que la division Forey s'emparait du cimetière et que le général Bazaine lançait ses troupes dans le village, les voltigeurs et les chasseurs de la garde impériale grimpaient jusqu'au pied de la tour qui domine le château et s'en emparaient. Les mamelons des collines qui avoisinent Solferino étaient successivement enlevés, et à trois heures et demie les Autrichiens évacuaient la position sous le feu de notre artillerie couronnant les crêtes, et laissaient entre nos mains 1,500 prisonniers, 14 canons et 2 drapeaux. La part de la garde impériale dans ce glorieux trophée était de 13 canons et un drapeau.

» Pendant cette lutte, et au plus fort du feu, quatre colonnes autrichiennes, s'avançant entre l'armée du roi et le corps du maréchal Baraguey-d'Hilliers, avaient cherché à tourner la droite des Piémontais. Six pièces d'artillerie, habilement dirigées par le général Forgeot, avaient ouvert un feu très-vif sur les flancs de ces colonnes et les avaient forcées à rebrousser chemin en désordre.

» Tandis que le corps du maréchal Baraguey-d'Hilliers soutenait la lutte à Solferino, le corps du duc de Magenta s'était déployé dans la plaine de Guidizzolo, en avant de la ferme Casa-Marino, et sa ligne de bataille, coupant la route de Mantoue, dirigeait sa droite vers Medole. A neuf heures du matin, il fut attaqué par une forte colonne autrichienne, précédée d'une nombreuse artillerie, qui vint se mettre en batterie à mille ou douze cents mètres en avant de notre front. L'artillerie des deux premières divisions du 2ᵉ corps, s'avançant immédiatement sur la ligne des tirailleurs, ouvrit un feu très-vif contre le front des Autrichiens, et, dans le même instant, les batteries à cheval des divisions Desvaux et Partouneaux chargèrent les Autrichiens et leur firent 600 prisonniers.

» Cependant une colonne de deux régiments de cavalerie autrichienne avait cherché à tourner la gauche du 2ᵉ corps, et le duc de Magenta avait dirigé contre elle six escadrons de chasseurs. Trois charges heureuses de notre cavalerie repoussèrent celle de l'ennemi, qui laissa dans nos mains bon nombre d'hommes et de chevaux.

» A deux heures et demie, le duc de Magenta prit l'offensive à son tour, et donna au général de La Motterouge l'ordre de se porter sur sa gauche, du côté de Solferino, pour enlever San Cassiano et les autres positions occupées par l'ennemi.

» Le village fut tourné des deux côtés et emporté avec une vigueur irrésistible par les tirailleurs algériens et par le 45ᵉ. Les tirailleurs furent lancés aussitôt après sur le contre-fort principal qui relie Cavriana à San Cassiano, et qui était défendu par des forces considérables. Un premier mamelon, couronné par une espèce de redoute, tomba rapidement au pouvoir des tirailleurs; mais l'ennemi, par un vigoureux retour offensif, parvint à les en déloger. Ils s'en emparèrent de nouveau avec l'aide du 45ᵉ et du 72ᵉ, et en furent repoussés une fois encore. Pour soutenir cette attaque, le général de La Motterouge dut faire marcher sa brigade de réserve, et le duc de Magenta fit avancer son corps tout entier.

» En même temps, l'Empereur donnait l'ordre à la brigade Manèque, des voltigeurs de la garde, appuyée par les grenadiers du général Mellinet, de se porter de Solferino contre Cavriana.

» L'ennemi ne put résister plus longtemps à cette double attaque soutenue par le feu de l'artillerie de la garde, et, vers cinq heures du soir, les voltigeurs et les tirailleurs algériens entraient en même temps dans le village de Cavriana.

» En ce moment, une effroyable tempête, qui éclata sur les deux armées, obscurcit le ciel et suspendit la lutte; mais dès que l'orage eut cessé, nos troupes reprirent l'œuvre commencée et chassèrent l'ennemi de toutes les hauteurs qui dominent le village. Bientôt après, le feu de l'artillerie de la garde changeait la retraite des Autrichiens en une fuite précipitée.

» Pendant cette affaire, les chasseurs à cheval de la garde, qui flanquaient la droite du duc de Magenta, eurent à charger la cavalerie autrichienne qui menaçait de le tourner.

» A six heures et demie, l'ennemi battait en retraite dans toutes les directions.

» Mais, bien que la bataille fût gagnée au centre, où nos troupes n'avaient pas cessé de faire des progrès, la droite et la gauche restaient encore en arrière. Cependant, les troupes du 4ᵉ corps avaient pris, elles aussi, une large et glorieuse part à la bataille de Solferino.

» Parties de Carpenedolo à trois heures du matin, elles se dirigeaient sur Medole, appuyées par la cavalerie des divisions Desvaux et Partouneaux, lorsque, à deux kilomètres en avant de Medole, les escadrons de chasseurs qui éclairaient la marche du corps rencontrèrent les uhlans. Ils les chargèrent avec impétuosité, mais ils furent arrêtés par l'infanterie et l'artillerie ennemies, qui défendaient le village. Le général de Luzy prit aussitôt ses dispositions d'attaque. Pendant qu'il faisait tourner Medole à droite et à gauche par deux colonnes, il s'avançait lui-même de front, précédé par son artillerie qui canonnait le village. Cette attaque, exécutée avec une grande vigueur, eut un plein succès : à sept heures, l'ennemi se retirait de Medole, et nous lui avions enlevé deux canons et fait bon nombre de prisonniers.

» La division Vinoy, qui suivait la division de Luzy, se porta, au sortir de Medole, dans la direction d'une maison isolée, nommée Casa-Nova, qui est située dans la plaine sur la route de Mantoue, à deux kilomètres de Guidizzolo. L'ennemi se trouvait en forces considérables de ce côté, et un combat acharné s'y engagea, pendant que la division de Luzy marchait vers Ceresara d'une part, et vers Rebecco de l'autre.

» En ce moment, l'ennemi tenta de tourner la gauche de la division Vinoy par l'intervalle que laissaient entre eux le 2ᵉ et 4ᵉ corps; il s'approcha jusqu'à 200 mètres du front de nos troupes, mais il fut alors arrêté par le feu de 42 pièces d'artillerie, dirigées par le général Soleille. Le canon de l'ennemi vint aussitôt prendre part à la lutte, et le soutint une grande partie de la journée, bien qu'avec une infériorité manifeste.

» La division de Failly arriva à son tour, et le général Niel, réservant la seconde brigade de cette division, porta la première entre Casa-Nova et Rebecco, vers le hameau de Baete, pour relier le général de Luzy au général Vinoy. Le but du général Niel était de se porter vers Guidizzolo dès que le duc de Magenta se serait emparé de Cavriana, et il espérait couper ainsi à l'ennemi la route de Volta et de Goïto; mais il fallait, pour exécuter ce plan, que les troupes du corps du maréchal Canrobert vinssent remplacer à Rebecco celles du général de Luzy.

» Le 3ᵉ corps, parti de Mezzane à deux heures et demie du matin, avait passé la Chiese à Viseno et était arrivé à sept heures à Castelgoffredo, petite ville enceinte de murs que la cavalerie de l'ennemi occupait encore. Tandis que le général Jannin tournait la position au sud, le général Renault l'abordait de front, faisait enfoncer la porte par les sapeurs du génie, et pénétrait dans la ville en chassant devant lui les cavaliers ennemis.

» Vers neuf heures du matin, la division Renault, arrivée à la hauteur de Medole, se reliait sur sa gauche avec le général Luzy, du côté de Ceresara, et sur sa droite faisait face à Castelgoffredo, de manière à surveiller les mouvements du corps détaché dont le départ de Mantoue avait été annoncé.

» Cette appréhension paralysa, pendant la plus grande partie du jour, le corps d'armée du maréchal Canrobert, qui ne jugea pas prudent de prêter tout d'abord au 4ᵉ corps l'appui que lui demandait le général Niel. Néanmoins, vers les trois heures de l'après-midi, rassuré sur sa droite, et ayant jugé par lui-même la position du général Niel, le maréchal Canrobert fit appuyer la division Renault sur Rebecco, et donna ordre au général Trochu de porter sa première brigade entre Casa-Nova et Baete, sur le point où se dirigeaient les

plus redoutables attaques de l'ennemi. Ce renfort de troupes fraîches permit au général Niel de lancer dans la direction de Guidizzolo une partie des divisions de Luzy et de Failly. Cette colonne s'avança jusqu'aux premières maisons du village, mais, trouvant devant elle des forces supérieures établies dans une bonne position, elle fut contrainte de s'arrêter.

» Le général Trochu s'avança alors pour soutenir l'attaque avec la brigade Bataille, de sa division. Il marcha à l'ennemi par bataillons serrés, en échiquier, l'aile droite en avant, avec autant d'ordre et de sang-froid que sur un champ de manœuvres. Il enleva à l'ennemi une compagnie d'infanterie et deux pièces de canon, et déjà il était arrivé à demi-distance de la Casa-Nova à Guidizzolo, lorsque éclata l'orage qui vint mettre fin à cette terrible lutte, que le concours du 3ᵉ et du 4ᵉ corps menaçait de rendre si funeste à l'ennemi.

» Au milieu des péripéties de ce combat de douze heures, la cavalerie a été d'un puissant secours pour arrêter les efforts de l'ennemi du côté de la Casa-Nova. A plusieurs reprises, les divisions Partouneaux et Desvaux ont chargé l'infanterie autrichienne et rompu ses carrés. Mais c'est surtout notre nouvelle artillerie qui produisit sur l'ennemi les effets les plus terribles. Ses coups allaient l'atteindre à des distances d'où les plus gros calibres étaient impuissants à riposter, et jonchaient la plaine de cadavres.

» Le 4ᵉ corps a enlevé aux Autrichiens 1 drapeau, 7 pièces de canon et 2,000 prisonniers.

» De son côté, l'armée du roi, placée à notre extrême gauche, avait eu également sa rude et belle journée.

» Elle s'avançait, forte de quatre divisions, dans la direction de Peschiera, de Pozzolengo et de Madonna della Scoperta, lorsque, vers sept heures du matin, son avant-garde rencontra les avant-postes ennemis entre San Martino et Pozzolengo.

» Le combat s'engagea; mais de gros renforts autrichiens accoururent et firent reculer les Piémontais jusqu'en arrière de San Martino, et menacèrent même de couper leur ligne de retraite. Une brigade de la division Mollard arriva alors en toute hâte sur le lieu du combat, et monta à l'assaut des hauteurs où l'ennemi venait de s'établir. Deux fois elle en atteignit le sommet en s'emparant de plusieurs pièces de canon; mais deux fois aussi elle dut céder au nombre et abandonner sa conquête.

» L'ennemi gagnait du terrain, malgré quelques charges brillantes de la cavalerie du roi, quand la division Cucchiari, débouchant sur le champ de bataille par la route de Rivoltella, vint soutenir le général Mollard. Les troupes sardes s'élancèrent une troisième fois sous un feu meurtrier : l'église et toutes les cascines de la droite furent emportées, et huit pièces de canon furent enlevées; mais l'ennemi parvint encore à les dégager et à reprendre ses positions.

» En ce moment, la 2ᵉ brigade du général Cucchiari, qui s'était formée en colonne d'attaque à gauche de la route de Lugana, marcha contre l'église de San Martino, regagna le terrain perdu, et emporta les hauteurs pour la quatrième fois, sans réussir cependant à s'y maintenir, car, écrasée par la mitraille et placée en face d'un ennemi qui, renforcé sans cesse, revenait sans cesse à la charge, elle ne put attendre le secours que lui apportait la 2ᵉ brigade du général Mollard, et les Piémontais, épuisés, firent retraite en bon ordre sur la route de Rivoltella.

» C'est alors que la brigade d'Aoste, de la division Fanti, qui s'était portée d'abord vers Solferino pour donner la main au maréchal Baraguey-d'Hilliers, fut envoyée par le roi pour appuyer les généraux Mollard et Cucchiari dans l'attaque de San Martino. Elle fut un moment arrêtée par la tempête; mais, vers cinq heures du soir, cette brigade et la brigade Pignerol, soutenues par une forte artillerie, marchèrent à l'ennemi sous un feu terrible et atteignirent les hauteurs. Elles s'en emparèrent pied à pied, cascine par cascine, et parvinrent à s'y maintenir en combattant avec acharnement. L'ennemi commença à plier, et l'artillerie piémontaise, gagnant les crêtes, put bientôt les couronner de 24 pièces de canon, que les Autrichiens cherchèrent vainement à enlever : deux brillantes charges de la cavalerie du roi les dispersèrent; la mitraille porta le désordre dans leurs rangs, et les troupes sardes restèrent enfin maîtresses des formidables positions que l'ennemi avait défendues, une journée entière, avec tant d'acharnement.

» D'un autre côté, la division Durando était restée aux prises avec les Autrichiens depuis cinq heures et demie du matin. A cette heure, son avant-garde avait rencontré l'ennemi à Madonna della Scoperta, et les troupes sardes y avaient soutenu jusqu'à midi les efforts d'un ennemi supérieur en nombre qui les avait enfin obligées à se replier; mais, renforcées alors par la brigade de Savoie, elles reprirent l'offensive, et, repoussant les Autrichiens à leur tour, elles s'emparèrent de Madonna della Scoperta. Après ce premier succès, le général de la Marmora dirigea la division Durando vers San Martino, où elle ne put arriver à temps pour concourir à la prise de la position, car elle rencontra sur la route une colonne autrichienne avec laquelle elle eut à lutter pour s'ouvrir passage, et quand elle eut triomphé de cet obstacle, le village de San Martino était au pouvoir des Piémontais. Le général de la Marmora avait dirigé, d'autre part, la brigade de Piémont de la division Fanti vers Pozzolengo. Cette brigade enleva avec une grande vigueur les positions de l'ennemi en avant du village, et, s'étant rendue maîtresse de Pozzolengo après une vive attaque, elle repoussa les Autrichiens, et les poursuivit jusqu'à une certaine distance, en leur faisant éprouver de grandes pertes.

» Celles de l'armée sarde furent malheureusement très-considérables, et ne s'élevèrent pas à moins de 49 officiers tués, 167 blessés, 642 sous-officiers tués et blessés, 3,405 blessés, 1,258 hommes disparus; total : 5,525 manquant à l'appel. Cinq pièces de canon étaient restées aux mains de l'armée du roi comme trophée de cette sanglante victoire qu'elle avait remportée contre un ennemi supérieur en nombre, dont les forces paraissent n'avoir pas été moindres de 12 brigades.

» Les pertes de l'armée française se sont élevées au chiffre de 12,000 hommes de troupe tués ou blessés et de 720 officiers hors de combat, dont 150 tués. Parmi les blessés, on compte les généraux de Ladmirault, Forey, Auger, Dieu et Douay; 7 colonels et 6 lieutenants-colonels ont été tués.

» Quant aux pertes de l'armée autrichienne, elles n'ont pu être estimées encore; mais elles ont dû être très-considérables, à en juger par le nombre des morts et des blessés qu'ils ont abandonnés sur toute l'étendue d'un champ de bataille qui n'a pas moins de 5 lieues de front. Ils ont laissé dans nos mains 30 pièces de canon, un grand nombre de caissons, 5 drapeaux et 6,000 prisonniers.

» La résistance que l'ennemi a opposée à nos troupes pendant seize heures peut s'expliquer par l'avantage que lui donnaient la supériorité du nombre et les positions presque inexpugnables qu'il occupait.

» Pour la première fois d'ailleurs, les troupes autrichiennes combattaient sous les yeux de leur souverain, et la présence des deux Empereurs et du roi, en rendant la lutte plus acharnée, devait la rendre aussi plus décisive.

» L'empereur Napoléon n'a pas cessé un seul instant de diriger l'action, en se portant sur tous les points où ses troupes avaient à déployer les plus grands efforts et à triompher des obstacles les plus difficiles. A diverses reprises, les projectiles de l'ennemi ont frappé dans les rangs de l'état-major et de l'escorte qui suivaient Sa Majesté.

» A neuf heures du soir on entendait encore dans le lointain le bruit du canon qui précipitait la retraite de l'ennemi, et nos troupes allumaient les feux du bivac sur le champ de bataille qu'elles avaient si glorieusement conquis.

» Le fruit de cette victoire est l'abandon par l'ennemi de toutes les positions qu'il avait préparées sur la rive droite du Mincio pour en disputer les approches. D'après les derniers renseignements reçus, l'armée autrichienne, découragée, semblerait même renoncer à défendre le passage de la rivière et se retirerait sur Vérone. »

Suivent maintenant les rapports :

RAPPORT

DU MARÉCHAL COMMANDANT EN CHEF LA GARDE IMPÉRIALE.

« Cavriana, 25 juin 1859.

» Sire,

» Le 24 juin, la garde impériale était campée, les deux divisions d'infanterie à Montechiaro, les huit batteries d'artillerie et la division de cavalerie à Castenedolo.

» Votre Majesté lui donna l'ordre de partir de ces deux positions pour se rendre à Castiglione.

» L'infanterie partit de Montechiaro à cinq heures du matin, l'artillerie partit à la même heure de Castenedolo et rejoignit la gauche des deux divisions d'infanterie à Montechiaro, vers sept heures moins un quart.

» La division de cavalerie ne devait partir qu'à neuf heures du matin de Castenedolo et marcher librement afin de ménager ses chevaux.

» Vers six heures du matin, une canonnade bien nourrie s'engagea avec l'ennemi, qui avait pris position au delà de Castiglione et s'était décidé à livrer bataille.

» Votre Majesté ordonna alors à la garde d'accélérer son mouvement. L'ordre fut expédié de suite à la cavalerie de partir avant l'heure qui lui avait été désignée : à huit heures elle put monter à cheval, et, vers neuf heures et demie, elle arriva sur le lieu du combat, où elle fut mise à la disposition de M. le maréchal de Mac-Mahon, d'après les ordres de Votre Majesté.

» Les deux divisions d'infanterie de la garde avaient débouché de Castiglione par la route de Guidizzolo, mais Votre Majesté ayant jugé que le point décisif de la bataille était l'enlèvement de la position de Solferino, vivement défendue par l'ennemi, donna l'ordre à sa garde de se porter à gauche, afin de se trouver en situation d'appuyer l'attaque du maréchal Baraguey-d'Hilliers contre Solferino.

» La division de voltigeurs, commandée par le général Camou, fut placée en ligne déployée derrière le 1er corps, et, à 500 mètres en arrière, la division Mellinet fut formée en colonne double par division à distance de déploiement.

» La division Forey ayant éprouvé des pertes sensibles dans l'attaque de la position del Monte, la brigade Manèque, composée des chasseurs à pied de la garde, des 1er et 2e voltigeurs, fut portée à son secours et enleva ces positions aux cris de *Vive l'Empereur !*

» Au même moment, deux bataillons du 2e voltigeurs, lancés sur la tour et le couvent de Solferino, les enlevèrent avec un remarquable élan.

» Ces bataillons ont ensuite occupé les crêtes de la position del Monte et y ont été soutenus par l'artillerie à cheval de la garde, qui vint se mettre en batterie sur la grande route de Cavriana. Bientôt l'ennemi chercha à reprendre cette importante position, et le petit nombre de troupes qui étaient sur ce point n'aurait pas permis de la conserver si Votre Majesté, en se rendant parfaitement compte de l'état des choses, n'avait envoyé immédiatement l'ordre à la division de grenadiers, commandée par le général Mellinet, de soutenir les batteries de la garde et la brigade Manèque. Cet ordre, promptement exécuté par le général Mellinet, permit à la brigade Manèque et à l'artillerie de la garde non-seulement de conserver la position un instant menacée, mais encore de gagner du terrain en avant, en s'emparant successivement des positions de l'ennemi.

» La brigade Manèque arriva ainsi à quelque distance de Cavriana, position importante entourée de vieilles fortifications, où l'ennemi pouvait renouveler dans la ville et dans le château la longue résistance qu'il avait opposée à Solferino.

» Votre Majesté envoya l'ordre à l'artillerie de la garde de battre cette position, et à la brigade Manèque de l'enlever. Cet ordre fut exécuté avec vigueur et intelligence sous les yeux de Votre Majesté.

» Le village de Cavriana venait d'être enlevé vers cinq heures du soir, lorsqu'un violent orage éclata et suspendit un instant les opérations. Mais à peine avait-il cessé, que les voltigeurs de la garde reprirent l'œuvre commencée et chassèrent l'ennemi des hauteurs qui dominent le village où le quartier général de Votre Majesté devait être établi, et terminèrent ainsi la journée.

» La brigade Manèque a enlevé un drapeau, des prisonniers et 13 pièces de canon aux Autrichiens.

» Pendant toute cette affaire, l'artillerie de la garde s'est fait remarquer par la précision de son tir et le choix successif de ses positions. Partout où elle a eu à contre-battre des batteries ennemies, elle a fait taire leur feu en peu de temps.

» La cavalerie, commandée par le général Morris, est venue, dès son arrivée sur le champ de bataille, et d'après les ordres de Votre Majesté, se placer sous le commandement du maréchal de Mac-Mahon, qui opérait dans un pays de plaine où, dans certains cas, elle pouvait trouver l'occasion de faire un bon service.

» En attendant l'arrivée du corps du général Niel, qui devait se lier par sa gauche au maréchal de Mac-Mahon, elle fut employée à couvrir la droite du 2e corps, et, à cet effet, le général Morris disposa ses trois brigades par échelons et les fit couvrir par une ligne de tirailleurs.

» Le général Morris attendait avec impatience l'occasion de faire agir sa cavalerie; elle se présenta vers trois heures et demie. Une colonne de cavalerie autrichienne ayant paru, il la fit charger en flanc par les chasseurs à cheval. Les Autrichiens, refoulés, se retirèrent à droite vers leurs batteries, dont le feu arrêta notre poursuite.

» Je viens d'exposer la part que la garde a prise à la bataille de Solferino. Là, comme à Magenta, elle a agi sous les yeux et l'impulsion de Votre Majesté, qui a pu juger par elle-même du courage et du dévouement absolu qu'elle mettait à exécuter ses ordres.

» Je ferai connaître plus tard à Votre Majesté les noms des officiers qui se sont le plus particulièrement distingués, et je les proposerai pour des récompenses.

» Je suis, avec le plus profond respect, etc.

» *Le maréchal commandant en chef la garde impériale,*

» REGNAUD DE SAINT-JEAN-D'ANGÉLY.

» *P. S.* Je dois signaler à Votre Majesté M. Monéglia, lieutenant de chasseurs à pied, qui a pris, dans le village de Solferino, quatre pièces de canon attelées, commandées par un colonel qui lui a remis son épée. »

RAPPORT

DU MARÉCHAL COMMANDANT EN CHEF LE 1er CORPS.

« Pozzolengo, le 25 juin 1859.

» Sire,

» Votre Majesté m'avait donné l'ordre de me porter, le 24, d'Esenta à Solferino. Je fis partir, à deux heures du matin, par la route de la montagne, la division Ladmirault avec quatre pièces d'artillerie, et par celle de la plaine, à trois heures, les divisions Forey et Bazaine avec leur artillerie, l'artillerie de réserve et les bagages.

» A peine la tête de cette dernière colonne était arrivée au Fontane, que la division Forey engagea deux compagnies de chasseurs avec l'ennemi, le débusqua sans trop de difficultés des hauteurs du Monte di Valscura, et, avec deux bataillons du 74e, le chassa du village du Grole, où la résistance fut plus sérieuse.

» A ce moment, la 2e division, à gauche de la 1re, était ralliée dans une vallée assez large, bordée des deux côtés de collines élevées, s'étendant par des positions successives et étagées jusqu'à Solferino. Le général de Ladmirault disposa sa division en trois colonnes : celle de droite, composée de deux compagnies de chasseurs et de quatre bataillons, confiée à M. le général Douay; celle de gauche, composée comme la première, sous les ordres du général Négrier, et se réserva la colonne du centre, composée de quatre compagnies de chasseurs, de quatre bataillons et de l'artillerie.

» Les divisions Forey et Ladmirault s'avancèrent parallèlement sur Solferino : la première à droite, attaquant le mont Fenile; la deuxième à gauche, enlevant à l'ennemi les premiers mamelons boisés de sa position.

» L'occupation du mont Fenile par le 84e permit à la 6e batterie du 8e régiment de s'y établir et de protéger le mouvement de la 1re brigade, commandée par le général Dieu, qui descendit le revers du mont Fenile et se porta dans la direction de Solferino, en chassant de crête en crête les troupes ennemies, dont le nombre s'accroissait sans cesse. Cette brigade prit position devant des forces supérieures, et dirigea le feu de son artillerie sur les hauteurs couronnées par une tour et un bois de cyprès. Ce fut pendant cette canonnade que le général Dieu, gravement blessé, dut remettre son commandement à M. le colonel Cambriels, du 84e.

» Votre Majesté arriva elle-même près des batteries de la division Forey, et, après avoir examiné la position, donna l'ordre de porter en avant, avec quatre pièces de la réserve du 1er corps, la brigade d'Alton, déployée par bataillon, à demi-distance en colonne par peloton. Le général Forey se mit à la tête de cette brigade, qui s'élança avec élan, mais qui fut accueillie par un feu de mitraille et de mousqueterie si violent de front et d'écharpe, qu'elle dut arrêter son mouvement. Votre Majesté envoya aussitôt la division Manèque, des voltigeurs de la garde, soutenir la 1re division, qui, ranimée par ce secours, battit la charge, se reporta en avant, attaqua l'ennemi au cri de *Vive l'Empereur!* et, après une lutte opiniâtre, s'empara du mamelon aux Cyprès et de la tour qui domine Solferino.

» La division Ladmirault avait commencé son attaque en même temps que la division Forey; elle mit d'abord son artillerie en batterie, et, après une canonnade qui avait ébranlé l'ennemi, elle s'élança et enleva à la baïonnette les premières positions; mais bientôt ses charges firent démasquer des bataillons entiers fournissant le feu le plus serré et le plus meurtrier, et elle n'avança plus qu'à grand'peine et pied à pied.

» Le général de Ladmirault fut atteint d'un coup de feu à l'épaule, se retira un instant pour se faire panser, reprit le commandement et lança ses quatre bataillons de réserve, qui imprimèrent à notre attaque une nouvelle impulsion; frappé d'une nouvelle balle, le général de Ladmirault fut contraint de remettre son commandement au général de Négrier.

» L'opiniâtre résistance de l'ennemi, les forces considérables qu'il nous opposait, et les difficultés que présentaient à la 2e division le terrain très-rétréci des attaques et les feux croisés du mamelon aux Cyprès et du cimetière crénelé, contre lequel plusieurs charges au pas de course avaient vainement été tentées, me forcèrent à engager la division Bazaine. Le 1er régiment de zouaves et bientôt après le 34e vinrent appuyer la 2e division : l'ennemi couvrit nos colonnes de feux d'artillerie, de mousqueterie et de fusées, et tenta à plusieurs reprises des retours offensifs sur nos deux flancs. Le 37e fut aussi lancé en avant.

» Le cimetière arrêtait tous nos efforts; voyant qu'il était indispensable de démolir cet obstacle, je donnai l'ordre d'y faire brèche en portant à découvert, à trois cents mètres du mur, dans un poste très périlleux, une batterie d'artillerie du 10e régiment, commandée par le capitaine de Canecaude. La demi-batterie de montagne et d'autres pièces des divisions concentrèrent leur tir dans la même direction.

» Après un feu bien dirigé et très-nourri, les murs du cimetière, des maisons et du château étaient suffisamment ébréchés, et l'artillerie ennemie du mamelon des Cyprès ayant été éteinte par l'artillerie du général Forey et par la 9e batterie du 10e régiment de la 3e division, le général Bazaine lança sur le cimetière le 3e bataillon du 78e, commandé par le chef de bataillon Lafaille, et fit sonner et battre la charge dans les deux divisions; toutes les troupes s'élancèrent et emportèrent le village et le château au moment même où la 1re division apparaissait sur le sommet de la tour et au bois des Cyprès.

» Je crois remplir un devoir en rendant témoignage de la bravoure et de la fermeté de la brigade de la garde, que Votre Majesté a envoyée soutenir la 1re division dans un moment difficile; une batterie de la garde, conduite par M. le général Le Bœuf, et lançant dans le village une grêle d'obus, a puissamment secondé notre attaque.

» Le 1er corps a tué à l'ennemi 800 ou 1,000 hommes environ, lui a blessé beaucoup de monde, lui a fait 1,200 prisonniers, pris quatre canons, deux caissons et deux drapeaux. Il n'a pas obtenu ce succès sans éprouver des pertes regrettables. Les généraux de Ladmirault et Dieu ont été blessés dangereusement; le général Forey légèrement. Les colonels de Taxis, Brincourt, Pinard et Barcy ont été blessés, ainsi que les lieutenants-colonels Valet, Moire, Hémar et Servier. Le lieutenant-colonel Duccin et les chefs de bataillon Kléber, de Saint-Paër, Angevin et Guillaume ont été tués. Les chefs de bataillon Brun, Meurice, de Pongibaud, Lebreton, Laguerre, Lesèbe, Mocquery, Gouzy, Lespinasse et Foy ont été blessés. Le nombre des officiers hors de combat est de 234, et celui des soldats tués ou blessés s'élève à 4,000 environ.

» J'ai adressé à Votre Majesté des mémoires de proposition, non-seulement pour pourvoir aux emplois vacants, mais encore pour les récompenses à accorder à de braves soldats qui ont bien mérité de la patrie et de l'Empereur dans cette mémorable journée, où les deux armées se sont rencontrées sur un vaste terrain dont Solferino occupait au centre un des points du plus difficile accès. Votre Majesté, qui était elle-même sur le lieu du combat, a vu et apprécié les obstacles que le 1er corps a eus à vaincre, les forces nombreuses que l'ennemi lui a opposées, et la ténacité de la défense, augmentée encore, dit-on, par la présence du général en chef autrichien à Solferino.

» Après la prise du village, les troupes étaient à peine reformées que, sur l'ordre de Votre Majesté, la 1re division, s'est portée sur les crêtes, dans la direction de Cavriana : la 3e division a poursuivi l'ennemi pendant une lieue dans la plaine, et, couvrant du feu de ses batteries les colonnes autrichiennes en retraite, leur a fait éprouver de grandes pertes et capturé de nombreux prisonniers. Parties d'Esenta à deux et trois heures du matin, nos divisions n'ont pris leurs bivacs qu'à neuf heures du soir.

» Pendant le combat et au plus fort du feu, vers midi, nous aperçûmes quatre colonnes autrichiennes qui cherchaient à tourner la droite de l'armée piémontaise; six pièces d'artillerie, dirigées par M. le général Forgeot, forcèrent, par un feu très-vif, ces colonnes à rebrousser chemin en désordre.

» Je ne saurais assez louer le zèle et la vigueur de tous les officiers du 1er corps et de l'état-major général, et particulièrement des généraux Forey, Ladmirault, Bazaine et Forgeot. Je m'abstiens de faire des citations individuelles, parce qu'elles seraient trop nombreuses; je dois aux officiers de toutes armes ce tribut d'éloges bien mérité; et si parmi eux le chiffre des tués et des blessés dans ce rude combat est au-dessus de la proportion ordinaire, c'est que tous ont payé largement de leur personne, heureux de donner ainsi à l'Empereur une nouvelle preuve de leur dévouement.

» Je suis avec respect, etc.

» Maréchal BARAGUEY-D'HILLIERS. »

RAPPORT

DU MARÉCHAL COMMANDANT EN CHEF LE 2e CORPS.

« Au quartier général, à Cavriana, le 26 juin 1859.

» Sire,

» Conformément aux ordres de Votre Majesté, le 2e corps a quitté Castiglione le 24 au matin, pour aller occuper Cavriana. Il a débouché de Castiglione vers trois heures, marchant sur une seule colonne, par la route de Mantoue, afin de ne pas gêner le mouvement des 1er et 4e corps, qui marchaient sur ses flancs en arrière de lui.

» Il devait quitter la route de Mantoue à environ 6 kilomètres de Castiglione, et se porter sur Cavriana par le chemin de San Cassiano.

» Vers quatre heures, je fus prévenu par le général Gaudin de Villaine, qui éclairait ma marche, que l'ennemi était devant moi, à peu de distance, sur la route même que je suivais.

» A cinq heures, la fusillade s'engageait entre mes tirailleurs et ceux de l'ennemi, qui occupaient la ferme de Casa-Marino.

» Je me portai de ma personne à Monte-Medolano, qui est près de cette ferme, et de cette éminence je pus me convaincre que j'allais avoir affaire à des masses ennemies avec lesquelles il fallait compter.

» A cette même heure (cinq heures), j'entendais un vif engagement sur ma gauche, entre Castiglione et Solferino.

» C'était le maréchal Baraguey-d'Hilliers qui, dans sa marche sur ce dernier point, se trouvait aux prises avec l'ennemi.

» Du côté de Cavriana, j'apercevais un grand mouvement de troupes ennemies venant couronner successivement toutes les hauteurs qui s'étendent entre Solferino et Cavriana.

» La situation dans laquelle je me trouvais méritait réflexion. Je sentais la nécessité de me porter aussitôt que possible sur le canon du maréchal Baraguey-d'Hilliers; mais, d'un autre côté, je ne pouvais dégarnir la plaine et marcher sur Solferino ou Cavriana sans courir le risque de permettre à l'ennemi de couper l'armée en deux, en débouchant dans cette même plaine par la route de Mantoue à Guidizzolo, entre les 3e et 4e corps et moi.

» J'étais sans nouvelles du général Niel, et je sentais toute l'importance de me maintenir dans la position où je me trouvais, et de savoir, avant de faire un mouvement, s'il était à même de me soutenir en occupant la ligne qui s'étend de Medole à Guidizzolo.

» Vers six heures, je ne voyais pas encore les colonnes du général Niel du côté de Medole. J'envoyai mon chef d'état-major dans cette direction, afin de savoir où en était le mouvement du 4e corps sur Guidizzolo.

» Le général Lebrun arriva à Medole au moment même où le 4e corps attaquait ce village, où l'ennemi s'était établi fortement.

» Le général Niel, prévenu de l'intention que j'avais de me porter vers le 1er corps, me fit connaître que, dès qu'il aurait enlevé Medole, il se rapprocherait aussi vite que possible de ma droite, afin de me permettre d'exécuter mon mouvement sur Cavriana. Il me prévenait en même temps qu'il ne pourrait me rejoindre avant que le 3e corps eût fait sa jonction avec lui pour appuyer sa droite.

» Vers huit heures et demie, m'apercevant que les forces ennemies augmentaient sur mon front dans la plaine de Guidizzolo, je fis attaquer la ferme de Casa-Marino pour porter ma tête de colonne à hauteur de cette ferme, d'où je devais mieux juger les mouvements et les forces de l'ennemi.

» Je pris alors les dispositions suivantes :

» La 2e division, qui marchait en tête du corps d'armée, fut déployée en avant de la ferme, perpendiculairement à la route de Mantoue, sa droite à cette route. A sa hauteur et prolongeant la ligne de bataille, je fis placer la 1re brigade de la 1re division, sa gauche à la même route, sa droite se dirigeant vers Medole, par où devait venir le corps du général Niel. La 2e brigade de la 1re division, formant la réserve du corps d'armée, fut établie en arrière de Casa-Marino, vers la ferme de Barcaccia, pour tenir tête aux colonnes de cavalerie qui, de San Cassiano, menaçaient de faire une trouée entre le 1er et le 2e corps. La cavalerie de réserve (7e régiment de chasseurs) couvrit de ce même côté la gauche de ma 2e division.

» A peine ces dispositions étaient-elles prises, qu'une forte colonne autrichienne, venant de Guidizzolo par la route de Mantoue, s'avança sur Casa-Marino. Elle était précédée d'une nombreuse artillerie qui vint se mettre en batterie à mille ou douze cents mètres en avant de mon front.

» Les quatre batteries d'artillerie des 1re et 2e divisions (12e du 7e, 11e du 11e, 2e du 9e et 13e du 13e) se portèrent immédiatement sur la ligne des tirailleurs et ouvrirent un feu très-vif, qui força bientôt l'artillerie ennemie à se reporter en arrière, après avoir vu sauter deux de ses caissons. C'est au commencement de ce combat d'artillerie contre artillerie que le général Auger eut le bras gauche emporté par un boulet.

» Sur ces entrefaites, on me signalait les divisions de cavalerie Partouneaux et Desvaux, arrivant en arrière de la droite de ma ligne de bataille. Je les fis prévenir de se porter rapidement à hauteur de ma droite, de manière à occuper l'espace laissé libre jusque-là entre Medole et Monte-Medolano.

» Les batteries à cheval de ces deux divisions se déployèrent en avant de leur front, et prirent d'écharpe l'artillerie ennemie, déjà battue de front par le canon de mes divisions. Les généraux Partouneaux et Desvaux exécutèrent plusieurs charges heureuses. Dans l'une d'elles, 600 hommes d'infanterie furent rejetés sur nos tirailleurs, qui les firent prisonniers.

» Pendant que ceci se passait sur ma droite, une colonne, composée de deux régiments de cavalerie, cherchait à tourner ma gauche, qui était soutenue par deux escadrons du 4e chasseurs et quatre escadrons du 7e chasseurs commandés par le colonel Savaresse. Notre cavalerie repoussa vigoureusement trois charges de l'ennemi, et le rejeta, dans le plus grand désordre, sur les bataillons de gauche de la 2e division (11e bataillon de chasseurs, 72e de ligne), qui s'étaient formé en carré. L'ennemi laissa sur le terrain un grand nombre de chevaux tués ou blessés. Nos chasseurs ramenèrent plusieurs prisonniers, parmi lesquels un officier supérieur et une trentaine de chevaux tout harnachés.

» Grâce à ces charges heureuses, grâce au feu de mon artillerie, je pus maintenir partout l'ennemi à bonne distance, et attendre, non sans une certaine impatience, l'entrée en ligne du 4e corps.

» Vers onze heures seulement, je reçus du général Niel l'avis qu'il était en mesure de marcher directement sur Cavriana. J'ordonnai au général de La Motterouge de se porter, avec sa division disposée sur deux lignes, vers Solferino, où il devait faire jonction avec l'infanterie de la garde impériale qui marchait sur ce point. Le général Decaen devait suivre son mouvement.

» En ce moment (deux heures et demie), la division de cavalerie de la garde impériale était mise à ma disposition par ordre de Votre Majesté.

» J'ordonnai au général Morris de se porter dans l'intervalle qui séparait ma droite des divisions Partouneaux et Desvaux, et de se former en arrière en échelons dès que le 2e corps se reporterait en avant. De cette manière, il devait me relier avec le 4e corps.

» Ces dispositions prises, et dès que la division La Motterouge eut fait sa jonction avec les voltigeurs de la garde, tout le 2e corps fit, dans chaque bataillon, tête de colonne à droite pour se porter sur San Cassiano et sur les autres positions que l'ennemi occupait dans la plaine.

» Le village de San Cassiano fut tourné à droite et à gauche, et enlevé en un instant, avec un élan irrésistible, par les tirailleurs indigènes et le 45e de ligne.

» Les tirailleurs algériens appuyèrent ensuite à gauche pour se porter sur le contre-fort principal qui relie Cavriana à San Cassiano.

» Ce contre-fort était fortement défendu par l'ennemi, qui avait réuni sur ce point des forces considérables. Le premier mamelon, sur lequel se trouvait une espèce de redoute, fut enlevé par les tirailleurs. Mais en ce moment je m'aperçus que l'ennemi faisait un nouvel effort pour se jeter entre ma droite et le général Niel, et que, d'un autre côté, la colonne qui était à ma gauche n'arrivait pas encore à ma hauteur.

» Je dus donc faire arrêter un moment le mouvement général en avant.

» L'ennemi réunit alors de grandes forces entre Cavriana et la redoute occupée par les tirailleurs, puis il fit tout à coup un vigoureux retour offensif qui les obligea à quitter cette position. Un bataillon du 45° et une partie du 72°, commandés par le colonel Castex, vinrent alors en aide aux tirailleurs, qui reprirent la redoute, où ils durent également s'arrêter d'après l'ordre donné.

» Le 45° et le 72° de ligne prirent position plus en arrière.

» Bientôt l'ennemi fit un nouvel effort sur les tirailleurs, et les força une seconde fois à quitter la position.

» J'ordonnai alors au général de La Motterouge de soutenir cette colonne avec sa brigade de réserve (65° et 70° de ligne), et je prescrivis à tout le corps d'armée de se porter en avant dès que notre attaque de gauche recommencerait.

» Dès que le général de La Motterouge eut rejoint les tirailleurs et le 45°, toute la colonne se porta en avant.

» Elle fut soutenue dans ce mouvement par un bataillon de grenadiers, et un peu en arrière par le reste de la brigade de la garde, commandée par le général Niel.

» Toutes les positions furent successivement enlevées jusqu'à Cavriana, où les tirailleurs indigènes entrèrent en même temps que les voltigeurs de la garde, qui y arrivèrent par le chemin de Solferino.

» La division Decaen suivit le mouvement et chassa l'ennemi de plusieurs fermes qui se trouvaient devant elle dans la plaine.

» La cavalerie de la garde qui, sous les ordres du général Morris, flanquait mon extrême droite pendant tout le mouvement, était formée en trois échelons.

» Le premier, composé des chasseurs et des guides, avait sa gauche appuyée à la droite de la division Decaen; les deux autres, situés un peu plus en arrière, se reliaient avec le général Desvaux.

» Vers trois heures, le général Morris fit charger en flanc, par le général Cassaignoles, une colonne de cavalerie autrichienne qui menaçait de tourner sa droite.

» Un peu plus tard, un régiment de cavalerie ennemie chercha à repousser un escadron de chasseurs de la garde, qui formait une ligne de tirailleurs conduite d'une manière remarquable par le commandant de la Vigerie. L'ennemi prit sa direction, sans s'en douter, sur le 11° bataillon de chasseurs à pied, qui était formé en carré dans un chemin creux et dans les blés, d'où il ne pouvait être aperçu.

» Ce bataillon se leva tout à coup et fit feu de deux de ses faces. La cavalerie ennemie fit aussitôt demi-tour et se retira en désordre, prise alors en flanc par une batterie de la 2° division et par une batterie de la garde.

» Vers six heures et demie, l'ennemi était en retraite dans toutes les directions, ayant éprouvé de très-grandes pertes, à en juger par le nombre des cadavres qu'il avait laissés sur le terrain.

» La 1re division bivaqua alors sur le contre-fort situé en arrière de Cavriana, et la 2° division resta en bataille dans la plaine, de manière à faciliter la jonction du 4° corps avec le 2°.

» Je n'ai pas besoin de dire ici si les troupes du 2° corps ont combattu vaillamment pendant cette longue journée. Votre Majesté a pu juger elle-même de leur élan irrésistible pendant les diverses phases de la bataille. Elle a vu de ses propres yeux comment elles ont su, à la fin de la journée, pour couronner la victoire, enlever les positions si difficiles de Cavriana et battre l'ennemi sur les hauteurs, où il a essayé vainement de tenir devant elles.

» Nos pertes ont malheureusement été très-sensibles : il n'en pouvait être autrement.

» Au début de la bataille, le général Auger, commandant l'artillerie du 2° corps, a eu le bras gauche emporté par un boulet.

» Le colonel Douay, du 70° de ligne, le colonel Laure et le lieutenant-colonel Herment, du régiment des tirailleurs, ont été tués bravement à la tête de leurs troupes.

» Parmi les corps qui ont le plus souffert, je citerai : le régiment de tirailleurs, qui a eu 7 officiers tués et 22 officiers blessés; le 72° de ligne, qui a eu 5 officiers tués et 49 officiers blessés; le 45° de ligne, déjà si éprouvé à Magenta, a eu 20 officiers mis hors de combat dans la journée du 24 juin.

» En résumé, dans cette rude journée, le 2° corps a eu : 19 officiers tués, 93 officiers blessés, 192 soldats tués, 1,266 blessés et 300 disparus (Ce dernier chiffre, qui était de 500 hier, diminue d'heure en heure, par suite de la rentrée à leurs corps d'hommes fatigués qui n'avaient pu suivre.)

» Je ne fais pas en ce moment de citations particulières à Votre Majesté : je me réserve d'appeler ultérieurement toute sa bienveillante sollicitude sur ceux qui, braves entre tous, ont mérité d'être proposés pour des récompenses.

» J'ai l'honneur d'être avec respect, etc.

» Le maréchal commandant en chef le 2° corps,

» DE MAC-MAHON, DUC DE MAGENTA. »

RAPPORT

DU MARÉCHAL COMMANDANT EN CHEF LE 3° CORPS.

« Bivac de Rebecco, le 25 juin 1859.

» Sire,

» En rendant compte à Votre Majesté dès hier soir des opérations auxquelles le 3° corps a pris part dans la journée du 24 juin courant, je n'ai pu fournir à l'Empereur que des indications sommaires en l'absence de renseignement transmis par les généraux commandant les divisions : les rapports que je reçois aujourd'hui me permettent d'entrer dans des détails plus précis.

» Parti de Mezzane le 24 juin, à deux heures et demie du matin, en me dirigeant sur Medole, conformément aux ordres de l'Empereur, j'ai effectué le passage de la Chiese à Visano, sur un pont jeté pendant la nuit par le génie piémontais. J'avais prescrit la veille au soir à la brigade Jannin, de la division Renault, de se porter sur ce point pour protéger l'opération. A sept heures, ma tête de colonne arrivait à Castelgoffredo, et les renseignements recueillis par mon avant-garde m'apprenaient que la cavalerie ennemie était encore dans cette petite ville, ancienne place ceinte d'une muraille et munie de portes qui avaient été barricadées.

» Le général Jannin, à la tête d'un bataillon du 56°, reçut l'ordre de tourner la position et de se diriger au sud de la ville pour y pénétrer par la porte de Mantoue. Le général Renault se plaça à la tête des troupes qui devaient attaquer de front, et la porte du côté d'Acqua-Fredda fut abattue à coups de hache par le génie. Les hussards du 2° régiment, composant mon escorte, sous la vigoureuse impulsion de leur chef, le capitaine-commandant Lecomte, se ruèrent sur un piquet de hussards autrichiens qui se trouvait dans la ville et le sabrèrent. Ces cavaliers ont fait preuve d'un grand élan; ils ont eu plusieurs blessés et ont tué et blessé quelques hommes à l'ennemi.

» A neuf heures un quart, le 3° corps est arrivé à hauteur de Medole. En entrant dans ce village, j'ai appris que le 4° corps était engagé en avant de moi. L'aile droite de ce corps, commandée par le général de Luzy, avait dû soutenir des attaques très-sérieuses, et, menacée d'être tournée, elle demandait instamment à être appuyée.

» Le général commandant le 4° corps m'adressait également plusieurs officiers pour me demander des renforts sur son centre, qui avait eu beaucoup à souffrir. A ce moment même je recevais de l'Empereur communication d'une lettre par laquelle on annonçait qu'un corps de 25 à 30,000 hommes était sorti de Mantoue par la porte Pradella dans la journée d'hier 23, et que ses avant-postes étaient au village d'Acqua-Negra. Ces renseignements étaient du reste corroborés par le général de Luzy, qui annonçait avoir vu une colonne considérable passer de sa gauche vers sa droite, par les renseignements émanant de gens du pays, enfin par une indication consistant en une longue traînée de poussière se dirigeant du côté d'Azola vers Acqua-Fredda.

» Pour faire face aux exigences de la situation, je m'empressai d'envoyer le général Renault, avec six bataillons, soutenir le général de Luzy sur la route de Ceresara. Le 41° prit position à deux kilomètres de Medole, à cheval sur la Seriola-Marchionole. Le 56° fut placé en retour, faisant face à Castelgoffredo, de manière à surveiller le mouvement tournant annoncé de la part de l'ennemi. Une section d'artillerie se mit en batterie sur la route à hauteur des tirailleurs, et fit feu sur les colonnes autrichiennes qui se dirigeaient sur notre droite..

» Cette disposition permit à la division de Luzy d'appuyer à gauche, vers le centre du général Niel, et, vers une heure de l'après-midi, les attaques sur Rebecco paraissant plus menaçantes, j'appelai la totalité de la division Renault, moins deux bataillons du 23° de ligne que je laissai à la garde de Medole. La division fut alors établie sur la droite et la gauche de la Seriola, se reliant fortement à la droite du 4° corps, qu'elle suivit dans un mouvement prononcé que ce dernier dut faire vers la gauche.

» Une partie de la division Renault se trouva donc, par suite de ce mouvement, à hauteur de Rebecco, sur lequel durent se porter un bataillon du 56°, le 90°, avec deux compagnies du 8° bataillon de chasseurs à pied et une section d'artillerie. Cette attaque fut dirigée de la manière la plus énergique par le colonel Guilheim, du 90°, et le commandant Schwartz, du 56°. Cette colonne arriva en ligne au moment où le 73° (division de Luzy), débordé sur sa droite, était menacé d'être tourné ; une vigoureuse charge à la baïonnette du 56°, dirigée par le commandant Schwartz, eut un plein succès, et plus tard, vers les cinq heures, cette portion de la division Renault occupait le village de Rebecco.

» Le 3° corps avait, en raison des éventualités qui pouvaient se produire sur sa droite, disposé d'une partie déjà importante de ses forces, et cependant de nouvelles demandes lui étaient adressées instamment afin d'appuyer le centre du 4° corps, sur lequel l'ennemi faisait, comme sur la droite, un effort désespéré. Supposant que la division Bourbaki, ainsi que la brigade Collineau de la division Trochu, seraient suffisantes pour repousser le corps ennemi annoncé de Mantoue, j'envoyai le général Trochu avec la brigade Bataille, de sa division, au général Niel, pour être placé entre les divisions de Failly et Vinoy du 4° corps.

» A quatre heures, cette brigade entrait en ligne, les bataillons en colonne serrée par division, dans l'ordre en échiquier que je leur prescrivis sur le terrain, l'aile gauche refusée et l'artillerie à portée d'agir efficacement. Ce renfort permettait au général Niel de prononcer un mouvement offensif qui a d'abord repoussé l'ennemi ; mais celui-ci ayant opéré un retour, la brigade Bataille a été lancée de nouveau, et, conduite avec un admirable entrain par le général Trochu, a refoulé définitivement l'ennemi, qui n'a pas reparu.

» Dans cette marche rapide fournie jusqu'à la route de Ceresara, le 44°, formant l'aile droite, a été un instant débordé par l'ennemi ; mais, sur l'ordre du général Bataille, dont je ne saurais trop louer le courage et le sang-froid, les deux derniers bataillons, vigoureusement conduits par le colonel Pierson et le commandant Coudanien, ont fait face à droite, marché rapidement sur la Tuilerie, et serré de si près l'ennemi qu'ils lui ont fait des prisonniers et l'ont forcé à abandonner deux pièces, qui ont été prises.

» Le 43° de ligne, dont un bataillon s'est trouvé un instant très-sérieusement engagé, a montré une grande solidité. J'ai le regret d'annoncer à l'Empereur que son chef, le colonel Broutta, a été mortellement blessé. Le 19° bataillon de chasseurs à pied s'est également distingué par son élan. Pour soutenir le mouvement de la brigade Bataille, j'avais prescrit au général Courtois d'Hurbal de faire avancer son artillerie de réserve, qui était venue prendre position.

» J'avais envoyé le colonel Besson, mon chef d'état-major général, sur la route de Medole à Castelgoffredo, pour s'assurer si les reconnaissances du général Bourbaki avaient pu faire découvrir quelque chose des projets de l'ennemi au sujet du mouvement tournant annoncé. De forts détachements de uhlans, appuyés par de l'artillerie légère, avaient pu faire croire à la réalisation de cette attaque, à laquelle il était indispensable de parer ; mais, comme il avait été constaté à plusieurs reprises qu'aucun corps d'infanterie ne paraissait derrière la cavalerie, je crus pouvoir laisser la brigade Collineau, de la division Trochu, seule pour couvrir Medole, et faire entrer en ligne la division Bourbaki. A partir de ce moment, notre position était entièrement assurée.

» La part prise par le général Trochu au succès de la journée mérite d'être signalée tout spécialement et fait le plus grand honneur à cet officier général, qui se loue beaucoup de son aide de camp, le capitaine Capitan, lequel a eu un cheval tué sous lui.

» Les pertes éprouvées par les troupes du 3° corps engagées dans la bataille du 24 juin s'élèvent à 250 tués et blessés, parmi lesquels 3 officiers tués et 12 blessés.

» Je suis avec respect, etc.

» Maréchal CANROBERT. »

RAPPORT

DU MARÉCHAL COMMANDANT EN CHEF LE 4° CORPS.

Au quartier général de Volta, le 27 juin 1859.

A L'EMPEREUR.

« Sire,

» Les troupes du 4° corps ont pris une large et glorieuse part à la bataille de Solferino. Je vais rendre à Votre Majesté un compte sommaire de cette rude journée.

» D'après l'ordre de marche du 24 juin, le quartier impérial devait se porter, avec la garde, de Montechiaro à Castiglione ; le 1er corps, d'Esenta à Solferino ; le 2° corps, de Castiglione à Cavriana ; le 3° corps, de Mezzane à Medole ; enfin le 4° corps, renforcé des deux divisions de cavalerie Partouneaux et Desveaux, de Carpenedolo à Guidizzolo. Le roi de Sardaigne devait occuper Pozzolengo.

» Le 4° corps s'est mis en route à trois heures du matin, les soldats ayant pris le café. Les trois divisions d'infanterie suivaient la route de Carpenedolo à Medole ; les batteries et le parc de réserve étaient intercalés entre la division Vinoy et la division de Failly ; la division de Luzy marchait en tête, éclairée par deux escadrons du 10° chasseurs, commandés par le général de Rochefort. La route traverse un pays couvert de riches cultures, d'arbres et de vignes ; elle est bordée par des fossés profonds et pleins d'eau. Les deux divisions de cavalerie marchaient sur la route de Castiglione à Goïto, qui traverse une plaine de trois ou quatre kilomètres de largeur, où la cavalerie et l'artillerie peuvent facilement manœuvrer. Cette route passe à Guidizzolo.

» A environ deux kilomètres de Medole, les escadrons du général de Rochefort ayant rencontré des uhlans, les chargèrent avec impétuosité ; mais ils furent bientôt arrêtés par des troupes d'infanterie qui occupaient le village en force, soutenues par de l'artillerie. Le général de Luzy prit immédiatement ses dispositions d'attaque ; il fit entourer le village des deux côtés de la route par plusieurs bataillons d'infanterie, sous les ordres des généraux Lenoble et Douai, et dès qu'il fut en vue des premières maisons qu'occupait l'ennemi, il les fit canonner. Bientôt après, les mouvements de flanc étant bien prononcés, il fit battre la charge et aborda lui-même le village avec une forte colonne d'infanterie. Cette attaque, exécutée avec une grande bravoure, fut couronnée d'un plein succès. A sept heures, Medole était en notre pouvoir, et l'ennemi se retirait, ayant essuyé de grandes pertes et laissant entre nos mains deux canons et beaucoup de prisonniers.

» Au sortir de Medole, trois bataillons de la division de Luzy se portèrent sur la route de Ceresara, tandis que la brigade Douai marchait à la poursuite de l'ennemi vers Rebecco, village situé à une lieue de Medole, sur la route de Guidizzolo. Cette brigade rencontra bientôt des forces supérieures qui arrêtèrent sa marche.

» Aussitôt que la division Vinoy vint déboucher du village de Medole, je fis porter en avant, vers la route de la plaine, huit pièces appartenant à la division de Luzy ; la division Vinoy alla soutenir cette artillerie, repoussant en même temps l'ennemi qui occupait de petits fourrés dans la direction d'une maison isolée, nommée Casa-Nova, qui se trouve sur la droite de la grand'route de Goïto, à deux kilomètres de Guidizzolo. Des combats acharnés se sont livrés pendant toute la journée autour de cette maison.

» Dès que je pus sortir du pays couvert que traverse le chemin de Medole, j'aperçus dans la plaine de fortes colonnes autrichiennes d'infanterie et de cavalerie qui faisaient face au corps du maréchal de Mac-Mahon, et qui menaçaient de m'envelopper dans le mouvement que je faisais sur leur flanc. La division Vinoy se forma en bataille dans une direction oblique qui me rapprochait du maréchal de Mac-Mahon, et, sous cet appui, je fis déboucher de Médole l'artillerie de réserve, qui se mit en batterie, ayant derrière elle et à sa gauche les divisions de cavalerie. Pour avoir un appui à droite, le général Vinoy enleva à l'ennemi la ferme de Casa-Nova ; mais, occupant ainsi un front très-étendu pour mes forces, j'attendais avec impatience la division de Failly, qui, de son côté, doublait de vitesse pour venir prendre part au combat.

» L'ennemi tenta de tourner la gauche du général Vinoy dans l'espace que laissaient entre eux le 2° et le 4° corps. Une colonne d'infanterie, soutenue par une nombreuse cavalerie, s'approcha jusqu'à deux cents mètres de la division Vinoy, mais elle fut arrêtée par la mitraille et les boulets des quarante-deux pièces d'artillerie des divisions et de la réserve, qui prenaient successivement leur poste de combat, et qui bientôt furent toutes en batterie sous l'habile direction du général Soleille. L'ennemi déploya à son tour son artillerie. Dans cette lutte, qui dura une grande partie de la journée, notre artillerie eut toujours un avantage incontestable, et ses terribles effets sont marqués par les débris d'hommes et de chevaux qui jonchent le sol.

» A mesure que le corps du maréchal Mac-Mahon s'avançait, la division Vinoy, pivotant sur la Casa-Nova, suivait le mouvement par l'aile gauche. Mais les forces ennemies, qui reculaient dans la plaine, portaient leurs efforts sur la Casa-Nova et sur les premières maisons de Rebecco, où se livraient des combats acharnés. Dès que la division de Failly put entrer en ligne, je donnai pour direction à sa tête de colonne le hameau de Baete, situé entre Rebecco et la ferme de Casa-Nova. Le général de Failly s'y porta avec la brigade O'Farrel, et je conservai sous ma main, comme réserve, la brigade Saurin.

» A partir de ce moment, mes troupes étaient disposées comme il suit, de la droite à la gauche : au village de Rebecco, la division de Luzy; à Baete, la 1re brigade de la division de Failly; à gauche, se refusant dans la direction du maréchal de Mac-Mahon, la division Vinoy déployée, sept batteries d'artillerie et deux divisions de cavalerie.

» Le but que je poursuivais, et qui aurait donné de magnifiques résultats si j'avais pu l'atteindre, c'était que, lorsque Cavriana serait au pouvoir du 2e corps, le maréchal Canrobert, arrivé à Medole, voulût bien envoyer en avant une ou deux de ses divisions pour occuper Rebecco. Alors, avec les deux divisions de Luzy et de Failly, j'allais m'emparer de Guidizzolo, et, maître de l'embranchement des routes, je coupais la retraite, soit sur Goito, soit sur Volta, aux masses ennemies qui occupaient la plaine. Malheureusement le maréchal Canrobert, menacé sur sa droite, ne jugea prudent de me prêter son appui que vers la fin de la journée.

» L'ennemi, qui sentait tout le danger que lui faisait courir ma marche sur Guidizzolo, réunit tous ses efforts pour l'arrêter. Une lutte des plus vives se prolongea pendant plus de six heures autour de la ferme de Casa-Nova, au hameau de Baete et au village de Rebecco. Quand le combat avait lieu par des feux d'infanterie, l'ennemi ayant l'avantage du nombre, je perdais du terrain. Alors je formais une colonne d'attaque avec un des bataillons de ma réserve, et la baïonnette nous donnait plus que la fusillade nous avait fait perdre.

» Dans ces combats incessants, j'ai eu le regret de voir tomber de braves soldats et des chefs bien dignes de les commander. Le colonel Lacroix, du 30e de ligne; le colonel Capin, du 53e; le colonel Broutta, du 43e (division Trochu); les lieutenants-colonels de Neucheze, du 8e de ligne; de Campagnon, du 2e de ligne; des Ondes, du 5e hussards; les chefs de bataillon Nicolas, Tiersonnier et Hébert, se sont fait tuer à la tête de leurs troupes. Le général Douay, qui s'est particulièrement distingué dans cette journée, et un grand nombre d'officiers supérieurs, ont reçu des blessures qui privèrent momentanément l'Empereur de leurs services. A toutes ces pertes j'en dois ajouter une qui m'est particulièrement sensible, celle du colonel du génie Jourjon, officier accompli, aussi remarquable par sa science que par ses qualités militaires.

» La cavalerie nous a été d'un puissant secours pour éloigner de la Casa-Nova l'infanterie ennemie, qui renouvelait sans cesse ses efforts pour nous enlever ce point d'appui important. Les deux divisions de Partouneaux et Desvaux ont, à plusieurs reprises, chargé l'infanterie autrichienne avec une grande bravoure.

» Vers trois heures, M. le maréchal Canrobert étant venu sur le champ de bataille pour juger par lui-même ma position, envoya l'ordre à la division Renault du 3e corps, qui observait la route de Medole à Ceresara, d'appuyer sur Rebecco, et il ordonna en même temps au général Trochu d'amener sa première brigade sur le lieu même où se trouvait ma réserve, entre Casa-Nova et Baete, car c'était toujours là que se portaient les plus grands efforts de l'ennemi.

» Voyant que j'allais être soutenu par des troupes fraîches, je formai immédiatement quatre bataillons de la division de Luzy en colonnes d'attaque; j'y joignis deux bataillons de la division de Failly, qui formaient en ce moment mon unique réserve, et le général de Luzy conduisit ces troupes dans la direction de Guidizzolo. La tête de colonne, formée par un

bataillon du 30e de ligne, arriva jusqu'aux premières maisons du village; mais, trouvant devant elle des forces supérieures, elle dut se retirer. Nos soldats étaient, d'ailleurs, accablés par la fatigue; ils marchaient et combattaient depuis douze heures sur un terrain complétement dépourvu d'eau, et, pendant une lutte incessante, ils n'avaient pas eu le temps de manger.

» Cependant, M. le maréchal Canrobert ayant bien voulu me promettre l'arrivée avant la nuit de la division Bourbaki, je voulus tenter un dernier effort sur Guidizzolo avec la brigade Bataille de la division Trochu, qui avait pris la place de ma réserve. Le général Trochu, ayant formé ses bataillons en colonnes serrées, les conduisit à l'ennemi en échiquier, l'aile droite en avant, avec autant d'ordre et de sang-froid que sur un champ de manœuvres. Il enleva à l'ennemi une compagnie d'infanterie et deux pièces de canon, et arriva jusqu'à demi-distance de la Casa-Nova à Guidizzolo.

» Un violent orage précédé de tourbillons de poussière, qui nous plongea dans l'obscurité, vint mettre fin à cette terrible lutte, et le 4e corps prit ses bivacs sur un champ de bataille qu'il avait glorieusement conquis. Il a pris à l'ennemi un drapeau, enlevé par des soldats du 76e de ligne, et 7 pièces de canon. Il a fait environ 2,000 prisonniers; et sur un champ de bataille qui a près de deux lieues de long, la marche du 4e corps est jonchée des cadavres de l'ennemi. La lutte a été longue et opiniâtre, et il n'est pas un bataillon du corps d'armée qui n'y ait pris part.

» Je ne puis citer à Votre Majesté les nombreux actes de bravoure dont j'ai été témoin ou qui m'ont été rapportés, mais je dois lui dire que chacun a fait noblement son devoir.

RAPPORT

DE SA MAJESTÉ LE ROI DE SARDAIGNE.

« Le 24 juin, tandis que les troupes françaises, sous les ordres de M. le maréchal Baraguey-d'Hilliers, marchaient sur Solferino, trois divisions de l'armée piémontaise s'avançaient dans la direction de Peschiera, Pozzolengo et Madonna della Scoperta. Elles étaient précédées par des détachements chargés d'éclairer leur marche et de reconnaître le terrain.

» La 3e division (général Mollard), devait battre la plaine comprise entre le chemin de fer et le lac, et la 5e (général Cucchiari) marcher sur Pozzolengo, où devait aussi se rabattre la 1re division (général Durando), en passant par Castel-Venzago et Madonna della Scoperta. Le détachement envoyé en reconnaissance par la 5e division, composé d'un bataillon d'infanterie, d'un bataillon de bersaglieri, d'un escadron de chevau-légers et de deux pièces d'artillerie, sous les ordres du colonel Cadorna, laissa sur sa droite les hauteurs de San Martino, qui n'étaient point encore occupées par l'ennemi, et continua à s'avancer par la route de Lugano vers Pozzolengo.

» Les avant-postes autrichiens, vigoureusement attaqués et refoulés vers sept heures du matin, furent bientôt soutenus par des forces imposantes devant lesquelles il fallut se replier.

» Le général Mollard, entendant la fusillade et le bruit du canon, conduisit la petite colonne qui éclairait la marche de sa division au secours du colonel Cadorna, et envoya deux compagnies de bersaglieri à la cascine Succale pour opérer une diversion.

» La 3e et la 5e division reçurent l'ordre de hâter leur marche.

» La colonne du colonel Cadorna se replia lentement et en bon ordre, soutenue par quatre pièces d'artillerie et par un bataillon d'infanterie placés à San Martino. Mais, sur la droite, l'ennemi gagnait déjà avec de fortes colonnes les hauteurs par Stefano et San Donino, et s'avançait rapidement sur Cascina-Contracania, menaçant de couper la ligne de retraite.

» Il fallut abandonner San Martino. Il était alors neuf heures du matin. La tête de la colonne de la 3e division commençait à déboucher par la chaussée du chemin de fer. Dans l'espoir de ne pas laisser à l'ennemi le temps de s'établir solidement sur les hauteurs, le général Mollard fit immédiatement marcher à l'assaut le premier régiment qu'il eut sous la main (7e d'infanterie), et le fit bientôt après soutenir par le 8e, avec ordre d'attaquer à la baïonnette sans faire un coup de feu. Soutenus par une batterie d'artillerie et par quelques charges de chevau-légers de Montferrat, deux fois ces braves régiments atteignirent avec un élan admirable le sommet des hauteurs en s'emparant de plusieurs pièces de canon, mais deux fois aussi ils durent céder au nombre et abandonner leur conquête. Le colonel Beretta et le major Solaro avaient été tués ; le général Ansaldi, les majors Borda et Longoni, blessés ; les pertes en officiers subalternes étaient également nombreuses.

» L'ennemi gagnait du terrain ; il s'avançait par la cascina Selvetta vers le chemin de fer pour nous couper cette importante ligne de communication. Une charge brillante, exécutée par un escadron de cavalerie, donna le temps de réunir quelques troupes sur le point menacé.

» Ce fut alors, vers dix heures du matin, que la division Cucchiari arriva sur le champ de bataille par la route de Rivoltella. Trois bataillons du 12° régiment furent mis immédiatement à la disposition du général Mollard, afin de l'aider à reprendre les cascines Canova, Arnia, Selvetta et Monata, et dégager ainsi les approches du chemin de fer. Sur la gauche, le 4° bataillon du 12° et le 11° régiment d'infanterie furent formés en colonnes d'attaque, à cheval sur la route de Lugano. On s'élança à l'assaut sous un feu meurtrier. L'église de San Martino, le Roccolo, ainsi que toutes les cascines sur la droite, y compris la Contracania, furent emportés avec une bravoure remarquable. On s'empara de 3 pièces d'artillerie ; mais l'ennemi parvint encore une fois à les dégager. Dans cette attaque, un major avait été tué ; deux autres majors, ainsi qu'un colonel, blessés : telles étaient les pertes en officiers supérieurs.

» Pendant ce temps, la deuxième brigade de la cinquième division (17° et 18° de ligne), avec son bataillon de bersaglieri, se formait en colonne d'attaque sur la gauche de Lugano, laissant le 18° en réserve ; deux bataillons du 17° et deux compagnies de bersaglieri marchèrent sur l'église de San Martino et la cascine Contracania, qui étaient retombées au pouvoir de l'ennemi, et les deux autres bataillons, avec quelques bersaglieri, pliant à gauche, se dirigèrent sur Cascina Corbi di Sotto et Vestone. Le 18° s'avança pour soutenir le 11°, engagé sur son front. On regagna pourtant le terrain perdu, on atteignit le point culminant des hauteurs, et les positions furent emportées encore une fois.

» Sur ces entrefaites, la brigade de Pignerol (division Mollard) arrivait de Desenzano et Rivoltella. Formée sur deux lignes et dirigée avec son artillerie sur la cascine Contracania, elle avait déjà commencé son feu, et allait compléter le succès de la 5° division, lorsque celle-ci, écrasée par la mitraille et placée en face d'un ennemi qui recevait sans cesse de nouveaux renforts, dut opérer sa retraite, qui eut lieu en bon ordre sur la route de Rivoltella. Le général Mollard crut dès lors devoir suspendre l'attaque commencée par la brigade Pignerol, jusqu'à l'arrivée de nouvelles troupes. L'attaque de San Martino ne pouvait plus effectivement être renouvelée sans que l'on donnât auparavant quelques heures de repos aux soldats qui avaient combattu toute la matinée sous un soleil ardent, et sans qu'on les fît soutenir par des troupes fraîches.

» La seconde division (général Fanti) avait été acheminée vers Solferino afin de concourir, le cas échéant, à l'attaque dirigée sur ce point par le maréchal Baraguey-d'Hilliers. Le roi, voyant que la position avait été vaillamment emportée par les troupes françaises, et jugeant d'autre part combien il était essentiel de renforcer notre gauche, donna l'ordre à la seconde brigade de cette division de se porter immédiatement sur San Martino, et à la première de marcher vers Pozzolengo pour soutenir la division Durando, engagée depuis plusieurs heures dans un combat où elle avait déjà essuyé beaucoup de pertes. Lorsque Sa Majesté fut informée que la brigade Aoste (de la seconde division) approchait de San Martino, elle envoya l'ordre d'attaquer de nouveau cette position, et de s'en emparer avant la nuit. La brigade Aoste arriva sous San Martino vers quatre heures de l'après-midi, et fut placée sous les ordres du général Mollard.

» Elle prit position sur la gauche de la brigade Pignerol, en face de la Contracania. L'artillerie avait l'ordre de n'ouvrir son feu qu'à très-petite portée de l'ennemi. On fit déposer les sacs aux soldats, et, vers cinq heures, on commença à marcher en avant.

» Un bataillon et deux pièces d'artillerie devaient tâcher de tourner l'ennemi par sa gauche. La 5° division, qui s'était repliée sur la route de Rivoltella, était en marche pour rejoindre le champ de bataille. C'est alors qu'un ouragan terrible s'éleva du côté du lac, suivi d'une pluie torrentielle.

» Les colonnes, bravant tous les obstacles, marchèrent résolûment à l'ennemi, qui, délivré de toute attaque sur sa droite, avait porté toute son artillerie sur le sommet des hauteurs, entre les cascines Contracania et Colombare, d'où il balayait avec un feu très-vif les approches de la position.

La brigade Pignerol s'élança vers la cascine Contracania ; obligée de conquérir pied à pied le terrain, elle éprouva des pertes sensibles. Parmi les officiers supérieurs, les deux colonels furent tués et un major blessé.

» La brigade Aoste marcha sur les cascines Canova, Arnia et Monata, s'en empara successivement, attaqua ensuite la Contracania et l'église de San Martino, et tâcha de se maintenir dans ces différentes positions en combattant avec acharnement. Elle avait déjà son général, deux colonels, deux majors blessés, et un major tué. Afin de soutenir l'infanterie par un feu imposant d'artillerie, le chef d'état-major fit placer deux pièces près de la Casa Monata, pour battre la cascine Contracania.

» Tous les efforts se dirigèrent bientôt vers ce point. Attaqué de front par le 3° et le 6° d'infanterie qui s'avançaient de Casa Monata ; sur la droite, par la brigade Pignerol, et successivement par les 7°, 12°, 17° et 18°, et par les bataillons de bersaglieri, l'ennemi commença à plier. Pour assurer un succès si chèrement acheté, l'ordre fut donné à toute l'artillerie disponible de se porter au galop sur le sommet.

» Bientôt après, vingt-quatre pièces couronnaient les hauteurs et ouvraient leur feu. L'ennemi, qui était à peu de distance, menaçait de se jeter sur nos canons. Un escadron de cavalerie, avec deux charges des plus brillantes, mit le désordre dans ses rangs déjà éclaircis par la mitraille, et, poursuivi par l'infanterie, l'ennemi laissa entre nos mains les formidables positions défendues une journée entière avec tant d'acharnement.

» Tandis que le combat s'engageait dès le matin sur l'extrême gauche, du côté opposé, sur les collines de Solferino, le 1er corps d'armée française était aux prises avec l'ennemi, et soutenait un combat très-vif.

» Une reconnaissance composée de troupes de la 1re division (Durando), 3° bataillon de bersaglieri, un bataillon de grenadiers et une section d'artillerie de la 10° batterie, sous la conduite du chef d'état-major colonel de Casanova, partie de Lonato à l'aube, arriva vers cinq heures et demie à la hauteur de la position Madonna de la Scoperta, qu'elle trouva occupée par l'ennemi.

» Celui-ci fut aussitôt attaqué par les troupes de la reconnaissance, suivies de près par la brigade des grenadiers. Ces corps soutinrent à eux seuls jusque vers midi les efforts de l'ennemi, supérieur en nombre, puis furent obligés de se replier jusqu'à l'intersection des routes de Cascina Rondotto. Là, renforcées par quatre bataillons de la brigade de Savoie, commandés par le colonel de Rolland, elles reprirent vivement l'offensive et chargèrent l'ennemi à la baïonnette. Deux bataillons de grenadiers, envoyés dès le matin par Castelloro et Cadignolo, entraient à leur tour en ligne, tandis que la 11° batterie, se mettant en position, ouvrait son feu. Ces efforts combinés décidaient l'ennemi à abandonner les positions conquises dans la matinée.

» Le général de la Marmora avait été chargé par le roi de prendre le commandement de la 1re et de la 2° division. L'ennemi une fois repoussé à Madonna della Scoperta, le général, suivant les ordres de Sa Majesté, dirigea une partie des troupes contre San Martino, où la 3° et la 5° division continuaient à combattre. La 1re division (Durando) passa par San Rocco, Cascina Taverna et Monte-Fami ; elle donna, chemin faisant, contre une colonne ennemie composée du régiment Prohaska et d'autres troupes qui avaient combattu à San Martino et cherchaient vraisemblablement à tourner les forces qui attaquaient cette position. Cette colonne repoussée se replia à la hâte, mais il en résulta un retard dans le mouvement de la 1re division. L'heure était d'ailleurs avancée, et ces troupes avaient combattu toute la journée contre trois brigades ennemies. Les pertes de cette division furent : en officiers, 6 morts et 25 blessés ; en troupes, 97 morts et 580 blessés.

» La brigade de Piémont de la 2° division (Fanti) avait coopéré également à l'attaque des positions de Madonna della Scoperta. L'ennemi repoussé, cette brigade fut dirigée par le général de la Marmora contre Pozzolengo. Arrivée à la hauteur de Cascina Rondotto, elle rencontra un corps ennemi fortement établi dans les cascines Torricelli, San Giovanni et Preda, et sur les hauteurs de Serino.

» L'ennemi, vivement attaqué dans ces positions par le 9° bataillon de bersaglieri (major Angelini), le 4° régiment de Piémont et une section de la 4° batterie, sous le commandement du général Camerana, céda le terrain et fut poursuivi jusqu'au delà du bourg de Pozzolengo.

» Cette même brigade de la 2° division (Fanti) ayant occupé San Giovanni, une batterie de 4 obusiers y prit position et ouvrit un feu très-vif qui prenait à revers les défenses de San Martino. Cette attaque contribua puissamment à obliger l'ennemi à céder cette position disputée avec acharnement depuis le matin.

» La 2e division, outre les graves pertes subies par la brigade d'Aoste, qui avait été postée sur la gauche, compta encore dans cette journée 1 officier tué, 5 blessés, 16 hommes tués et 56 blessés. Les quatre divisions composant ce jour-là l'armée sarde en ligne furent toutes engagées, et leurs pertes totales s'élevèrent à 49 officiers tués, 467 blessés, 642 sous-officiers et soldats tués, 3,405 blessés, 1,258 hommes dispersés; total, 5,525 manquant à l'appel. Plusieurs corps ont eu le quart de leur effectif hors de combat, et un bataillon de bersaglieri, sur 13 officiers, en eut 7 tués ou blessés; 3 colonels de la même division ont succombé glorieusement.

» L'ennemi, à la fin de la journée, avait été chassé de toutes ses positions, et celle de Pozzolengo avait été occupée par nos troupes; 5 pièces de canon étaient restées dans nos mains comme trophée de cette sanglante victoire, où nos troupes avaient eu à lutter contre des forces bien supérieures. Celles-ci peuvent être portées, selon toute vraisemblance, à 12 brigades, car il a été fait des prisonniers appartenant à ces divers corps.

» L'armée autrichienne avait déployé toutes ses forces, s'élevant à près de 200,000 hommes. Reprenant l'offensive, elle avait repassé le Mincio et occupé les positions de Pozzolengo, Solferino, étendant sa gauche dans la plaine de Guidizzolo; mais le soir, sur tous les points de ce vaste champ de bataille, elle avait dû se replier et mettre entre elle et l'armée alliée victorieuse la barrière du Mincio et de ses forteresses.

» *Le chef de l'état-major,*

» L. G. DELLA ROCCA. »

Le lendemain de cette grande bataille, l'Empereur des Français occupait à Cavriana la chambre même qu'habitait la veille l'empereur d'Autriche, et c'était de là qu'il datait ses dépêches, ses bulletins et l'ordre du jour suivant :

« Soldats!

» L'ennemi, qui avait cru nous rejeter au delà de la Chiese, a repassé le Mincio; vous avez su, comme toujours, défendre dignement l'honneur de la France.

» Solferino surpasse les éclatants souvenirs de Lonato et de Castiglione. Pendant douze heures, vous avez repoussé les efforts de 150,000 hommes; votre élan n'a été arrêté ni par la nombreuse artillerie de l'ennemi, ni par des positions formidables sur un rayon de trois lieues.

» La patrie, qui vous remercie de votre bravoure et de votre persévérance, déplore le sort de ceux de ses enfants qui sont tombés.

» Nous avons pris 3 drapeaux, 30 canons et fait 6,000 prisonniers.

» L'armée sarde a tenu tête avec la même valeur à des forces numériquement supérieures. Elle est digne de marcher à vos côtés. Le sang versé ne l'aura pas été inutilement pour la gloire de la France et le bonheur des peuples. »

Le 28 juin, l'armée alliée passait le Mincio sans éprouver de résistance.

En même temps, le 5e corps, sous le commandement du prince Napoléon, opérait sa jonction avec le reste de l'armée, et le prince adressait à l'Empereur le rapport suivant :

« Quartier général à Goïto, le 4 juillet 1859.

» Sire,

» Jusqu'à ce jour la mission du 5e corps, dont Votre Majesté a daigné me confier le commandement, a été politique et militaire.

» Seule, la division d'Autemarre, retenue à l'armée de Votre Majesté, a été assez heureuse pour qu'un de ses régiments, le 3e de zouaves, engagé avec l'ennemi, se couvrit de gloire à Palestro. Un autre, le 93e, a eu aussi le bonheur de combattre à Montebello.

» Le 5e corps, en se réunissant en Toscane, avait pour mission politique :

» 1° De maintenir ce duché dans la ligne de conduite tracée par Votre Majesté, c'est-à-dire de ne pas laisser dégénérer l'expression du sentiment patriotique, et surtout d'organiser militairement toutes les ressources que l'on pourrait tirer de ce pays, ainsi que des duchés de Parme et de Modène;

» 2° De contraindre, par la présence du drapeau français sur les frontières de la Romagne, le gouvernement autrichien à observer strictement la neutralité dans les États du pape;

» 3° De garantir les habitants contre un retour offensif de l'Autriche, et de leur permettre de faire éclater sans entrave l'expression de leur sympathie pour la cause de l'indépendance italienne et de leur reconnaissance pour les bienveillantes intentions du gouvernement de Votre Majesté.

» La mission militaire du 5e corps était :

» 1° D'empêcher un corps autrichien de faire une pointe sur la Toscane, et de priver l'ennemi des précieuses ressources de l'Italie centrale;

» 2° De menacer le flanc gauche de l'armée autrichienne en compromettant ses lignes de retraite, et hâter son abandon des duchés de Parme et de Modène dès après la première victoire de l'armée alliée.

» Ces divers buts ont été atteints heureusement, et sans coup férir, par la présence seule à Livourne, à Florence, aux débouchés des Apenins, des troupes du 5e corps.

» 1° Au point de vue politique :

» La Toscane a joui de la plus grande tranquillité sans que sa liberté fût troublée. Sous la protection du drapeau français, l'armée toscane, désorganisée après le 27 avril, a pu se réorganiser assez vite pour qu'aujourd'hui elle donne au 5e corps un appoint de 8 à 10,000 soldats armés, équipés, et prêts à se mesurer avec l'ennemi; pour qu'une division de volontaires, aux ordres du général Mezzacapo, s'organise également à Florence sans que le pays soit privé du régiment des gendarmes toscans, fort de 2,000 hommes et suffisant pour maintenir la tranquillité; en outre, la neutralité n'a pas été violée par l'ennemi dans les États pontificaux.

» Enfin l'enthousiasme qui s'est produit dans tous les lieux parcourus par le 5e corps, depuis le jour de son débarquement à Livourne jusqu'au celui de sa jonction avec l'armée de Votre Majesté; les ovations qu'il a reçues, lui et son chef, à Livourne, à Florence, à Lucques, à Massa, à Parme et dans les localités petites ou grandes où il a dû s'arrêter, sont un témoignage authentique et qui ne saurait manquer de produire un effet moral considérable.

» 2° Au point de vue militaire :

» La présence du 5e corps en Toscane, ou plutôt d'une division d'infanterie, d'une brigade de cavalerie et de neuf batteries, a retenu les corps autrichiens qui, des bords du Mincio, semblaient prêts à se jeter sur les riches plaines qui avoisinent la rive droite du Pô; la présence de ce corps prêt à déboucher sur l'armée autrichienne a imprimé à cette armée une crainte assez vive pour qu'elle se soit hâtée, dès après la bataille de Magenta, d'abandonner Ancône, Bologne et successivement toutes les positions sur la rive droite du Pô, faisant sauter des ouvrages qui avaient coûté beaucoup de temps et d'argent.

» Tels sont, sire, les résultats qui ont été la conséquence de l'envoi par Votre Majesté du 5e corps en Toscane et dans les duchés. Il me reste à faire connaître en peu de mots à Votre Majesté les opérations, malheureusement jusqu'à ce jour toutes pacifiques, de la partie de ce corps réunie en Toscane.

» Le 12 mai dernier, la presque totalité de la 1re division du 5e corps (division d'Autemarre) débarquait à Gênes.

» Je me trouvais moi-même dans cette ville avec une partie de mon état-major.

» Le 14, le 3e de zouaves, de la division d'Autemarre, est envoyé à Bobbio.

» Le 17, le 5e corps, moins la division d'Autemarre, reçoit de Votre Majesté l'ordre de se rendre à Livourne, où doivent être transportées directement de France les troupes de la 2e division (Ulrich) arrivant de Paris. La brigade de cavalerie légère du général de Lapérouse reçoit également l'ordre de s'embarquer pour Livourne, tandis que la division d'Autemarre est détachée provisoirement du 5e corps au 1er corps à Voghera.

» Le 23 mai, je débarquai à Livourne, où ne tardaient pas à se concentrer la 2e division, la brigade de cavalerie, l'artillerie divisionnaire, l'artillerie de réserve et le parc arrivant de France.

» Le 31 mai, je transportais mon quartier général à Florence; la 1re brigade de la 2e division, la cavalerie, l'artillerie et tous les services administratifs se concentraient dans cette ville, tandis que la 2e brigade se portait de Lucques à Pistoja, occupant les postes avancés tous les débouchés des Apenins et le nœud des routes. Le général Ulloa portait, sur mon ordre, la brigade organisée de sa division également aux débouchés principaux de la Romagne.

» Le 12 juin, le but politique que Votre Majesté voulait d'abord et avant tout atteindre par la présence du 5ᵉ corps étant accompli, il me fut permis de commencer mon mouvement pour rallier la division d'Autemarre et me joindre à l'armée de Votre Majesté.

» Tandis que je dirigeais la division toscane sur Parme, par le duché de Modène et par la route du col de l'Abétone, je fis marcher les troupes françaises qui se trouvaient de Lucques à San Marcello et à Florence, par Lucques, Massa, Pontremoli et Parme.

» Cette marche de seize jours, effectuée dans des conditions atmosphériques souvent peu favorables, m'a permis de constater la vigueur et l'excellente discipline des troupes de Votre Majesté.

» La division Uhrich (14ᵉ bataillon de chasseurs, 18ᵉ, 20ᵉ, 80ᵉ et 82ᵉ de ligne), les 6ᵉ et 8ᵉ hussards de la brigade Lapérouse, l'escadron des guides toscans que j'ai joint à notre cavalerie, les neuf batteries divisionnaires ou de la réserve, les deux batteries du parc du 5ᵉ corps, ont dû marcher sous une température très-élevée, et plusieurs fois ces troupes ont eu à supporter de violents orages qui ont grossi les torrents et présenté certaines difficultés.

» L'état sanitaire s'est maintenu dans les conditions les plus favorables, et je n'ai eu qu'à me louer de la discipline parfaite maintenue dans tous les corps par les chefs et par les officiers.

» Le contact avec les populations n'a donné lieu à aucune plainte.

» Le passage du Pô à Casal-Maggiore, à 12 kilomètres de Mantoue, ainsi que la construction du pont de bateaux, ont été faites avec intelligence, activité et zèle.

» Les troupes que j'amène à Votre Majesté et qui opèrent aujourd'hui avec l'armée principale à Goïto, seront dignes, je n'en doute pas, de celles qui, plus heureuses, ont déjà battu l'ennemi.

» *Le prince commandant le 5ᵉ corps de l'armée d'Italie,*

» Napoléon (Jérôme). »

Après un échec tel que celui de Solferino, il n'était pas présumable que l'empereur d'Autriche voulût de nouveau tenter le sort des armes dans une bataille rangée. Tout portait à croire qu'il se retirerait avec son armée dans les positions couvertes par ses quatre places fortes, Peschiera, Mantoue, Legnago et Vérone, formant ce fameux quadrilatère qui passe pour une des positions stratégiques les plus inexpugnables que l'on connaisse en Europe.

Il fallait donc que l'armée alliée se préparât à entreprendre une guerre d'un genre tout différent de celle qu'elle venait de faire, la guerre de sièges, qui, si elle ne nécessite pas une aussi immédiate et aussi abondante effusion de sang, n'est pas moins meurtrière en raison des fatigues et des maladies qu'elle occasionne. Néanmoins la France et son souverain étaient prêts au besoin à poursuivre l'entreprise jusqu'à ses dernières conséquences.

Cependant l'Europe attentive regardait, et, touchée de ces formidables hécatombes humaines, elle cherchait encore un moyen d'y mettre un terme par une médiation pacifique qui sauvegardât l'honneur des deux adversaires, lorsque l'Empereur Napoléon eut lui-même la pensée de faire pressentir l'empereur François-Joseph au sujet d'une suspension d'armes d'abord, puis d'une entrevue dans laquelle il pourrait être question de préliminaires de paix.

Les dispositions de l'empereur d'Autriche se trouvèrent conformes à celles de l'Empereur des Français, et il fut convenu que les deux souverains se rencontreraient à Villafranca, petite ville située sur le bord du Tartaro et près du chemin de Mantoue à Vérone.

» Empruntons à la correspondance de M. Paul d'Ivoi la description de la chambre dans laquelle a eu lieu cette entrevue et le récit de quelques circonstances qui l'ont signalée :

« Villafranca, 11 juillet,

» J'arrive ce matin à Villafranca vers huit heures et demie. La maison dans laquelle doivent se réunir les deux Empereurs est une maison de modeste apparence ; c'est à l'extérieur l'habitation d'une famille de bourgeois aisés ; elle porte le nº 322 et a nom la *Casa-Carlo Gandini-Morelli Bougnia*. L'Empereur a envoyé dès le matin des gens de service de sa maison pour y apprêter un déjeuner pour deux empereurs. On pénètre d'abord dans un vestibule voûté. A gauche du vestibule, il y a deux pièces *qui se commandent*, et qui sont la salle à manger et un petit salon. La salle à manger est meublée avec de simples chaises de paille, qui ne sont guère plus élégantes que celles qu'ont remplacées, aux Tuileries, les siéges de fer de l'usine Tronchon. C'est devant une table ronde, en bois blanc, que vont s'asseoir les deux Empereurs.

» Le salon est meublé avec un peu plus d'élégance, ce qui n'est pas beaucoup dire : un canapé, des fauteuils, des chaises, le tout recouvert en ancienne étoffe de Perse ; rideaux également en perse. Au milieu du salon, une table avec un tapis de drap rouge. Sur cette table, un vase de porcelaine bleue rempli de fleurs.

» Les murs et le plafond sont ornés de fresques assez sauvages, à la manière italienne. Il y a une glace entre les deux fenêtres.

» A l'étage supérieur est une chambre à coucher dans laquelle l'empereur d'Autriche a passé la nuit avant la bataille de Solferino. On a laissé cette chambre dans l'état où elle se trouvait lorsque François-Joseph l'a quittée.

» Dans un cabinet ou boudoir placé à gauche du salon, je remarque les portraits lithographiés des deux Empereurs, deux portraits que vous avez vus bien souvent à Paris, dans la montre de nos marchands d'estampes.

» La presque totalité des habitants de la Lombardie possèdent ces deux portraits encadrés — par précaution — comme ils possèdent deux drapeaux, le drapeau autrichien et le drapeau sarde-français. Aussi longtemps que leur pays a été au pouvoir des armées de François-Joseph, ils ont arboré le drapeau autrichien et suspendu en vedette le portrait du descendant des Hapsbourg. Mais, à l'arrivée des Français, ils se sont patriotiquement empressés de remplacer l'un et l'autre par le portrait de Napoléon III et le drapeau tricolore. Plus favorisés que les autres peuples de l'Italie, les habitants de Villafranca ont eu la chance de pouvoir exposer à la fois les deux portraits et arborer les deux étendards.

» L'Empereur part de Valeggio à huit heures un quart. C'est à neuf heures que l'entrevue des deux souverains doit avoir lieu.

» Sa Majesté est accompagnée de M. le maréchal Vaillant, major général de l'armée, et de M. le général comte de Martimprey, aide-major général, qui ont signé l'armistice du 8 juillet, avec le général de Hess, chef d'état-major de l'armée autrichienne, le comte de Mensdorff-Pouilly, général de division autrichien, et le comte Della Rocca, chef d'état-major de l'armée sarde. L'Empereur était en outre accompagné de toute sa maison militaire. L'escorte de Sa Majesté se composait seulement d'un escadron de cent-gardes et d'un escadron de ses guides en grande tenue. Napoléon III montait un magnifique cheval anglais bai-brun, qui fait l'admiration des connaisseurs. L'un des officiers de la reine Victoria qui suivent l'état-major de l'armée me disait qu'en Angleterre il serait peut-être impossible de trouver un cheval aussi beau que celui que monte Sa Majesté.

» L'Empereur, sa suite et son escorte arrivaient à Villafranca à neuf heures moins un quart. L'empereur François-Joseph n'était point arrivé encore.

» Napoléon III ne s'est point arrêté à la maison où devait avoir lieu l'entrevue ; il a traversé la grande rue de la ville et a continué à s'avancer au delà de Villafranca, sur la route de Vérone, au-devant de son auguste adversaire.

» A un kilomètre environ de Villafranca, on a aperçu la tête du cortége de l'empereur d'Autriche. Le jeune empereur a paru touché de la courtoisie du vainqueur de Solferino. Aussitôt il a mis son cheval au galop. De son côté, l'Empereur s'est détaché de sa suite et s'est avancé au galop vers François-Joseph.

» Les deux escortes se sont arrêtées à une distance d'environ cinquante mètres l'une de l'autre, et c'est entre cet espace que les deux Empereurs se sont rencontrés seuls. Ils se sont d'abord salués de loin, l'empereur d'Autriche faisant le salut militaire, la main ouverte au képi ; l'Empereur Napoléon ôtant son képi à la manière française ; puis, ce double salut échangé, ils se sont très-cordialement serré la main et ont causé pendant quelques minutes. Français et Autrichiens ont assisté immobiles et sans entendre à cet entretien laconique. Le visage de l'Empereur respirait une dignité gracieuse et bienveillante ; les officiers de l'armée ennemie ont paru frappés de l'aisance de Napoléon III et de sa grande tournure à cheval. L'empereur d'Autriche, fluet et très-blond, était vêtu d'une tunique bleu de ciel et coiffé d'un képi de même couleur. Ni cordons, ni décorations. Il avait d'abord l'air un peu contraint, un peu gêné. On eût dit un lieutenant de cavalerie intimidé par l'accueil paternel d'un maréchal de France. Mais il s'est promptement remis, et l'on a trouvé quelque chose d'attirant dans l'expression tour à tour énergique et rêveuse de son visage. François-Joseph a le type très-prononcé des Hapsbourg : le nez aquilin, la lèvre saillante et très-rouge, l'œil bleu, le regard énergique, rendu plus énergique encore par la longueur des cils et l'épaisseur des sourcils. On a trouvé je ne sais quelle vague ressemblance entre le visage de François-Joseph et les portraits que nous connaissons du duc de Reichstadt : il n'y a rien de surprenant dans cette ressemblance, le duc de Reichstadt était la vivante image de Marie-Louise, une Hapsbourg.

» Après les premiers mots échangés, les deux Empereurs se sont dirigés vers Villafranca. Le cortége français s'est ouvert pour laisser passer les deux souverains.

» L'empereur d'Autriche était accompagné par un escadron de ses gardes-nobles et un escadron de uhlans. L'uniforme des gardes-nobles, moins brillant que celui des trabans, se compose d'un casque en cuir bouilli à pointe et à plaque d'or, d'une tunique bleue à revers et à galons rouges, de la culotte blanche et de la botte à l'écuyère; quant à l'uniforme des uhlans, je ne saurais mieux le comparer, pour la coupe et l'aspect, qu'à celui de nos gardes nationaux à cheval de Paris. Les couleurs seules diffèrent. Les uhlans portent la veste verte et les agréments orange, le pantalon noir à bande orange, la lance avec la flamme noire et orange. Ils ont une giberne qui ressemble à la boîte de nos facteurs de la poste.

» L'empereur d'Autriche était accompagné du général de Hess, du général de Mensdorff et de toute sa maison militaire. Les deux cortéges réunis ont pris la route de Villafranca dans l'ordre suivant :

» Les deux Empereurs marchaient les premiers, l'Empereur Napoléon ayant la droite; les deux états-majors confondus; le maréchal Vaillant à côté du général de Hess et causant avec lui. Les gardes-nobles autrichiens venaient ensuite; ils étaient suivis des cent-gardes et des guides; les uhlans fermaient la marche.

» Arrivés à la *Casa Carlo Gandini*... etc., les deux Empereurs ont mis pied à terre. Les gardes-nobles se sont rangés à droite dans le vestibule et les cent-gardes à gauche. L'empereur François-Joseph a insisté pour que l'Empereur Napoléon entrât le premier.

» L'Empereur a invité François-Joseph à déjeuner; mais celui-ci s'est excusé de ne pouvoir accepter cette gracieuse invitation; il avait déjeuné avant de se mettre en route, et, d'ailleurs, il trouvait un meilleur emploi de son temps en s'entretenant avec Sa Majesté.

» Les deux Empereurs sont alors entrés seuls dans le salon que je vous ai décrit plus haut. Le maréchal Vaillant et le baron de Hess sont restés ensemble dans une pièce du vestibule, mêlés aux officiers de la suite de Leurs Majestés.

» Leurs Majestés se sont assises : l'Empereur au coin de la table, devant le bouquet de fleurs; François-Joseph en face de l'Empereur. Napoléon III a posé sur la table quelques feuilles de papier et quelques cigarettes dans une enveloppe de lettre; il a offert une cigarette au jeune souverain, qui a refusé.

» L'Empereur a ensuite tendu la main à l'empereur d'Autriche, et la lui a serrée cordialement avec un geste expressif qui semblait dire : « Et maintenant, causons en frères et à » cœur ouvert. »

» La conversation des deux Empereurs a duré un peu plus d'une heure. Bien que personne n'ait pu entendre un mot de ce qui s'est dit dans cette entrevue, je crois du moins pouvoir vous affirmer qu'ils se sont entretenus quelquefois en italien, le plus souvent en allemand; ils n'ont rien écrit. Pendant cette conversation, l'Empereur Napoléon effeuillait, sans y prendre garde, les fleurs du bouquet placé devant lui.

» Au bout d'une heure et dix minutes environ, les deux souverains se sont levés et se sont donné réciproquement une nouvelle et cordiale poignée de main.

» Leurs Majestés sont sorties alors et sont rentrées dans la salle où les attendaient les officiers de leurs maisons. L'Empereur a nommé les officiers à François-Joseph, qui, de son côté, lui a présenté le baron de Hess et quelques généraux. L'Empereur a causé un instant avec le baron de Hess, tandis que François-Joseph s'entretenait avec le maréchal Vaillant.

» Leurs Majestés ont ensuite passé en revue leurs escortes. L'empereur d'Autriche a beaucoup admiré l'uniforme et la tenue des cent-gardes et des guides, auprès desquels les gardes-nobles et les uhlans faisaient, il faut en convenir, une assez triste figure.

» François-Joseph a exprimé très-vivement son admiration, et a demandé si ces soldats étaient de la garde impériale.

» Les Empereurs se sont quittés en se serrant une dernière fois la main. L'empereur d'Autriche a repris la route de Vérone. A onze heures et un quart, Napoléon III rentrait à la *Casa-Maffei*, à Valeggio.

» Voilà sans doute de bien petits détails sur un si grand événement. Mais il y aurait témérité à vouloir deviner ce qui s'est passé dans une entrevue qui va peut-être décider de la paix de l'Europe. Me dégageant de toutes les hypothèses mises en avant, j'ai cru que ce qu'il y avait de mieux à faire, c'était de me borner au simple rôle, non de narrateur, mais de daguerréotype. J'ai voulu vous faire voir par mes yeux. Dans l'accumulation d'une foule de détails très-secondaires ne voyez que la preuve de l'attention et de la conscience du photographe.

» Tout ce que je puis dire, c'est que si de l'entrevue de Villafranca allait dépendre la paix ou la guerre, on se sentait heureux d'être Français en voyant le beau rôle qui était échu à la France. »

Ce qui s'était passé dans cette conversation, l'Europe l'apprenait le lendemain par la première dépêche de l'Empereur des Français, suivie bientôt d'une proclamation adressée à l'armée, contenant le sommaire des conditions de la paix. Voici cette proclamation :

« Soldats !

» Les bases de la paix sont arrêtées avec l'empereur d'Autriche; le but principal de la guerre est atteint, l'Italie va devenir pour la première fois une nation. Une confédération de tous les États de l'Italie, sous la présidence honoraire du saint-père, réunira en un faisceau les membres d'une même famille; la Vénétie reste, il est vrai, sous le sceptre de l'Autriche : elle sera néanmoins une province italienne faisant partie de la confédération.

» La réunion de la Lombardie au Piémont nous crée de ce côté des Alpes un allié puissant qui nous devra son indépendance; les gouvernements restés en dehors du mouvement ou rappelés dans leurs possessions comprendront la nécessité de réformes salutaires. Une amnistie générale fera disparaître les traces des discordes civiles. L'Italie, désormais maîtresse de ses destinées, n'aura plus qu'à s'en prendre à elle-même si elle ne progresse pas régulièrement dans l'ordre et la liberté.

» Vous allez bientôt retourner en France; la patrie reconnaissante accueillera avec transport ces soldats qui ont porté si haut la gloire de nos armes à Montebello, à Palestro, à Turbigo, à Magenta, à Marignan et à Solferino; qui, en deux mois, ont affranchi le Piémont et la Lombardie, et ne se sont arrêtés que parce que la lutte allait prendre des proportions qui n'étaient plus en rapport avec les intérêts que la France avait dans cette guerre formidable.

» Soyez donc fiers de vos succès, fiers des résultats obtenus, fiers surtout d'être les enfants bien-aimés de cette France qui sera toujours la grande nation, tant qu'elle aura un cœur pour comprendre les nobles causes et des hommes comme vous pour les défendre.

» Au quartier impérial de Valeggio, le 12 juillet 1859.

» NAPOLÉON. »

Quelques jours après l'Empereur, revenu au palais de Saint-Cloud, déterminait le véritable sens de la paix de Villafranca dans le discours suivant, adressé aux sénateurs, aux députés et aux membres du conseil d'État, réunis en séance solennelle :

« MESSIEURS,

» En me retrouvant au milieu de vous qui, pendant mon absence, avez entouré l'Impératrice et mon fils de tant de dévouement, j'éprouve le besoin de vous remercier d'abord, et ensuite de vous expliquer quel a été le mobile de ma conduite.

» Lorsque, après une heureuse campagne de deux mois, les armées française et sarde arrivèrent sous les murs de Vérone, la lutte allait inévitablement changer de nature, tant sous le rapport militaire que sous le rapport politique; j'étais fatalement obligé d'attaquer de front un ennemi retranché derrière de grandes forteresses, protégé contre toute diversion sur ses flancs par la neutralité des territoires qui l'entouraient; et, en commençant la longue et stérile guerre des siéges, je trouvais en face l'Europe en armes, prête soit à disputer nos succès, soit à aggraver nos revers.

» Néanmoins la difficulté de l'entreprise n'aurait ni ébranlé ma résolution, ni arrêté l'élan de mon armée, si les moyens n'eussent pas été hors de proportion avec les résultats à attendre. Il fallait se résoudre à briser hardiment les entraves opposées par les territoires neutres et alors accepter la lutte sur le Rhin comme sur l'Adige. Il fallait partout franchement se fortifier du concours de la révolution. Il fallait répandre encore un sang précieux qui n'avait que trop coulé déjà : en un mot, pour triompher, il fallait risquer ce qu'il n'est permis à un souverain de mettre en jeu que pour l'indépendance de son pays.

» Si je me suis arrêté, ce n'est donc pas par lassitude ou par épuisement, ni par abandon de la noble cause que je voulais servir, mais parce que dans mon cœur quelque chose parlait plus haut encore : l'intérêt de la France.

» Croyez-vous donc qu'il ne m'en ait pas coûté de mettre un frein à l'ardeur de ces soldats qui, exaltés par la victoire, ne demandaient qu'à marcher en avant?

» Croyez-vous qu'il ne m'en ait pas coûté de retrancher ouvertement, devant l'Europe, de mon programme le territoire qui s'étend du Mincio à l'Adriatique?

» Croyez-vous qu'il ne m'en ait pas coûté de voir dans des cœurs honnêtes de nobles illusions se détruire, de patriotiques espérances s'évanouir?

» Pour servir l'indépendance italienne, j'ai fait la guerre contre le gré de l'Europe; dès que les destinées de mon pays ont pu être en péril, j'ai fait la paix.

» Est-ce à dire maintenant que nos efforts et nos sacrifices aient été en pure perte? Non. Ainsi que je l'ai dit dans les adieux à mes soldats, nous avons droit d'être fiers de cette courte campagne. En quatre combats et deux batailles, une armée nombreuse, qui ne le cède à aucune en organisation et en bravoure, a été vaincue. Le roi de Piémont, appelé jadis le gardien des Alpes, a vu son pays délivré de l'invasion et la frontière de ses États portée du Tessin au Mincio.

L'idée d'une nationalité italienne est admise par ceux qui la combattaient le plus. Tous les souverains de la Péninsule comprennent enfin le besoin impérieux de réformes salutaires.

» Ainsi, après avoir donné une nouvelle preuve de la puissance militaire de la France, la paix que je viens de conclure sera féconde en heureux résultats; l'avenir les révélera chaque jour davantage, pour le bonheur de l'Italie, l'influence de la France, le repos de l'Europe. »

Telle est l'histoire de cette guerre, terminée en une seule campagne qui n'a duré, en réalité, que trente-quatre jours; car le premier combat sérieux, celui de Montebello, a été livré le 20 mai, et la dernière bataille, celle de Solferino, porte la date du 24 juin.

Il ne nous appartient pas de préjuger quelles pourront être les conséquences ultérieures de la guerre et de la paix qui l'a terminée. Tout ce que nous pouvons faire, quant à présent, c'est affirmer que la campagne a été glorieuse pour les armes françaises, et résumer en quelques lignes de chronologie les fastes de cette expédition heureuse et rapide à la fois :

20	mai.	Victoire de Montebello.
30	—	Victoire de Palestro.
1er juin.		Passage du Tessin.
3	—	Victoire de Turbigo.
4	—	Victoire de Magenta.
6	—	Entrée de l'Empereur à Milan.
8	—	Victoire de Marignan.
18	—	Entrée de l'Empereur à Brescia.
24	—	Victoire de Solferino.
26	—	Passage du Mincio.
8	juillet.	Suspension d'armes.
11	—	Conclusion de la paix.
14	août.	Entrée à Paris de l'armée d'Italie.

FIN.

TABLE DES MATIÈRES

Paris. — Imprimerie de ÉDOUARD BLOT, rue Saint-Louis, 46. (Ancienne maison Doudey Dupré.)

www.ingramcontent.com/pod-product-compliance
Lightning Source LLC
LaVergne TN
LVHW021812170726
843503LV00007B/3178